A OLIGARQUIA BRASILEIRA:
VISÃO HISTÓRICA

CONTRACORRENTE

FÁBIO KONDER COMPARATO

A OLIGARQUIA BRASILEIRA:
VISÃO HISTÓRICA

1ª Reimpressão

São Paulo

2018

CONTRACORRENTE

Copyright © EDITORA CONTRACORRENTE

1ª edição, 2017; 1ª reimpressão, 2018.

Rua Dr. Cândido Espinheira, 560 | 3º andar
São Paulo – SP – Brasil | CEP 05004 000
www.editoracontracorrente.com.br
contato@editoracontracorrente.com.br

Editores

Camila Almeida Janela Valim
Gustavo Marinho de Carvalho
Rafael Valim

Conselho Editorial

Alysson Leandro Mascaro
(*Universidade de São Paulo – USP*)

Augusto Neves Dal Pozzo
(*Pontifícia Universidade Católica de São Paulo – PUC/SP*)

Daniel Wunder Hachem
(*Universidade Federal do Paraná – UFPR*)

Emerson Gabardo
(*Universidade Federal do Paraná – UFPR*)

Gilberto Bercovici
(*Universidade de São Paulo – USP*)

Heleno Taveira Torres
(*Universidade de São Paulo – USP*)

Jaime Rodríguez-Arana Muñoz
(*Universidade de La Coruña – Espanha*)

Pablo Ángel Gutiérrez Colantuono
(*Universidade Nacional de Comahue – Argentina*)

Pedro Serrano
(*Pontifícia Universidade Católica de São Paulo – PUC/SP*)

Silvio Luís Ferreira da Rocha
(*Pontifícia Universidade Católica de São Paulo – PUC/SP*)

Equipe editorial

Carolina Ressurreição (revisão)
Denise Dearo (design gráfico)
Rodrigo Valim (capa)

Dados Internacionais de Catalogação na Publicação (CIP)
(Ficha Catalográfica elaborada pela Editora Contracorrente)

C736   COMPARATO, Fábio Konder.

A oligarquia brasileira: visão histórica | 1ª edição revista. Fábio Konder Comparato – São Paulo: Editora Contracorrente, 2017.

ISBN: 978-85-69220-34-3

1. História do Brasil. 2. Oligarquia. 3. Sociedade brasileira. 4. Sociologia política. I. Título.

CDU: 992.35

Impresso no Brasil
Printed in Brazil

SUMÁRIO

INTRODUÇÃO 9

CAPÍTULO I – OS FATORES ESTRUTURANTES DA SOCIEDADE BRASILEIRA 11

A RELAÇÃO DE PODER 11

A CLASSIFICAÇÃO DOS REGIMES POLÍTICOS 14

A RELAÇÃO FUNDAMENTAL DE PODER NA SOCIEDADE BRASILEIRA 18

A MENTALIDADE COLETIVA E OS COSTUMES SOCIAIS 24

A ESTREITA RELAÇÃO ENTRE PODER, MENTALIDADE COLETIVA E COSTUMES SOCIAIS 26

A MENTALIDADE COLETIVA E COSTUMES VIGENTES NO BRASIL 28

Privatismo 29

Personalismo 30

Predomínio dos sentimentos sobre as convicções racionais 30

Dissimulação de caráter e duplicidade das instituições 31

O multissecular costume da corrupção no nível oligárquico 33

CAPÍTULO II – A HERANÇA LUSITANA 35

CONCENTRAÇÃO DOS PODERES DE COMANDO, COM A RUPTURA DAS TRADIÇÕES FEUDO-VASSÁLICAS 36

PRECOCE ASCENSÃO SOCIAL DA BURGUESIA E ACENTUADO ESPÍRITO MERCANTIL DA ARISTOCRACIA, DO CLERO E DO PRÓPRIO MONARCA 38

ESTREITA ALIANÇA DA MONARQUIA COM A IGREJA CATÓLICA NOS EMPREENDIMENTOS COLONIAIS 48

CULTURA DA PERSONALIDADE E TIBIEZA DAS FORMAS DE ORGANIZAÇÃO SOCIAL.. 51

PERMANENTE SUPREMACIA DO INTERESSE PRIVADO SOBRE O BEM PÚBLICO.. 57

CAPÍTULO III – A OLIGARQUIA COLONIAL.................... 63

A COMPOSIÇÃO DO PODER OLIGÁRQUICO......................... 63

O SENHORIO RURAL E OS PRIVILÉGIOS A ELE LIGADOS.... 64

O COMÉRCIO DE ESCRAVOS AFRICANOS 71

OS AGENTES PÚBLICOS... 75

A IGREJA CATÓLICA COMO PARTE INTEGRANTE DA OLIGARQUIA COLONIAL 83

A CORPORAÇÃO MILITAR.. 92

CAPÍTULO IV – O PODER OLIGÁRQUICO NO PERÍODO IMPERIAL... 95

AS REVOLTAS DE TRANSIÇÃO... 95

A DUPLA FACE DO REGIME INSTAURADO COM A INDEPENDÊNCIA... 97

A PRESERVAÇÃO DA ALIANÇA OLIGÁRQUICA DURANTE O IMPÉRIO.. 108

A IGREJA CATÓLICA E AS FORÇAS ARMADAS DURANTE O IMPÉRIO.. 112

A ESCRAVIDÃO NO REGIME DA CONSTITUIÇÃO "DUPLICADAMENTE MAIS LIBERAL" 115

O CONFLITO COM A GRÃ-BRETANHA, RELATIVO AO TRÁFICO TRANSATLÂNTICO DE ESCRAVOS.................... 121

A OLIGARQUIA BRASILEIRA: VISÃO HISTÓRICA

A LEI DO VENTRE LIVRE.. 133

A MARCHA LENTA RUMO À ABOLIÇÃO.............................. 139

O ENCERRAMENTO DO REGIME MONÁRQUICO............... 146

CAPÍTULO V – A OLIGARQUIA REPUBLICANA................... 147

A. A ADOÇÃO DE UM FALSO REGIME REPUBLICANO.......... 147

Instauração de uma república privatista e de uma democracia sem
povo.. 147

Os bestializados.. 150

Influência do positivismo.. 151

Turbulência militar, encilhamento e agitações operárias no início
da República Velha.. 154

O caráter dissimulatório das instituições políticas....................... 160

B. A "ERA VARGAS": PRIMEIRA FASE................................... 162

A supremacia da burocracia estatal sobre o poder empresarial...... 162

O populismo getulista.. 165

O Estado Novo 166

As transformações provocadas pela Segunda Guerra Mundial....... 170

C. A RECONSTITUCIONALIZAÇÃO DO ESTADO E O
INTERREGNO DO GOVERNO DUTRA............................... 174

D. O NOVO GOVERNO VARGAS... 179

E. O GOVERNO DE JUSCELINO KUBITSCHEK, PONTO ALTO
DA EFICIÊNCIA OLIGÁRQUICA.. 184

F. OS GOVERNOS IMEDIATAMENTE POSTERIORES AO DE
JUSCELINO KUBITSCHEK 189

G. O GOLPE DE ESTADO DE 1964 E A INSTAURAÇÃO DO
REGIME EMPRESARIAL-MILITAR 192

Origens do golpe 192

A aliança das Forças Armadas com os detentores do poder
econômico privado.. 195

7

A expansão econômica na primeira fase do regime de exceção 197

A quebra de confiança do empresariado no poder militar 198

A fase final do regime autocrático 200

H. O PERÍODO POSTERIOR AO REGIME EMPRESARIAL-
-MILITAR 205

A reconstitucionalização do Estado em 1988 205

O Governo de José Sarney... 209

O Governo Collor de Mello... 210

O Governo Itamar Franco 211

O Governo de Fernando Henrique Cardoso 213

Luiz Inácio Lula da Silva: um intruso no regime oligárquico 214

A reação à popularidade do lulismo.. 217

CONCLUSÃO – UM PROGNÓSTICO SOBRE O FUTURO
DO BRASIL... 227

Declaração Universal dos Direitos Humanos de 1948: "Todos os
seres humanos nascem livres e iguais em dignidade e direitos"..... 227

A Transformação Radical da Civilização Capitalista 228

A superação do Estado Nacional e o advento do capitalismo
financeiro 230

Haverá alguma mudança na organização de poderes em nossa
sociedade?... 233

INTRODUÇÃO

Segundo uma tradição lendária, Sócrates converteu-se à sabedoria ao visitar o templo de Apolo em Delfos e se deparar com o famoso aforismo: *Conhece-te a ti mesmo e conhecerás os deuses e o universo.* Ou seja, o ser humano é o que há de mais complexo no mundo, pois concentra em si mesmo não só a realidade terrena, como o conjunto dos mitos extraterrestres.

E de fato, no decorrer da História fomos percebendo que cada um de nós tem, em sua personalidade, muito do passado e das projeções que fazemos para o futuro, com esperança ou ceticismo; cada um de nós é o produto, por assim dizer, dos nossos familiares, amigos e conhecidos; da condição ou posição na sociedade em que nascemos e vivemos; e doravante, de todas partes do mundo, que chegam ao nosso conhecimento pela técnica da informação e da comunicação em tempo real, como se passou a dizer.

Por outro lado, precisamos ter consciência de que a sociedade em que vivemos não surgiu do nada, ou foi criada pelos deuses, mas é simplesmente o produto dos que têm em suas mãos o poder sobre os demais, e o exercem efetivamente, em proveito próprio ou de toda a sociedade.

Por isso mesmo, para conhecer a nós mesmos e a sociedade em que vivemos, precisamos tomar conhecimento das forças sociais dominantes que a moldaram no correr da História.

O presente livro é uma modesta contribuição ao conhecimento da sociedade brasileira, através do seu passado e na perspectiva do seu futuro. Ele representa um ensaio de diagnóstico sobre a enfermidade que nos acomete desde o nascimento e, com base nele, do prognóstico em relação ao nosso porvir.

Capítulo I

OS FATORES ESTRUTURANTES DA SOCIEDADE BRASILEIRA

Para podermos compreender – no sentido etimológico do termo, isto é, *cum prehendere*: conter em si, constar de, abranger – a verdadeira substância da sociedade brasileira, não podemos nos deter na superfície dos fenômenos, mas procurar enxergar a realidade profunda que lhes serve de substrato.

Essa realidade é moldada pela ação de dois fatores dinâmicos interligados: a relação de poder e a mentalidade coletiva ou consciência social.

Examinemos brevemente cada uma delas.

A RELAÇÃO DE PODER

Como Bertrand Russel salientou com toda razão, o poder é o conceito fundamental das ciências sociais, da mesma forma que a energia é o conceito fundamental da física.[1] A relação de poder é o nervo

---

[1] *Power:* a new social analysis. 5ª reimpressão. Londres: George Allen & Unwin Ltda. 1948, p. 10.

fundamental de organização de toda sociedade. Um grupo de pessoas que se reúne frequentemente, mas não se organiza em função de uma relação de poder, não é uma sociedade no sentido próprio do termo.

Toda relação de poder implica a submissão de alguém ao comando de outrem. O núcleo semântico do poder é, portanto, a capacidade de imposição de uma vontade a outra.

No direito romano, distinguia-se a *potestas* do *dominium*. A primeira designava o poder consentido do homem sobre o homem, ao passo que o segundo significava o poder sobre coisas ou objetos. No entanto, dado que na família romana o chefe (*paterfamilias*) detinha um poder absoluto, não apenas sobre os escravos, mas também sobre todos os familiares (filhos, netos, noras e genros) que viviam sob sua proteção, esse poder foi designado *dominica potestas*. Analogamente, na cultura grega clássica, fazia-se a distinção entre *despoteia* e *kratos*: aquela indicava o poder absoluto do chefe de família e este o poder político, com a submissão consentida dos cidadãos. Eis porque os filósofos gregos clássicos distinguiam nitidamente a *demokratia* e a *aristokratia* − regimes em que o poder supremo pertencia, respectivamente, ao povo (*demos*) ou aos melhores cidadãos (*aristoi*) − da organização política dos povos considerados bárbaros, em que todo poder era concentrado na pessoa de um chefe, que atuava como déspota (*despotes*).

Nos grupos sociais mais complexos, sobretudo na sociedade política, as relações de poder ordenam-se de forma hierárquica, a partir de uma posição suprema (soberania). Aqui, a submissão voluntária é a regra e sua ausência a exceção.

Os pensadores clássicos chamaram também a atenção para o vínculo estreito que une o poder à força ou violência. Eles são simbolizados, na mitologia grega, por dois titãs irmãos: Kratos e Bia. No *Prometeu acorrentado* de Ésquilo ambos são encarregados pelo senhor supremo do Olimpo de executar a terrível punição imposta a Prometeu, que havia ensinado aos homens a se servir da técnica, simbolizada pelo uso do fogo. Ora, a utilização da técnica era um atributo divino. O infrator foi então condenado a ser acorrentado para sempre a um rochedo escarpado,

CAPÍTULO I – OS FATORES ESTRUTURANTES DA SOCIEDADE...

longe de tudo e de todos. Uma das lições do mito é, portanto, que todo poder, quando desrespeitado, acarreta contra o infrator o uso legítimo da força; inversamente, a força ou a violência, não fundada no poder, é sempre ilegítima. Ou seja, exatamente o contrário do que afirma Mefistófeles no segundo Fausto, de Goethe (quinto ato): "Quem detém a força possui o direito" (*Man hat Gewalt, so hat man Recht*).

O poder legítimo é fundado, objetivamente, em uma norma superior de conduta e, subjetivamente, no livre consentimento dos sujeitos.

De qualquer modo, para que o consentimento dos sujeitos seja livre e esclarecido, ele não deve ser obtido por meio da sedução. Foi esse, segundo o mito bíblico da desobediência do primeiro casal humano ao comando de Iahweh (Gênesis, capítulo 3º), o método de que se serviu o demônio, travestido em serpente, para conquistar a adesão de Eva. Um poder assim exercido é totalmente ilegítimo.

Uma última distinção a ser feita é entre o poder, enquanto imposição de uma vontade a outra, e aquilo que os romanos denominaram *auctoritas*, ou seja, o prestígio moral, que dignifica certas pessoas ou instituições, suscitando respeito e até mesmo veneração.

No meio social romano, a *auctoritas* sempre esteve ligada à preservação dos costumes dos antepassados (*mores maiorum*), e podia existir, ligada ou não, à *potestas*. Os tribunos da plebe, por exemplo, eram despidos de *potestas*, isto é, não tinham o poder de dar ordens. Só lhes competia o de vetar as ordens dadas pelos outros magistrados ou agentes públicos superiores (*prohibitio, intercessio*). Montesquieu inspirou-se, sem dúvida, na figura do *tribunus populi* para estabelecer a distinção entre o *poder de decidir* e o *poder de impedir*.[2]

Em compensação, tais tribunos gozavam da máxima *auctoritas*. A sua pessoa era considerada sacrossanta, qualificativo que se aplicava, na linguagem religiosa dos antigos, a todos os objetos consagrados aos deuses, e que por essa razão não podiam ser tocados pelos humanos. Desrespeitar

---

[2] *Do Espírito das Leis*. Livro XI, capítulo 6º.

um tribuno da plebe constituía, portanto, um sacrilégio: o réu era desde logo apartado do povo (*sacer esto*, como determinava a Lei das XII Tábuas), sendo abandonado às potências infernais.

Na civilização capitalista hodierna, em que a influência da religião e da tradição se enfraqueceram sobremaneira, as pessoas ou instituições dotadas de *autorictas* são muito menos numerosas, embora continuem a existir, bastando citar no campo das personalidades, os exemplos luminosos de Gandhi, Martin Luther King Jr. e Mandela.

A CLASSIFICAÇÃO DOS REGIMES POLÍTICOS

Segundo a tradição grega, os regimes políticos classificam-se em função do titular do poder supremo (*kurios*): um só (*monos*), de onde monarquia; os melhores cidadãos (*aristoî*), de onde aristocracia; ou o conjunto dos cidadãos, ou seja, o povo (*demos*).

A essa classificação tradicional, Aristóteles fez questão de acrescentar que em cada uma das espécies de regime político abria-se a alternativa entre uma forma boa e uma má, conforme o soberano ou titular do poder supremo persiga o bem comum, ou o seu próprio interesse.[3] Assim é que a realeza ou boa monarquia pode degenerar em tirania; a aristocracia, em oligarquia; e – fiel à sua formação platônica – acrescentou que o regime em que o povo (*demos*) é soberano pode degenerar em dominação do populacho despido de virtudes. Ainda fiel aos ensinamentos platônicos, a este regime chamou de democracia; e à falta de um nome específico para aquele no qual a multidão (*to plêthos*) age em função do bem comum e não de seu interesse próprio, deu-lhe a denominação comum a todas as formas de organização política, a saber, *politeía*. Na verdade, no mundo político helênico, diversamente do que ocorria em Roma, não havia uma clara distinção entre o povo superior (*populus*) e o povo inferior (*plebs*).

Já no que concerne ao regime em que o soberano não é um só nem todos os cidadãos, mas apenas alguns poucos, em contraposição à

---

[3] *Política 1279 a*, 23-25.

CAPÍTULO I – OS FATORES ESTRUTURANTES DA SOCIEDADE...

boa forma, ou seja, a aristocracia, passou-se a usar a denominação genérica oligarquia – de *oligos*, isto é, poucos, num sentido depreciativo. Para Aristóteles, tratava-se do regime em que os ricos – sempre pouco numerosos – detinham o poder supremo; tal como para ele democracia designava o regime no qual o poder supremo pertence à plebe; ou seja, o povo inferior.

A partir de então, o termo oligarquia passou a ser usado no sentido aristotélico, e assim permanece até hoje. Eis por que pode-se dizer que é a oligarquia o regime político próprio da civilização capitalista, que no presente é a civilização mundial. Importa, no entanto, acrescentar que essa oligarquia é sempre dissimulada, sob a falsa aparência de um regime político de base popular.

Efetivamente, a moderna civilização capitalista criou, no campo do poder político, uma mudança substancial em relação ao passado; qual seja, a dissimulação permanente da verdadeira soberania ou poder supremo.

Proclamando-se adeptos incondicionais da ordem social, os empresários capitalistas procuraram, desde a Idade Média, dar apoio ao poder estabelecido, fosse ele da aristocracia-guerreira, da Igreja Católica, ou do soberano monarca. Com a irrupção das Revoluções Americana e Francesa, que puseram fim ao *Ancien Régime* no final do século XVIII, o quadro político mudou substancialmente. Surgiu, então, no seio da classe burguesa, que comandou a ruptura revolucionária, a proposta de se substituir o antigo monarca pelo povo, como titular da soberania. A ideia, porém, não agradou aos líderes burgueses mais atilados, que tinham consciência de que a sua classe, minoritária no seio do povo em seu conjunto, seria desde logo vencida pela massa dos não-proprietários, pequenos artesãos, empregados domésticos e camponeses, caso, a todos eles, fosse reconhecida a plena cidadania, compreendendo o direito de voto.

Um episódio ocorrido na assembleia dos Estados Gerais do Reino da França, convocada pelo rei Luís XVI em maio de 1789, ilustra bem a delicada questão.

No dia 10 de junho, os deputados do *Tiers État*, que já haviam conseguido, por decisão do Conselho do rei, duplicar o seu número relativamente aos representantes dos dois outros estamentos – a nobreza e o clero –, passaram a exigir que as votações se fizessem por cabeça e não mais por voto coletivo de cada uma das ordens ou estamentos. Em sinal de protesto, os clérigos e nobres, com mínimas exceções individuais, abandonaram a assembleia, que ficou assim inteiramente nas mãos do *Tiers État*. Como denominar então o conjunto dos deputados que permaneceram em funções, os quais já não podiam se intitular corretamente representantes dos *États Généraux du Royaume*?

Na sessão de 15 de junho, Mirabeau sugeriu a adoção da fórmula "assembleia dos representantes do povo francês", explicando que a palavra *povo* era elástica e podia significar muito ou pouco, conforme as circunstâncias.

Foi justamente essa ambiguidade que provocou a censura da proposta de Mirabeau, desde logo feita por dois juristas eminentes, Target e Thouret, bons conhecedores do direito romano. Em que sentido dever-se-ia tomar a palavra povo: como *plebs* ou como *populus*?[4] Era claro que, em se aceitando o primeiro significado, o soberano político compreenderia os não-proprietários, que compunham a esmagadora maioria e passariam a exercer uma cidadania ativa, votando as leis e julgando os governantes.

A solução do problema veio de Sieyès, com base nas ideias políticas divulgadas pouco antes, na obra que o tornou célebre "*Qu'est-ce que le Tiers état?*": os deputados passariam a reunir-se em uma assembleia nacional.

A classe burguesa resolvia assim, elegantemente, a delicadíssima questão da transferência da soberania política. Em lugar do monarca, que deixava o palco, entrava em cena uma entidade simbólica, dotada

---

[4] O *populus Romanus* compreendia oficialmente dois estamentos: o dominante, formado pelos patrícios, descendentes presumidos dos fundadores de Roma, e o estamento inferior dos plebeus. Os poderes políticos do *populus* sempre foram muito mais reduzidos do que os que a *politeia* ateniense atribuía ao *demos*.

CAPÍTULO I – OS FATORES ESTRUTURANTES DA SOCIEDADE...

de conotações quase sagradas, que não podiam ser contestadas abertamente pela nobreza e o clero, sob pena de sofrerem a acusação de antipatriotismo; entidade essa que, de qualquer forma, pairava acima do povo, onde predominava a força numérica dos não-proprietários. "O princípio de toda soberania", proclamou o artigo 3 da Declaração de Direitos do Homem e do Cidadão de 1789, "reside essencialmente na Nação. Nenhuma corporação, nenhum indivíduo pode exercer autoridade alguma que dela não emane expressamente".

De qualquer modo, a burguesia percebeu com satisfação, desde logo, que o sistema representativo configurava, na prática, uma restrição de monta à soberania efetiva do povo, pois ensejava toda uma série de reduções ao exercício do voto para eleição dos representantes; sem contar o fato de que a classe pobre submetia-se facilmente à influência dominante do poder econômico da burguesia abastada.

Instaurou-se, desde então, em número crescente de países, um regime de dupla soberania: por trás do povo, soberano oficial sem poderes concretos, atuava um soberano de fato, formado pelo conjunto dos potentados econômicos privados, intimamente ligados aos grandes agentes estatais. Essa aliança histórica do capitalismo com os órgãos e funcionários estatais só veio a ser rompida com o surgimento de Estados comunistas no século XX. Mas a ruptura durou pouco tempo: as maiores potências comunistas, como a União Soviética e a China, acabaram por adotar integralmente o sistema capitalista, ainda antes de encerrado o século.

Constitui, aliás, um dos múltiplos ludíbrios ideológicos do sistema de dominação capitalista sustentar que ele independe do Estado e se esforça por limitar o poder estatal, em nome da livre iniciativa. Na civilização capitalista, a realidade sempre foi bem outra. Como advertiu o grande historiador francês Fernand Braudel, que pertenceu ao grupo de professores estrangeiros convidados a lecionar na Universidade de São Paulo logo após a sua fundação, "o capitalismo só triunfa quando se identifica com o Estado, quando é o Estado".[5]

---

[5] *La dynamique du capitalisme*. Paris: Éditions Flammarion, 2008, p. 68.

FÁBIO KONDER COMPARATO

A RELAÇÃO FUNDAMENTAL DE PODER NA SOCIEDADE BRASILEIRA

O regime colonial, instaurado no Brasil no início do século XVI, foi fundamentalmente marcado pela doação de terras públicas aos senhores privados, e pela mercantilização dos cargos públicos, formando-se destarte um regime oligárquico binário; ou, se se preferir, misto, isto é, público-privado, associando os potentados econômicos privados aos principais agentes do Estado.

Desde a dinastia de Avis, em Portugal, que inaugurou pioneiramente, já no século XIV, o sistema de capitalismo de Estado, os monarcas, para enfraquecer o poder nobiliárquico, passaram a vender cargos públicos a membros da burguesia. No Brasil colônia, tirante os Governadores-Gerais e mais tarde os Vice-Reis, os cargos públicos mais elevados foram todos comprados por burgueses, que para cá vieram no intuito de amortizar a despesa de aquisição de tais cargos e fazer fortuna. Aqui instalados, longe de toda fiscalização da metrópole, tornaram-se eles de fato, embora não de direito, um estamento de "donos do poder", como os qualificou Raymundo Faoro.[6]

Na verdade, tendo em vista a existência em Portugal, já naquela época, de um capitalismo de Estado, não era de se estranhar a íntima ligação dos administradores régios com os potentados econômicos privados no Brasil Colônia. Como salientou o Professor Stuart B. Schwartz, "governo e sociedade no Brasil formavam dois sistemas entrelaçados (...). Durante todo o período colonial, Estado e sociedade eram vinculados um ao outro, de modo a assegurar a sobrevivência da colônia, bem como a dominação dos grupos que controlavam a produção e a distribuição das principais exportações do Brasil".[7]

Entre os dois grupos dominantes acima nomeados – os agentes estatais, que segundo Darcy Ribeiro formariam o nosso patriciado

---

[6] *Os Donos do Poder:* formação do Patronato Político Brasileiro. 1ª ed. Porto Alegre: Editora Globo, 1958; 3ª ed. Porto Alegre: Editora Globo, 2001.

[7] BETHEL, Leslie (coord.). *Plantations and peripheries:* colonial Brazil. Cambridge: Cambridge University Press, 1987, p. 142.

CAPÍTULO I – OS FATORES ESTRUTURANTES DA SOCIEDADE...

burocrático,[8] e os potentados privados – estabeleceu-se aquela dialética da ambiguidade a que se referiu o historiador José Murilo de Carvalho, retomando uma expressão cunhada pelo sociólogo Guerreiro Ramos.[9] Cada um desses grupos de poder sempre busca, antes de tudo, realizar o seu próprio interesse e não o bem comum do povo. Mas, salvo conflitos episódicos, mantêm-se associados, em situação de mútua dependência, pois a realização dos interesses próprios de cada um desses grupos depende da satisfação dada ao outro. Assim, enquanto os agentes estatais em seu conjunto – governantes, legisladores, magistrados, membros do Ministério Público, altos funcionários – no exercício de suas funções oficiais atuam como aliados do grande empresariado, este último, sob o disfarce da submissão ao poder oficial, não cessa de exercer pressão sobre os primeiros em todos os níveis – legislação, administração, prestação da justiça –, quando não os corrompem, pura e simplesmente. Aliás, a generalizada prática da corrupção dos agentes públicos, herdada de Portugal, marcou toda a nossa história.

Atuando como agentes auxiliares dessa coligação oligárquica, tivemos desde sempre as corporações militares e, até praticamente o último quartel do século XX, a Igreja Católica. Seus integrantes sempre gozaram de uma posição privilegiada, em relação aos demais cidadãos; mas um privilégio de fato e não de direito.

O grande ausente desse regime oligárquico é e sempre foi o povo. Debalde o procuramos nos principais fastos de nossa História. Ele permanece sempre privado de palavra. É assim mesmo que Vieira o descreve, no Sermão da Visitação de Nossa Senhora, pregado por ocasião da chegada à Bahia do Marquês de Montalvão, Vice-Rei do Brasil, em junho de 1640:

> *Ut facta est vox salutationis tuae in auribus meis, exultavit in gaudio infans*. Comecemos por esta última palavra. Bem sabem os que sabem a língua latina, que esta palavra, *infans*, infante, quer dizer

---

[8] *O Povo Brasileiro*: a formação e o sentido do Brasil. São Paulo: Companhia das Letras, 1995, p. 178.

[9] CARVALHO, José Murilo de. *I A Construção da Ordem, II Teatro de Sombras*. 2ª ed. Rio de Janeiro: Editora UFRJ/Relume Dumará, p. 212.

o que não fala. Neste estado estava o menino Batista, quando a Senhora o visitou, e neste permaneceu o Brasil muitos anos, que foi, a meu ver, a maior ocasião de seus males. Como o doente não pode falar, toda a outra conjectura dificulta muito a medicina. (...) O pior acidente que teve o Brasil em sua enfermidade foi o tolher-se-lhe a fala: muitas vezes se quis queixar justamente, muitas vezes quis pedir o remédio de seus males, mas sempre lhe afogou as palavras na garganta, ou o respeito, ou a violência; e se alguma vez chegou algum gemido aos ouvidos de quem o deveria remediar, chegaram também as vozes do poder, e venceram os clamores da razão.

Dessa advertência, porém, pouco cuidaram nossos governantes. Um século após, um outro Vice-Rei, o Marquês do Lavradio, no relatório deixado a seu sucessor, aconselhava-o, tranquilamente, a "não fazer caso algum das murmurações do povo".

As mudanças de regime político, entre nós, foram sempre o fruto, não da revolta do povo, mas de uma dissidência entre os grupos componentes da oligarquia; dissidência essa que é sempre superada pela conciliação entre as forças opostas. Em toda a nossa história política, um mau acordo sempre foi tido como preferível a um claro rompimento.

Nossa Independência ocorreu quando as Cortes de Lisboa não aceitaram a reivindicação de que os mais altos cargos administrativos passassem a ser ocupados por pessoas indicadas pelos grandes proprietários rurais, e não mais por portugueses vindos da metrópole.[10] A fim de superar o conflito e preocupado com a crescente insatisfação do povo português, que após o encerramento da ameaça bonapartista queria seu soberano de volta a Portugal, D. João VI decidiu proceder a uma abdicação informal, passando a coroa do reino brasileiro a seu filho primogênito, mas conservando para si a do reino lusitano. Esse arranjo não suscitou – escusa dizê-lo – o menor entusiasmo popular no Brasil. Um

---

[10] HOLANDA, Sérgio Buarque de. *História Geral da Civilização Brasileira:* II – O Brasil Monárquico. tomo 5: do Império à República. Rio de Janeiro: Difusão Europeia do Livro, 1972, p. 81.

CAPÍTULO I – OS FATORES ESTRUTURANTES DA SOCIEDADE...

observador judicioso, como Saint-Hilaire, pôde testemunhar: "A massa do povo ficou indiferente a tudo, parecendo perguntar como o burro da fábula: – Não terei a vida toda de carregar a albarda?".[11] E acrescenta:

> O povo nada ganhou com a mudança operada. A maioria dos franceses lucrou com a Revolução que suprimiu privilégios e direitos auferidos por uma casta favorecida. Aqui, lei alguma consagrava a desigualdade, todos os abusos eram o resultado do interesse e dos caprichos dos poderosos e dos funcionários.[12] Mas são esses homens que, no Brasil, foram os cabeças da Revolução; não cuidavam senão em diminuir o poder do Rei, aumentando o próprio. Não pensavam, de modo algum, nas classes inferiores. Assim, o pobre lastima o Rei e os capitães-generais, porque não sabe mais a quem implorar apoio.[13]

A *journée des dupes*[14] do 7 de abril de 1831, como a denominou Teófilo Ottoni, com a abdicação de D. Pedro I em favor de seu filho, não passou, no dizer acertado de Joaquim Nabuco, de "um desquite amigável entre o Imperador e a nação, entendendo-se por nação a minoria política que a representa".[15]

Durante todo o segundo reinado, os dois partidos existentes alternaram-se amigavelmente no governo, mas o ponto alto desse falso parlamentarismo foi, justamente, o gabinete dito de "conciliação", que tomou posse em 6 de setembro de 1853, sob a chefia de Honório Hermeto Carneiro Leão. Ou seja, em lugar de um Parlamento, com

---

[11] *Segunda Viagem do Rio de Janeiro a Minas Gerais e a São Paulo – 1822*. São Paulo: Editora da Universidade de São Paulo/Livraria Itatiaia Ltda., 1974, p. 84.

[12] Anote-se a referência expressa, não só à oligarquia binária, mas também à duplicidade de regimes jurídicos, com o encobrimento pelo regime oficial, meramente de fachada, do regime de fato, francamente favorável ao poder oligárquico.

[13] *Segunda Viagem do Rio de Janeiro a Minas Gerais e a São Paulo – 1822*. São Paulo: Editora da Universidade de São Paulo/Livraria Itatiaia, 1974, p. 94.

[14] Literalmente, *o dia dos papalvos*. A expressão francesa significa um episódio em que todos os participantes se comportaram como lorpas.

[15] *Um Estadista do Império*. Rio de Janeiro: Nova Aguilar, 1975, p. 57.

pelo menos um partido da situação e outro da oposição, tivemos uma espécie de clube onde os sócios reuniam-se para discursar.

A proclamação da República nasceu de um "lamentável mal-entendido", para tomarmos emprestada a expressão famosa de Sérgio Buarque de Holanda a respeito da experiência democrática entre nós:[16] o Marechal Deodoro da Fonseca queria destituir o Primeiro-Ministro, o Visconde de Ouro Preto; não tencionava mudar o regime político. O que estava por trás de tudo era a não-aceitação, por parte das nossas Forças Armadas, de continuarem a exercer, após a Guerra do Paraguai, um papel subalterno no quadro dos poderes públicos. Esse desconforto da corporação militar foi habilmente aproveitado pelos grandes fazendeiros do Sudeste, decepcionados com a Lei do Ventre Livre e a Lei Áurea, impostas pelo poder monárquico.

A Revolução de 1930 eclodiu como fruto da divergência profunda, surgida no conjunto da classe senhorial agrícola, com a política de apoio preferencial à cafeicultura, após a crise econômica mundial de 1929. Ela foi desencadeada sob o *slogan* do Presidente de Minas, Antônio Carlos: – "Façamos a revolução antes que o povo a faça". O conflito armado encerrou-se com a batalha de Itararé, que nunca chegou a ser travada.

Os quinze anos do primeiro governo getulista findaram com a pacífica deposição do ditador, sendo tudo orquestrado na sombra pelo governo norte-americano, pois os Estados Unidos tornaram-se, com o encerramento da Segunda Guerra Mundial, uma superpotência. Getúlio não teve seus direitos políticos cassados nem suspensos, e tampouco foi exilado, como ele fez com o presidente Washington Luís em 1930. Antes de instalado o novo regime político com a promulgação da Constituição de 1946, Getúlio elegeu-se senador por dois Estados, Rio Grande do Sul e São Paulo, e também deputado federal por seis Estados. Ao mesmo tempo, lançou a candidatura à presidência da República do Marechal Eurico Gaspar Dutra, seu ex-Ministro da Guerra, que o havia expelido oficialmente da chefia do Estado em 1945.

---

[16] *Raízes do Brasil*. 5ª edição revista. Rio de Janeiro: José Olímpio, 1969, p. 119.

CAPÍTULO I – OS FATORES ESTRUTURANTES DA SOCIEDADE...

O regime constitucional instaurado em 1946 foi extinto com a mal chamada "revolução" de 1964, que não passou de um golpe de Estado, perpetrado por meio de um lance estratégico de movimentação de tropas, sem combate algum, sendo tudo orquestrado nos bastidores pelo governo norte-americano.

Na gênese desse golpe de Estado de 31 de março de 1964, encontramos uma profunda cisão lavrada entre grande parte dos agentes políticos eleitos pelo povo e a classe dos latifundiários e empresários urbanos. Nos últimos anos do regime constitucional de 1946, a possibilidade de conciliação entre esses grupos tornou-se cada vez mais reduzida, com o progresso eleitoral dos novos partidos e líderes populares, que se opunham à dominação tradicional dos potentados privados. Deve-se notar, aliás, que naquela época boa parte de nossas classes médias começou a apoiar as chamadas "reformas de base" do governo João Goulart – a agrária, a bancária, a tributária, bem como a política de repúdio ao capital estrangeiro – o que inquietou profundamente a rica burguesia. Era natural, nessas circunstâncias, que os investidores capitalistas e os grandes empresários, nacionais e estrangeiros, temerosos com a perspectiva de uma "comunistização" do país após a revolução cubana, apelassem às Forças Armadas, a fim de que estas depusessem os governantes em exercício e os substituíssem por mandatários dos potentados privados, segundo nossa velha herança histórica. Os homens do grande capital acabaram, afinal, por aceitar a instalação de um regime francamente autoritário, ao perceber que somente assim continuariam a ter seus interesses econômicos protegidos. Aliás, já Tito Lívio, em sua *História Romana* (Livro III, capítulos XL e XLI), observara que os patrícios, quando temerosos de que a plebe acedesse ao poder político, acabavam por aceitar a supressão das liberdades públicas.

Por sua vez, o *impeachment* da Presidenta Dilma Rousseff em 2016 consistiu na utilização meramente formal de um instituto previsto na Constituição (aliás, flagrantemente ultrapassado), para legitimar um golpe de Estado, visando a consolidar o poder oligárquico tradicional, perturbado com o fenômeno Lula, nosso primeiro Chefe de Estado oriundo da classe operária, e que havia completado dois mandatos sucessivos com apoio de 70% do eleitorado. Segundo todas as evidências, o golpe foi orquestrado na sombra pelo governo norte-americano, e executado com o auxílio da Operação Lava Jato e a colaboração de membros do nosso Judiciário e do Ministério Público. Para a consumação do golpe, muito contribuíram a baixa popularidade do governo Dilma Rousseff e a grave crise econômica na qual havia afundado o nosso país. O governo norte-americano obteve de imediato três apreciáveis vantagens: 1) a alienação pelo Brasil das imensas reservas de petróleo do chamado pré-sal, cuja exploração competia unicamente à Petrobras; 2) o desmonte das grandes empreiteiras brasileiras de obras públicas, que haviam conquistado extensos mercados na América Latina e na África; 3) o enfraquecimento da aliança internacional dos chamados BRICS (compreendendo Brasil, Rússia, Índia, China e África do Sul), que atuavam livres da influência dominante dos Estados Unidos e da União Europeia.

Em todos esses episódios históricos, como se vê, o povo brasileiro permaneceu alheio, senão alienado, no sentido dado a esse conceito por Feuerbach, e em seguida adotado por Karl Marx.[17]

A MENTALIDADE COLETIVA E OS COSTUMES SOCIAIS

A noção de mentalidade é de elaboração recente no campo dos estudos históricos e das ciências sociais de modo geral. Antes dela, os pensadores lançaram mão de várias outras noções de psicologia coletiva, tais como natureza ou caráter de um povo, ou a ideia de consciência social.

A noção de *mentalidade* foi elaborada originalmente pelos historiadores franceses ligados à revista *Annales d'Histoire Economique et Sociale*, fundada em 1929. A ideia central dessa escola de pensamento historiográfico é de que, contrariamente à tese marxista, as ideias e os valores predominantes em uma sociedade não são mero produto de suas

---

[17] Conforme as observações que fiz, a esse respeito, no capítulo IX da Parte II de meu livro *Ética:* Direito, Moral e Religião no Mundo Moderno. 3ª ed. São Paulo: Companhia das Letras, 2006.

CAPÍTULO I – OS FATORES ESTRUTURANTES DA SOCIEDADE...

condições econômicas, mas mantêm certa autonomia em relação a estas e, muitas vezes, as engendram e transformam.

A rigor, não existe uma diferença fundamental entre o conceito de consciência coletiva ou comum, elaborado por Émile Durkheim, e a noção de mentalidade, desenvolvida pelos citados historiadores franceses da primeira metade do século XX, e empregada no mesmo sentido, já na década de 40 do século XX, por Joseph Schumpeter, por exemplo.

Em sua tese de doutorado, defendida na Faculdade de Letras de Bordeaux em 1893, e intitulada *De la division du travail social*, Durkheim sustentou que "o conjunto das crenças e sentimentos comuns à média dos membros de uma sociedade forma um sistema determinado, que tem vida própria", e que pode ser chamado *consciência coletiva ou comum*. Sem dúvida, ela não tem como substrato um órgão único, sendo por definição difusa em toda a extensão da sociedade. Mas apresenta caracteres específicos que a tornam uma realidade perfeitamente distinta, sobretudo das consciências individuais: tanto mais distinta, quanto mais fortemente o indivíduo se opõe às crenças, opiniões e valores dominantes na sociedade, e sente-se, com isso, constantemente acossado em seu isolamento. Além disso, a duração da consciência coletiva é sempre maior do que a das vidas individuais. Os indivíduos passam, mas a consciência coletiva permanece viva e atuante, de geração em geração.

O importante é frisar que esse conjunto de valores éticos predominantes, ideias, sentimentos, crenças e até preconceitos atua, na mente de cada um de nós, como uma espécie de reator automático, no julgamento de fatos ou pessoas. Nesse sentido, é uma realidade mental muitas vezes subconsciente e, quando reconhecida pelo sujeito, passa geralmente a ser por ele ocultada, ou então expressa de modo enganoso, como sucede com frequência em matéria de preconceitos. É em função das mentalidades coletivas que se criam as *culturas* nacionais ou regionais – a arte e as técnicas, sobretudo –, bem como as formas de atividade econômica e de organização política.

Na verdade, as mentalidades individuais variam enormemente entre si, em função do patrimônio genético e da pressão do meio social onde vivem os indivíduos. A influência da mentalidade coletiva nas mentes individuais é também muito variada, escalonando-se em múltiplos graus, desde a rejeição absoluta até a adesão completa. Porém, quanto menos desenvolvida uma sociedade, mais forte é a influência da mentalidade coletiva sobre as mentes individuais.

No campo da mentalidade coletiva, há sempre, em todas as sociedades, várias espécies. Sem dúvida – e nisso os historiadores muito se destacaram – existe uma mentalidade geral, comum ao conjunto dos membros de uma sociedade, em determinada época.[18] Mas no interior de uma grande sociedade, ou mesmo de toda uma civilização, cada grupo mais ou menos extenso e importante é dotado de uma mentalidade particular, claramente distinta da dos demais grupos. Assim, por exemplo, como sustentou Marx, há incontestavelmente no mundo moderno, plasmado pelo sistema capitalista hegemônico, mentalidades de classe; assim como havia, na sociedade medieval, mentalidades próprias de cada ordem ou estamento. Há também, necessariamente, mentalidades etárias, de gênero, de casta, de etnia; mentalidades urbanas e campestres; mentalidades regionais e nacionais; e assim por diante.

As mentalidades coletivas engendram *costumes*, ou seja, modos de vida constantes e uniformes, largamente observados em uma sociedade, em geral de forma irrefletida, como se fossem automatismos sociais.

A ESTREITA RELAÇÃO ENTRE PODER, MENTALIDADE COLETIVA E COSTUMES SOCIAIS

Resta, agora, considerar as relações entre a esfera do poder, oficial ou não, com a mentalidade e os costumes vigentes na sociedade.

Trata-se, como assinalado acima, de realidades intimamente correlacionadas. Um sistema de poder, que se opõe frontalmente à mentalidade coletiva dominante no seio do povo, dificilmente subsiste; sobretudo

---

[18] Veja-se, a propósito, o artigo de Georges Duby: "Histoire des mentalités". *In: L'Histoire et ses Méthodes*. Paris: Encyclopédie de la Pléiade, 1961, p. 937 ss.

CAPÍTULO I – OS FATORES ESTRUTURANTES DA SOCIEDADE...

quando essa oposição se funda em sentimentos profundos e tradicionais, como os de natureza religiosa, ou em preconceitos arraigados.

Um exemplo paradigmático desse fato ocorreu no Irã nos anos 70 do século XX. O Xá Mohammad Reza Pahlavi, que subiu ao trono em 1941 como monarca absoluto segundo a multissecular tradição persa, nos últimos anos de seu reinado foi perdendo totalmente seu prestígio junto ao povo; de um lado pela política de secularização, senão de rejeição prática do islamismo; de outro lado, pela sua estreita aliança com os Estados Unidos que, juntamente com a Grã-Bretanha, havia derrubado o Primeiro-Ministro Mohamad Mossadegh, que nacionalizara a indústria petrolífera do país. A pressão norte-americana levou igualmente o Xá a se aproximar de Israel, que o povo iraniano considerava seu arqui-inimigo político e religioso. No final de 1978, irrompeu uma revolução islamita, liderada pelo imã Ruhollah Khomeini, que assumiu o poder em janeiro de 1979.

Nas civilizações antigas, todo o sistema de poder existia e era exercido sob a influência da mentalidade e dos costumes tradicionais. Daí por que a promulgação de leis, ou a imposição de decretos, contrários aos valores tradicionais, era imediatamente sentida como despótica pelos sujeitos. Montesquieu recorda, a esse respeito, como foi mal recebida a invasão feita pelo czar Pedro 1º na vida privada dos moscovitas, impondo-lhes arbitrariamente cortar a barba e usar vestes longas.[19]

A supremacia dos costumes inveterados sobre as leis que os contrariavam sempre foi unanimemente assinalada pelos pensadores clássicos. *Leges sine moribus vanae* (as leis não fundadas em costumes são vazias), afirmou Horácio. No diálogo famoso entre Antígona e Creonte, na peça de Sófocles (versos 450-460), a donzela opõe ao decreto, que proibia fosse enterrado o cadáver de seu irmão Polinice, as leis divinas, consubstanciadas em costumes inveterados; leis essas que "não datam nem de hoje nem de ontem, não se sabendo o dia em que foram promulgadas".

---

[19] *Do espírito das leis.* Livro XIX, Capítulo XIV.

Os costumes não se mudam por leis, ressaltou por sua vez Platão.[20] A verdadeira constituição do Estado são os costumes, advertiu Rousseau.[21]

Na era moderna, diversamente, os costumes tradicionais cedem lugar ao direito emanado das instâncias oficiais de poder no Estado; embora ainda restem casos de leis impotentes para abolir costumes de fundo religioso. Assim, por exemplo, na Índia, com a prática do sati, ou seja, a obrigação para toda viúva de se imolar sobre o túmulo do seu marido. Muito embora proibida ininterruptamente por lei desde 1829, com a cominação de pena severa a todo aquele que faz do local da imolação um lugar de culto, essa velhíssima tradição ainda não desapareceu de todo, sobretudo nas regiões mais pobres do país.

Na verdade, em lugar das antigas tradições, em especial as de natureza religiosa, o mundo contemporâneo assistiu ao surgimento do novo poder de propaganda ideológica, exercido pelo Estado autoritário ou pela oligarquia capitalista, através dos meios de comunicação de massa. É esse poder que modela agora a mentalidade coletiva, impondo a adoção de novos valores e condutas.

A MENTALIDADE COLETIVA E COSTUMES VIGENTES NO BRASIL

Ela foi desde sempre moldada pelos grupos dominantes, tendo em vista a enorme diferença que sempre existiu na sociedade brasileira entre a minoria rica e poderosa, e a massa dos "vulgos vis sem nome", segundo a expressão camoniana. Cada uma dessas camadas sociais tem o seu próprio critério de comportamento moral e, frequentemente, os seus integrantes são julgados nos tribunais de maneira contraditória.[22]

Sem dúvida, entre ambas principiou a existir, a partir do término do regime colonial, um conjunto de indivíduos de classe média –

---

[20] *A República* IV, 425.

[21] *Do contrato social*. Livro 2º, Capítulo 12.

[22] Uma boa ilustração dessa duplicidade foi dada por Machado de Assis no conto *Suje-se gordo!*, incluído em *Relíquias de Casa Velha*.

CAPÍTULO I – OS FATORES ESTRUTURANTES DA SOCIEDADE...

sobretudo servidores públicos e profissionais liberais –; mas a sua aproximação com os oligarcas e a sua repulsa aos pobretões fazia-os sócios permanentes da oligarquia. Isto, sem falar na numerosa escravaria, que sempre foi tida nestas terras como espécie meramente animal.

Traço fundamental da mentalidade coletiva brasileira, até hoje vigente, é a convicção de que entre os integrantes do grupo social dominante e o conjunto dos dominados não há nenhuma possibilidade de comunhão social. Trata-se de duas espécies humanas bem diversas; pois, como disse Camões, "uns são para mandados, outros para mandar".[23]

Entre nós, pode-se dizer que duas instituições sociais foram historicamente responsáveis por essa diferença básica de posição e consideração social: a escravidão e o latifúndio. Sobre elas, muito será dito nos capítulos a seguir.

Com respeito a outras características específicas de nossa mentalidade coletiva, podemos assinalar as seguintes:

Privatismo

Desde o início da colonização, no século XVI, são inúmeros os testemunhos sobre a preocupação única e exclusiva dos colonizadores em satisfazer seus interesses pessoais ou familiares, em detrimento do bem comum. Esse privatismo sempre preponderou na mentalidade dos dois grupos constitutivos da nossa oligarquia. A ambos pode se aplicar a qualificação de usufrutuários, empregada por Frei Vicente do Salvador em relação aos colonizadores portugueses.[24] Os grandes proprietários só se preocupam em usufruir de seus bens, sem explorá-los pessoalmente; e ultimamente, com a sucessão do capitalismo industrial pelo capitalismo financeiro, os empresários tendem a tornar-se simples rentistas.

---

[23] *Lusíadas*. Canto X, 1211/1212.
[24] *História do Brasil 1500-1627*. Capítulo 2º.

Quanto à burocracia estatal, ela usufrui de seus cargos, sem se preocupar em servir o povo. É por isso que somente ingressamos na fase do capitalismo industrial no século XX, e em grande parte graças aos imigrantes europeus ou japoneses, com seus costumes ancestrais de poupança e trabalho pessoal.

Personalismo

Sempre tivemos dificuldade em compreender e aceitar o funcionamento de organizações impessoais. No campo político, o povo desconfia das ideias e programas abstratos, repudia os partidos e somente confia em políticos de carne e osso, sobretudo quando eles encarnam um paternalismo protetor. A política, entre nós, nunca foi um embate de ideias, mas a atuação, conflitiva ou amigável, de personalidades marcantes.

Essa mesma ausência de impessoalidade existe no funcionamento da Administração Pública. É comum, quando se tem uma questão contenciosa no serviço público, procurar antes de tudo um conhecido ou amigo na repartição competente.

É importante assinalar aqui a ligação do personalismo com a oligarquia que, no dizer de Sérgio Buarque de Holanda, "é o prolongamento do personalismo no espaço e no tempo".[25]

Predomínio dos sentimentos sobre as convicções racionais

Nossas relações sociais têm sido marcadas, mais por sentimentos do que por convicções racionais. Como se dizia na República Velha, "aos amigos, tudo; aos inimigos, a lei". Nos processos judiciais, advogado eficiente é o amigo do juiz. Em suma, o brasileiro deixa-se guiar mais pelos sentimentos do que pela razão.[26]

---

[25] *Raízes do Brasil*. 5ª edição revista. Rio de Janeiro: José Olímpio, 1969, capítulo VII.

[26] Eis por que Sérgio Buarque de Holanda usou da expressão "homem cordial", no sentido etimológico do adjetivo, ou seja, *cor, cordis*, que em latim designava o coração, fonte dos sentimentos, bons ou maus (*Raízes do Brasil*. 5ª edição revista. Rio de Janeiro:

CAPÍTULO I – OS FATORES ESTRUTURANTES DA SOCIEDADE...

Especificamente, com respeito à camada oligárquica, assinale-se que foi somente no século XX que nela se instalou, entre nós, o "espírito do capitalismo", de que falou Max Weber, com a preponderância do racionalismo sobre os sentimentos e as paixões.[27]

Dissimulação de caráter e duplicidade das instituições

A dissimulação de caráter é um traço comum aos nossos grupos dominantes. Nossos oligarcas sempre fizeram questão de se mostrar "civilizados"; adotando exteriormente os modos de vida dos povos tidos como superiores, e reservando para o âmbito doméstico ou o ambiente interno os costumes considerados atrasados ou primitivos. Como reflexo dessa dissimulação, nossas instituições jurídicas têm sempre um caráter dúplice. Oficialmente, costumam equiparar-se às mais modernas e avançadas de cada momento histórico. Na realidade, porém, só têm vigência – no sentido do étimo *vigeo, -ere*, isto é, ter força ou vigor –, as normas e costumes ditados ou aceitos pelos grupos oligárquicos.

Esta é a razão pela qual nunca pudemos ter no Brasil um verdadeiro Estado de Direito; ou seja, um Estado em que as instituições controlam-se mutuamente.

Uma clássica ilustração dessa realidade encontramos num trecho famoso de *Memórias de um Sargento de Milícias*, de Manoel Antônio de Almeida (capítulo 46). Querendo livrar seu jovem afilhado do castigo que lhe impusera o major Vidigal, a comadre protetora foi procurá-lo, e ele, querendo atalhar a conversa, foi logo dizendo: "– Já sei de tudo, já sei de tudo".

> – Ainda não, senhor major, observou a comadre, ainda não sabe do melhor e é que o que ele praticou naquela ocasião quase que

---

José Olímpio, 1969, capítulo V). Foi o que suscitou uma polêmica com Cassiano Ricardo. Na verdade, no linguajar comum o adjetivo *cordial* tem o sentido de afetuoso, gentil, cortês.

[27] *Das protestantische Ethik und der Geist des Kapitalismus*, edição original de 1904.

não estava nas suas mãos. Bem sabe que um filho na casa de seu pai...

— Mas um filho quando é soldado, retorquiu o major com toda gravidade disciplinar...

— Nem por isso deixa de ser filho, tornou Dona Maria.

— Bem sei, mas a lei?

— Ora, a lei... o que é a lei, se o Senhor major quiser? (...)

O major sorriu-se com cândida modéstia.

Tal duplicidade dissimulatória de comportamento é também um velho costume entre os estratos inferiores de nossa população. Grande exemplo é a prática da capoeira,[28] uma invenção dos escravos fugitivos e perseguidos. De início, era ela uma espécie de luta corporal. Não possuindo armas suficientes para se defenderem, fazia-se necessário aos negros cativos desenvolver uma forma de enfrentar as armas inimigas, unicamente com seu próprio corpo. Tiveram, então, a ideia de seguir o exemplo dos animais, com marradas, coices, saltos e botes.

A denominação dessa forma de luta corporal veio do mato onde os escravos fugitivos se entrincheiravam e treinavam essa forma de resistência. De fato, a capoeira foi, inicialmente, uma forma de defesa dos quilombolas no meio rural. Nos espaços controlados pelo senhor, todavia, os escravos tinham necessidade de dissimular essa característica de combate corporal da capoeira, apresentando-a como uma forma de dança, simples divertimento enfim. De onde o aparecimento do berimbau, utilizado na verdade para avisar a aproximação dos senhores, feitores ou capitães-do-mato.

Com a abolição da escravatura, os capoeiras foram aproveitados como membros da Guarda Negra, fundada por José do Patrocínio para defender a Princesa Isabel e praticar distúrbios e violências nas manifestações republicanas. De onde o fato de o Código Penal de 1890 haver tipificado, em seu artigo 402, a capoeiragem como um delito especial.[29]

---

[28] Veja-se a esse respeito o excelente verbete *capoeira*, no *Dicionário da Escravidão Negra no Brasil*, de Clóvis Moura, Editora da Universidade de São Paulo, 2004.

[29] "Fazer nas ruas e praças públicas exercícios de agilidade e destreza corporal, conhecidos pela denominação de capoeiragem. O autuado será punido com dois a seis meses de

CAPÍTULO I – OS FATORES ESTRUTURANTES DA SOCIEDADE...

O multissecular costume da corrupção no nível oligárquico

Como se verá em várias passagens deste livro, nas relações entre os potentados econômicos privados e a burocracia estatal, ou simplesmente no exercício da função pública, a corrupção tem sido um costume sempre vigente em nossa sociedade, desde o primeiro século da colonização.

Vejamos agora, nos capítulos seguintes, como tais elementos estruturantes da sociedade brasileira evoluíram historicamente.

---

prisão. É considerada circunstância agravante pertencer o capoeira a alguma banda ou malta. Aos chefes e cabeças se imporá a pena em dobro. No caso de reincidência será aplicada ao capoeira no grau máximo a pena do artigo 400 (recolhimento do infrator, por um a três anos, a colônias penais que se fundarem em ilhas marítimas, ou nas fronteiras do território nacional, podendo para esse fim ser (*sic*) aproveitados os presídios militares). Se for estrangeiro, será deportado depois de cumprir a pena. Se nesses exercícios da capoeiragem perpetrar homicídio, praticar alguma lesão corporal, ultrajar o poder público e particular, perturbar a ordem, a tranquilidade e a segurança pública ou for encontrado com armas, incorrerá cumulativamente nas penas cominadas para tais crimes".

Capítulo II

A HERANÇA LUSITANA

Aqui chegados em 1500, os portugueses se depararam com vários grupos indígenas, que apresentavam características diversas uns dos outros e mantinham escassas relações entre si. Ao se estabelecerem em nosso território, criaram uma sociedade bem diferente daquela que existia na metrópole europeia, mas que desta herdou seus principais traços culturais, a saber:

1 – concentração dos poderes de comando e predominância da posição de propriedade senhorial sobre as relações feudo-vassálicas;

2 – precoce ascensão social da burguesia e acentuada orientação mercantil da monarquia;

3 – estreita aliança da monarquia lusitana com a Igreja Católica no empreendimento colonial;

4 – cultura da personalidade e tibieza das formas de organização social;

5 – permanente supremacia do interesse privado sobre o bem público.

Tais características reproduziram-se, com mínimas variantes, na formação da sociedade brasileira.

Vale, pois, a pena examiná-las.

CONCENTRAÇÃO DOS PODERES DE COMANDO, COM A RUPTURA DAS TRADIÇÕES FEUDO-VASSÁLICAS

As monarquias ibéricas, e em especial a portuguesa, bem antes do que sucedeu nos demais reinos da Europa Ocidental, concentraram na pessoa do rei a soberania absoluta.

A verdadeira causa do fenômeno foi, sem dúvida, a guerra de reconquista territorial empreendida contra os mouros, seguida pela luta de independência contra os espanhóis. O monarca português, desde cedo, assumiu as funções de chefe militar supremo, transformando os antigos nobres em comandados, dos quais exigia, mais que a fidelidade vassálica, a estrita obediência castrense.

Tudo principiou com as famosas leis de Afonso II, de 1211, que colocaram o poder do monarca bem acima dos privilégios estamentais da nobreza e do clero. O rei dispensou, nesses ditames, o plural majestático, e passou a falar na primeira pessoa, como um general comandante a dirigir-se aos seus subordinados.

O *status* de poder supremo do monarca português foi afinal confirmado nas Ordenações do Reino. Vejam-se, por exemplo, as seguintes disposições das Ordenações Filipinas, promulgadas em 1595, última das consolidações dos mandamentos reais:

> Porque nenhuma Lei, per o Rey feita, o obriga, senão em quando elle, fundado em razão e igualdade, quiser a ella submeter seu Real poder (Livro 2º, título XXV, 21).
>
> (...) somente ao Principe, que não reconhece Superior, he outorgado per Direito, que julgue segundo sua consciência, não curando de alegações, ou provas em contrario, feitas pelas partes, por quanto he sobre a Lei, e o Direito não presume, que se haja de corromper por affeição (Livro 3º, título LXVI, princípio).

Ao final do século XVIII, sob a influência decisiva de Pombal, Dom José I estatuiu que o poder monárquico é uma "alta e independente soberania, que o rei recebe imediatamente de Deus; pela qual manda, quer e decreta aos seus vassalos, de ciência certa e poder absoluto".

CAPÍTULO II – A HERANÇA LUSITANA

O monarca era, também, naqueles primeiros tempos, o principal senhor de terras no reino. Os lucros da terra em cultivo, como salientou um historiador, formavam a parte permanente e mais segura das rendas do soberano.[30] Os privilégios usufruídos pelos demais titulares de senhorios agrícolas não se consideravam como fundados em direito próprio, mas como resultantes de atos gratuitos do rei, suscetíveis, por isso, de revogação.

Foi o que fez D. João I, seguindo o alvitre de João das Regras, quando reconheceu o estado de dilapidação do patrimônio da Coroa. As terras que o monarca havia cedido aos nobres (dentre eles o próprio Condestável do Reino), em recompensa pelos feitos militares na guerra contra os espanhóis, foram retrocedidas ao soberano mediante o estipêndio de soldo permanente aos expropriados. O mesmo fez D. Duarte, ao promulgar a Lei Mental.[31] E ulteriormente, D. Manuel, com a reforma dos forais, avançou no mesmo sentido. O sistema de doação de senhorios territoriais pelo monarca foi desde logo aplicado no Brasil, quando se resolveu superar a fase de economia extrativa da madeira e dar início ao empreendimento colonial pela exploração agrícola: as capitanias hereditárias.

Tudo isso contribuiu para moldar, duradouramente, a estrutura da sociedade portuguesa em torno do poder monárquico, com o progressivo enfraquecimento do tradicional *status* privilegiado de nobres e clérigos. Basta consultar as Ordenações Filipinas, para verificar que a maior parte dos mandamentos constantes do seu Livro 2º tem por objeto limitar as antigas prerrogativas de nobres e clérigos, os quais, em lugar de autênticos vassalos, ligados por pacto de honra ao soberano, assumiram desde cedo a posição de clientes deste, beneficiando-se de empregos e rendas públicas.

Na verdade, o processo de centralização do poder na pessoa do rei não se limitou a reduzir a autonomia dos nobres, mas estendeu-se

---

[30] AZEVEDO, J. Lúcio de. *Épocas de Portugal económico*: esboços de história. 4ª ed. Lisboa: Livraria Clássica Editora, p. 32.

[31] Assim chamada por a ter ideado D. João I e promulgado o filho, D. Duarte.

também à Igreja. Desde o século XIII, instituiu-se o padroado, pelo qual o soberano se reservava o poder exclusivo de nomeação de párocos e abades, primeiro nas igrejas régias e em seguida em todas as igrejas e mosteiros que até então não tinham senhor conhecido. À mesma época, mais exatamente a partir de 1266, reduziu-se a liberdade de eleição de bispos, passando o monarca a ter influência direta sobre a sua nomeação.

Um último ponto a assinalar para a recapitulação do processo de reforço contínuo do poder monárquico, no quadro da organização política do Portugal medievo, é a limitação da autonomia dos concelhos, como órgãos de administração municipal. Desde o início, a criação de municípios dependeu do reconhecimento régio, estabelecendo-se a necessária contrapartida de sua sujeição ao poder do monarca.[32]

Com a conjugação de todos esses fatores, formou-se uma sociedade cujo equilíbrio orgânico pendia inteiramente da cúpula, em vez de se fundar na base.

PRECOCE ASCENSÃO SOCIAL DA BURGUESIA E ACENTUADO ESPÍRITO MERCANTIL DA ARISTOCRACIA, DO CLERO E DO PRÓPRIO MONARCA

Ao cabo do período de formação da nacionalidade (1096-1325), Portugal constituía uma sociedade bem distinta daquelas situadas além dos Pirineus. Enquanto estas últimas inscreviam-se totalmente nos quadros da matriz civilizatória indo-europeia, os portugueses já se afastavam nitidamente dessa tradição.

Com efeito, todas as sociedades da estirpe indo-europeia eram estruturadas em três ordens ou estamentos (*états, Stände*): os aristocratas-guerreiros, os sacerdotes e os agricultores-pastores. Cada um deles era encarregado de uma função social determinada: aos sacerdotes competia orar, conciliando as boas graças dos deuses; aos guerreiros combater, defendendo a sociedade contra o inimigo externo; finalmente, aos

---

[32] AZEVEDO, J. Lúcio de. *Épocas de Portugal económico:* esboços de história. 4ª ed. Lisboa: Livraria Clássica Editora, p. 165.

CAPÍTULO II – A HERANÇA LUSITANA

agricultores-pastores competia produzir bens, assegurando a subsistência física de toda a população. Por outro lado, cada estamento possuía direitos e deveres próprios, incomunicáveis aos demais. Os dois primeiros eram dotados de privilégios, isto é, direitos ligados à pessoa de seus componentes, sendo o estamento dos lavradores e pastores subordinado a ambos. Cada indivíduo nascia e permanecia, a vida toda, integrado no mesmo estamento, não podendo, nem ele nem seus descendentes, transferir-se para outro.

Ademais, durante a Alta Idade Média, a terra representava a base de toda a economia e do prestígio social. A condição de nobreza, por exemplo, estava intimamente ligada à posse legítima da terra, e esta era, em consequência, um bem inalienável, sem preço. Assinale-se, por exemplo, que o feudo consistia em um trato de terra que o senhor doava ao vassalo, em recompensa do dever de fidelidade, assumido pelo donatário em relação ao doador. O *status* de senhor feudal fundava-se, necessariamente, na posse legítima da terra. Era esta, aliás, que identificava o título de nobreza: barão, conde ou marquês de determinada localidade rural. Eis a razão pela qual, com a decadência do feudalismo, os burgueses abonados procuraram dar-se ares aristocráticos, comprando terras pertencentes a senhores feudais. De onde o velho provérbio napolitano: *chi hà danari compra feudi ed è barone.*

Do mesmo modo, os lavradores da terra, membros do terceiro estamento, viviam, de geração em geração, vinculados à gleba de terra por eles lavrada; de onde a designação consagrada de *servos da gleba.* A expressão é exata, pois eles eram, de certa forma, submetidos antes à terra do que ao senhor feudal. Este falecia e era sucedido pelo seu herdeiro; mas a terra continuava sempre a mesma, imóvel em todos os sentidos.

Ora, na segunda metade do século XII, na Baixa Idade Média europeia, iniciou-se o lento processo de ruptura da milenar cultura indo-europeia. O renascimento do comércio, consequente à retomada da navegação marítima no Mediterrâneo, transformado desde o século VIII em "lago "muçulmano", bem como a reconquista das áreas territoriais ocupadas pelos invasores sarracenos, provocaram apreciável crescimento demográfico e fizeram com que surgissem novos núcleos urbanos à margem dos territórios feudais; núcleos esses, por isso mesmo, chamados "burgos de fora" (*forisburgus*). Os que nele se instalaram, notadamente os comerciantes, passaram então a ser conhecidos como burgueses.

Na sua qualidade de personagens adventícios, tiveram eles grandes dificuldades para ingressar na sociedade estamental que os rejeitava. Para lograr esse objetivo, seguiram dois caminhos alternativos: o enfrentamento, ou a conciliação de interesses. O enfrentamento ocorreu por primeiro na Lombardia e na Toscana, cinco séculos antes da Revolução Francesa; ao passo que o exemplo mais conspícuo de conciliação entre a nova classe burguesa e a velha aristocracia sucedeu em Portugal. Aí está a origem da tradicional tendência, no mundo político luso-brasileiro, de uma busca permanente de conciliação entre os grupos dominantes.

Em Portugal, o processo de ruptura da velha ordem estamental, consequente à rápida ascensão da burguesia, teve início a partir do reinado de D. João I, inaugurador da dinastia de Avis na segunda metade do século XIV.

O Mestre d'Avis, assumindo o trono logo após a grande crise de 1383 – 1385 entre Portugal e Castela, afastou da Corte a nobreza favorável à aliança entre ambas as Coroas ibéricas, e chamou a si um grupo cada vez mais numeroso de "legistas" (profissionais do direito), militares e comerciantes, atribuindo-lhes a missão de servi-lo diretamente na luta pela manutenção da independência do reino.

A grande aventura colonial, desenvolvida pelos povos ibéricos a partir da descoberta da América e da abertura do caminho marítimo para as Índias, teve, desde o início, um caráter nitidamente mercantil. O próprio rei tornou-se o primeiro comerciante do reino. Ou seja, como bem definiu Alexandre Herculano, fundou-se em Portugal um regime de capitalismo político.[33]

Espanha e Portugal, de onde partiram as viagens dos grandes descobrimentos, fundaram os primeiros impérios comerciais dos tempos modernos.

---

[33] *História de Portugal*. 8ª ed. tomo I. Lisboa: Bertrand, p. 99.

CAPÍTULO II – A HERANÇA LUSITANA

A natureza de tais impérios diferia substancialmente do modelo imperial até então conhecido. O objetivo já não era apenas, como no passado, conquistar territórios e dominar suas populações, mas sim obter, por meio da ocupação de novas terras, o monopólio comercial de especiarias, produtos agrícolas, metais preciosos e escravos. Ou seja, enquanto no passado a vida econômica subordinava-se ao poder político, doravante a dominação política passava a fundar-se no poderio econômico; o que é uma característica essencial do capitalismo.

Como bem salientou Montesquieu, "o objetivo dessas colônias é comerciar em melhores condições do que com os povos vizinhos, com os quais todas as vantagens são recíprocas. Estabeleceu-se, assim, que somente a metrópole poderia negociar com a colônia; e isto, pela boa razão de que a finalidade do estabelecimento colonial foi a extensão do comércio, não a fundação de uma cidade ou a criação de um novo império".[34]

Em Portugal, para grande escândalo das demais Cortes europeias, o próprio soberano assumiu a condição de Comerciante-Mor do reino, dirigindo pessoalmente e em proveito da Coroa as operações mercantis d'além-mar. Já no início do século XVI, a renda proveniente do comércio ultramarino, incluindo ouro, escravos e especiarias, representava dois terços da renda total da Coroa portuguesa.

Firmaram-se, assim, já no século XV, ao longo da costa africana, as feitorias ou postos de comércio fortificado, reunindo sob o mesmo comando o poderio militar e econômico. Foi nesse largo espaço geoeconômico que se desenvolveu, muito antes das demais regiões da Europa, a escravidão ligada à agricultura. Assim é que os servos da gleba já eram categoria quase totalmente extinta na época da fundação da nacionalidade portuguesa, pois a partir de meados do século XI o número de escravos mouros cresceu constantemente, na medida da progressiva reconquista do território.[35] O aumento contínuo da mão de

---

[34] *Do Espírito das Leis*. Livro XXI, cap. XXI.

[35] MATTOSO, José. *História de Portugal*. tomo I: antes de Portugal. Lisboa: Editorial Estampa, pp. 260/261.

obra cativa, obviamente, influiu poderosamente sobre o trabalho livre. Isto explica a antecipada transformação dos pequenos lavradores, proprietários ou arrendatários, em assalariados agrícolas, quando se compara Portugal com as demais regiões ocidentais da Europa. Já em 1253, ao baixar o regimento dos preços, Afonso III impôs tributo sobre os salários pagos a todos os trabalhadores agrícolas, o que denota a importância da economia salarial à época.[36]

Por outro lado, independentemente de sua utilização na agricultura, os escravos africanos constituíram, eles próprios, desde o início da expansão do capitalismo mercantil no século XV, um apreciável objeto de mercancia. Foram os portugueses os primeiros a descobrir que os cativos representavam uma disputada moeda de troca para a aquisição do ouro africano. Foram eles, também, que iniciaram o tráfico transatlântico de seres humanos, logo seguidos pelos espanhóis, holandeses, ingleses e franceses. O lucro obtido na aquisição de escravos para revenda era exorbitante. No Brasil, o tráfico negreiro esteve na origem de grandes fortunas.[37]

O tráfico transatlântico regular de negros africanos expandiu-se consideravelmente com o estabelecimento dos primeiros engenhos de açúcar no litoral brasileiro. Com o incremento substancial da escravidão africana, o assalariado agrícola, que havia sido precocemente introduzido na península, quase desapareceu.

Em pouco tempo, o tráfico de escravos africanos tornou-se uma das mais importantes fontes de receita para o tesouro régio, com a multiplicação de tributos de efeito cumulativo, denominados "donativos", "subsídios", "preferências", "alcavalas". Em 1473, as Cortes pedem ao monarca que estabeleça a proibição de levar para fora os negros oriundos da Guiné, porque só com eles se faziam terras novas, rompiam-se matas e drenavam-se pântanos. Mas o interesse pecuniário da Coroa, diretamente beneficiada pela arrecadação desses impostos, falou mais alto.

---

[36] AZEVEDO, J. Lúcio de. *Épocas de Portugal económico:* esboços de história. 4ª ed. Lisboa: Livraria Clássica Editora, p. 18.

[37] Somente para os séculos XVI e XVII, *Cf.* SALVADOR, José Gonçalves. *Os Magnatas do Tráfico Negreiro.* São Paulo: Pioneira/EDUSP, 1981.

CAPÍTULO II – A HERANÇA LUSITANA

Encerrada prematuramente a Idade Média portuguesa já em fins do século XIV – outra característica original da monarquia lusitana em comparação com os demais reinos do Ocidente europeu –, a organização política passou a sofrer a influência decisiva dos grandes empreendimentos marítimos, moldados em termos nitidamente capitalistas.

Os portugueses iniciaram o transporte de escravos para a Europa desde meados do século XV.[38] Segundo relata J. Lúcio de Azevedo, "o primeiro carregamento foi de 235 presas, em 1445, trazidas por Lançarote – não se lhe sabe o sobrenome – escudeiro de D. Henrique, sendo um dos companheiros Gil Eanes, o que dobrou o cabo Bojador".[39] Movidos pelo apetite comercial, os que apresavam africanos para reduzi-los à condição de escravos não manifestaram nessa empreitada escrúpulo algum. Ao contrário, jamais esconderam seu grosseiro preconceito em relação aos africanos.

O monarca tornou-se, desde logo, o primeiro mercador do reino. Foi ele não só o maior negociante de escravos africanos e o monopolista da pimenta, como se tornou, mais adiante, o beneficiário exclusivo do estanco do tabaco.

Sob D. João II, entre 1486 – ano em que se fundou a Casa dos Escravos, departamento régio integrado à Casa da Mina e Tratos da Guiné – e 1493, registrou-se a entrada no reino de 3.589 escravos da Guiné, de propriedade da Coroa. No século seguinte, em apenas três anos, de 1511 a 1513, passaram pela Casa dos Escravos, segundo as contas do almoxarife, 1.265 escravos de ambos os sexos, pertencentes ao rei. Esses cativos, atribuídos em propriedade ao soberano, provinham umas vezes do negócio direto por conta dele com os negreiros indígenas, outras vezes de rendas cobradas em espécie. Assim é que, em 1510, foram arrematados os direitos de cobrança das rendas régias à razão de 900 mil

---

[38] BLACKBURN, Robin. *A Queda do Escravismo Colonial 1776–1848*. Rio de Janeiro: Editora Record, 2002, pp. 102 ss.

[39] BLACKBURN, Robin. *A Queda do Escravismo Colonial 1776–1848*. Rio de Janeiro: Editora Record, 2002, pp. 68/69.

reais por ano, pagáveis em negros. O tráfico, de resto, era estritamente regulado pelo monarca em seu próprio benefício.[40]

A introdução em massa de escravos no país era imprescindível em razão da aguda carência de mão de obra agrícola, provocada pela aventura marítima. O rei sempre foi o principal interessado no negócio de exportação de escravos, notadamente para Castela. No reinado de Afonso V as Cortes pediram para que fosse proibida a saída de cativos para o estrangeiro, pois a agricultura carecia agudamente de braços. O monarca rejeitou liminarmente a súplica, pois ela vinha contrariar os seus interesses patrimoniais.[41]

Com o progressivo enfraquecimento do comércio com o Extremo Oriente, o império ultramarino português concentrou-se no Atlântico Sul, sobretudo graças à expansão do tráfico de escravos africanos.[42] Entre Angola e Brasil teceu-se forte rede de interesses mercantis, sob a proteção política de Lisboa e as bênçãos da Igreja Católica. Angola fornecia o grande e indispensável fator de produção para o tipo de agricultura desenvolvido no Brasil: o braço escravo. E a exclusividade desse fornecimento permitia, ao mesmo tempo, o controle de toda a economia em terras brasílicas. Entre a África Ocidental e o Brasil estabeleceram-se, durante três séculos, fortes laços econômicos e políticos.[43]

Quanto à malagueta, seu comércio não tardou a ser instituído monopólio da Coroa, o que tornou o soberano português conhecido depreciativamente em toda a Europa como o "rei da pimenta", ou *le Roi-Epicier*, como disse o soberano francês Francisco I de D. Manuel, o Venturoso.

---

[40] AZEVEDO, J. Lúcio de. *Épocas de Portugal económico:* esboços de história. 4ª ed. Lisboa: Livraria Clássica Editora, pp. 70 ss.

[41] AZEVEDO, J. Lúcio de. *Épocas de Portugal económico:* esboços de história. 4ª ed. Lisboa: Livraria Clássica Editora, p. 74.

[42] É a tese sustentada por Luiz Felipe de Alencastro, em *O trato dos viventes:* formação do Brasil no Atlântico Sul, séculos XVI e XVII. São Paulo: Companhia das Letras, 2000.

[43] Em carta enviada de Haia ao Marquês de Nisa, em 12 de agosto de 1648, escreveu o Padre António Vieira: "Sem negros não há Pernambuco e sem Angola não há negros".

CAPÍTULO II – A HERANÇA LUSITANA

Na verdade, a febre especulativa há muito tomara conta dos nobres, empenhados em comprar habitualmente gêneros de consumo para revendê-los com lucro. O que fez com que, já nas Cortes de Leiria de 1372, os representantes dos povos – vale dizer, dos habitantes de uma mesma região, cidade, vila ou aldeia – os increpassem, todos eles, de *mercadores* e *regatões*.[44] E embora persistisse bem viva a animadversão da plebe por todos os que, intitulando-se fidalgos,[45] faziam da mercancia o seu modo de vida habitual, o pendor mercantil da nobreza, equiparável ao da burguesia, permaneceu inabalado nos séculos posteriores, tendo sido vivamente reacendido com a exploração colonial. Nas colônias, aliás, a fidalguia confundia-se em regra com a riqueza pessoal. "Viver à lei da nobreza", segundo expressão consagrada, significava, pura e simplesmente, ser homem de posses. Escusa dizer que essa estreita ligação da riqueza com o prestígio pessoal tem sido, desde sempre, um traço marcante da sociedade brasileira.

Nos demais grupos e classes superiores da sociedade colonial, a cupidez praticamente não conhecia limites. Entre os governantes, fossem eles civis ou militares, era normal complementar estipêndios ou soldos com toda sorte de traficâncias e exações patrimoniais. Escrevendo do Rio de Janeiro em 6 de novembro de 1710 ao duque de Cadaval, frei Francisco de Menezes observou: "Sua Majestade deu liberdade aos governadores para negociarem. (...) Até agora sempre governavam e negociavam, mas era com receio; sempre tinham mão em si, agora vão pondo isto em tais termos que já não há negócio senão o seu".[46]

Quanto à administração da Justiça, como salientou António Manuel Hespanha,[47] o controle exercido pela alta magistratura sobre os

---

[44] AZEVEDO, J. Lúcio de. *Épocas de Portugal económico:* esboços de história. 4ª ed. Lisboa: Livraria Clássica Editora, p. 82.

[45] De se notar, aliás, que a etimologia da palavra *fidalgo* remonta ao século XIII e representa a contração vocabular da expressão *filhos dalgo*, como informa o *Dicionário Etimológico Nova Fronteira* de Antônio Geraldo da Cunha.

[46] Citado por BOXER, C. R. *The Golden Age of Brazil*: 1695 – 1750. California: University of California Press, 1962, p. 393, nota 4 ao capítulo V.

[47] *As Vésperas do Leviatahn:* instituições e poder político, Portugal – séc. XVII. Coimbra: Livraria Almedina, 1994, pp. 519/520.

FÁBIO KONDER COMPARATO

juízes de primeiro grau sempre foi mais fictício do que realmente efetivo. Prevalecia, de regra, uma atitude favorável ao fiscalizado ou acusado, cuja honra de magistrado não devia ser posta em causa.

De onde a conhecida diatribe de Vieira no "Sermão de Santo Antônio aos Peixes":

> Porque os grandes, que têm o mando das Cidades e das Províncias, não se contenta a sua fome de comer os pequenos um por um, ou poucos, a poucos, senão que devoram e engolem povos inteiros.

Ou, de maneira mais incisiva, ao saudar em julho de 1640 o marquês de Montalvão, novo vice-rei do Brasil, que acabara de chegar à Bahia:

> Perde-se o Brasil, senhor (digamo-lo em uma palavra) porque alguns ministros de Sua Majestade não vêm cá buscar nosso bem, vêm cá buscar nossos bens.[48]

Não há dúvida que o longo conúbio entre política e comércio em Portugal teve início na segunda metade do século XIV, antes mesmo do advento da dinastia de Avis ao trono real, com a edição por D. Fernando – portanto, quase três séculos antes de Cromwell! – das leis destinadas a estimular a indústria nacional da navegação e do seguro marítimo. O apoio da burguesia do Porto e de Lisboa ao Mestre d'Avis em 1385 – a primeira revolução burguesa no Ocidente – fez com que o soberano português passasse a gerir o reino como se fora a sua própria casa de comércio, empregando seus ministros como autênticos prepostos do estabelecimento régio.

Nem mesmo o clero fugia desse padrão mercantil de vida. A atuação dos clérigos no contrabando ou descaminho de ouro, diamantes e tabaco, no Brasil colonial, é bem sabida. E contraditoriamente, ao

---

[48] "Sermão da Visitação de Nossa Senhora". *In*: *Sermões*. vol IX. Porto: Lello & Irmãos, 1951, p. 346.

CAPÍTULO II – A HERANÇA LUSITANA

mesmo tempo em que se entregavam, contra a mais autorizada tradição eclesiástica, à faina mundana do trato mercantil, os padres seculares e as diferentes ordens religiosas timbravam em invocar contra o Fisco o privilégio medieval da imunidade tributária. Quando, em 1656, a Coroa baixou ordens estritas para que os religiosos assumissem a sua parte contributiva no pagamento dos impostos lançados para fazer face às despesas militares na campanha contra os holandeses no Brasil, a Câmara de Salvador queixou-se, em ofício apresentado a Sua Majestade, que as ordens clericais, que possuíam na capitania vastas propriedades agrícolas, abastecidas com gado e abundante escravaria, além de muitos engenhos de açúcar, persistiam na recusa do pagamento desses impostos, de tal maneira que o peso tributário recaía sobre o restante da população, já por demais onerada.[49]

De qualquer modo, é mais do que provável que o precoce nascimento e a rápida expansão do capitalismo em Portugal vinculem-se à estrutura predominantemente senhorial da sociedade durante toda a Idade Média. Nunca é demais salientar que o capitalismo, diversamente do sistema feudal, conduz inevitavelmente à concentração de poder na sociedade. Ao contrário, pois, do que comumente se pensa e divulga, o sistema capitalista, pela sua própria natureza, é visceralmente adverso ao funcionamento de um autêntico regime democrático, dado que a soberania do povo representa, em si mesma, a dispersão do poder político, inclusive e notadamente o de regulação das atividades econômicas no seio da coletividade.

O fato é que desde cedo a própria administração pública do reino manifestou seu caráter mercantil, admitindo-se a compra de ofícios públicos, embora sua venda pelos titulares fosse expressamente proibida (Ordenações Filipinas, Livro 2º, título XLVI).

Com a expansão colonial do reino, esse espírito mercantil tornou-se ainda mais acentuado, com a admissão da compra dos próprios títulos

---

[49] BOXER, C.R. *The portuguese seaborne empire 1415-1825*. Lisboa: Carcanet, em associação com a Fundação Calouste Gulbenkian e a Comissão Os Descobrimentos, 1991, p. 328.

nobiliárquicos. Lembre-se de que nas companhias de comércio pombalinas o titular de mais de dez ações tornava-se nobre de pleno direito.

Eis por que a classe senhorial abandonou sem hesitar a antiga condição de vassalagem ao rei, para assumir a posição, muito mais lucrativa, de cliente do Estado monárquico e depois republicano. Em lugar dos tradicionais privilégios, surgiram novas rendas de situação, fundadas em relações contratuais exclusivas e em ligações pessoais com o estamento burocrático.

ESTREITA ALIANÇA DA MONARQUIA COM A IGREJA CATÓLICA NOS EMPREENDIMENTOS COLONIAIS

Essa aliança principiou com a instituição do padroado, como lembrado acima. Mas ela se consolidou em meados do século XV, quando os navegantes portugueses passaram a frequentar o litoral oeste da África, para adquirir escravos e transportá-los para a Europa.

Movidos pelo apetite comercial, os que apresavam africanos para reduzi-los à condição de escravos não manifestaram nessa empreitada escrúpulo algum. Ao contrário, jamais esconderam seu grosseiro preconceito em relação aos africanos. Gomes Eanes de Zurara, que participou das primeiras expedições de captura de escravos para o tráfico, não hesitou em afirmar que eles "viviam como feras, sem saber o que é o pão, ou o vinho, ou roupas ou moradias decentes; e, o que é pior, na ignorância de quem são, sem conhecimento sobre o que é certo, e vivendo em indolência animalesca".[50]

O apoio explícito do papado ao empreendimento escravocrata dos portugueses deu-se em 18 de junho de 1452, com a bula *Dum Diversas*, de Nicolau V.

Estava-se às vésperas da conquista de Constantinopla pelos sarracenos, e todo o Ocidente cristão entrara em pânico. O papa, lembrando-se das Cruzadas medievais contra os infiéis, e valendo-se dos poderes, supostamente conferidos ao trono pontifício pelo imperador

---

[50] *Crônica da Guiné*. vol.1. Porto: Livraria da Civilização, 1937, Capítulo XXV, p. 152 ss.

CAPÍTULO II – A HERANÇA LUSITANA

romano Constantino, de doar terras e povos a quem bem entendesse, enviou ao rei de Portugal, Afonso V, a seguinte mensagem:

> (...) Nós lhe concedemos, por estes presentes documentos, com nossa Autoridade Apostólica, plena e livre permissão de invadir, buscar, capturar e subjugar os sarracenos e pagãos e quaisquer outros incrédulos e inimigos do Cristo, onde quer que estejam, como também seus reinos, ducados, condados, principados e outras propriedades (...) e reduzir suas pessoas à perpétua escravidão, e apropriar e converter em seu uso e proveito e de seus sucessores, os reis de Portugal, perpetuamente, os supramencionados reinos, ducados, condados, principados e outras propriedades, possessões e bens semelhantes (...).

Três anos depois, ou seja, em 1455, o mesmo papa Nicolau V confirmou, com a bula *Romanus Pontifex*, os poderes conferidos ao rei de Portugal, declarando:

> Não sem grande alegria chegou ao nosso conhecimento que nosso dileto filho infante D. Henrique, incendido no ardor da fé e zelo da salvação das almas, se esforça por fazer conhecer e venerar em todo o orbe o nome gloriosíssimo de Deus, reduzindo à sua fé não só os sarracenos, inimigos dela, como também quaisquer outros infiéis. Guinéus e negros tomados pela força, outros legitimamente adquiridos foram trazidos ao reino, o que esperamos progrida até a conversão do povo ou ao menos de muitos mais. Por isso nós, tudo pensando com devida ponderação, concedemos ao dito rei Afonso a plena e livre faculdade, entre outras, de invadir, conquistar, subjugar a quaisquer sarracenos e pagãos, inimigos de Cristo, suas terras e bens, a todos reduzir à servidão e tudo praticar em utilidade própria e dos seus descendentes. Tudo declaramos pertencer de direito *in perpetuum* aos mesmos D. Afonso e seus sucessores, e ao infante. Se alguém, indivíduo ou coletividade, infringir essas determinações, seja excomungado.

Como se percebe, a Igreja de Roma assumiu a condição de agente auxiliar da conquista e colonização ibéricas, na África e na América.

FÁBIO KONDER COMPARATO

Para tanto, o papado utilizou-se da instituição medieval do padroado, pelo qual os reis tornavam-se padroeiros dos territórios conquistados, a fim de que ali fosse propagada a fé cristã. Em compensação, todo o clero passava a ser estipendiado pelas autoridades civis.

A piedosa justificativa da escravidão africana, dada pelas bulas pontificais, era o imperativo de converter à fé católica e, por conseguinte, conduzir à salvação eterna as almas desses infiéis. Assim é que Felipe III, rei de Espanha e Portugal, ordenou no início do século XVII que todo navio negreiro tivesse um sacerdote a bordo, e no século seguinte os portugueses proibiram o embarque nos tumbeiros de escravos ainda não batizados.[51]

Entre as ordens religiosas, a que mais se destacou na tarefa de auxiliar as potências coloniais ibéricas foi a Companhia de Jesus.

Ela foi fundada em 1540, e já na segunda metade do século XVI os jesuítas envolveram-se largamente no comércio de escravos em Angola. É bem verdade que os primeiros Gerais da Companhia[52] – Loyola, Laínez, Borja, Mercurian, Acquaviva – manifestaram sérias dúvidas a respeito dessa prática nefanda, que acabou sendo proibida em 1590. Mas os padres que atuavam na África, contrariando a disciplina quase militar da ordem, manifestaram seu desacordo com a decisão tomada. Enviaram em 1593 uma resposta coletiva ao Geral da Companhia, na qual sustentaram literalmente que os negros escravizados podiam ser utilizados como moeda de troca nas transações econômicas:

> Não há escândalo algum em padres de Angola pagarem suas dívidas em escravos. Porque assim como na Europa o dinheiro corrente é o ouro e prata amoedada, e no Brasil o açúcar, assim

---

[51] Como prova do batismo, uma cruz era marcada em cada peito do escravo com ferro em brasa. Não é demais notar que tal obrigação de batizar os cativos embarcados rendia estipêndio aos sacerdotes. Assim, no século XVIII, para o clero português o batismo de um escravo adulto rendia entre 300 e 500 réis, e o de uma criança, entre 50 e 100 réis (PÉTRÉ-GRENOUILLEAU, Olivier. *Les traites négrières*: essai d'histoire globale. Paris: Gallimard, 2004, p. 217, nota 1).

[52] A Companhia de Jesus foi organizada como uma espécie de exército de Cristo. O chamado Geral da Companhia, que é o seu superior máximo, tem poderes semelhantes ao de um general-comandante.

CAPÍTULO II – A HERANÇA LUSITANA

o são em Angola e reinos vizinhos os escravos. Pelo que, quando os padres do Brasil nos mandam o que lhe de cá pedimos, como é farinha, e madeira para portas e janelas, e quando os donos das fazendas que vêm a esta parte nos vendem biscoito, vinho e outras coisas, não querem receber de nós a paga em outra moeda, senão na que corre pela terra, que são escravos. Dos quais se carregam cada ano para o Brasil e Índias.[53]

CULTURA DA PERSONALIDADE E TIBIEZA DAS FORMAS DE ORGANIZAÇÃO SOCIAL

A cultura da personalidade, como salientou Sérgio Buarque de Holanda, é "uma característica bem peculiar à gente da Península Ibérica, uma característica que está longe de partilhar, pelo menos na mesma intensidade, com qualquer de seus vizinhos do continente".[54]

Não se trata de um puro individualismo, em que não se estabelece nenhuma característica própria de um indivíduo em relação aos outros, mas sim de uma demarcação constante de qualidades pessoais, boas ou más, tornando cada qual uma personalidade única e inconfundível.

Tal atitude explica, em grande parte, a já assinalada fraqueza, no passado dos povos ibéricos, das relações feudo-vassálicas, com a predominância, em seu lugar, da dominação senhorial e do clientelismo familiar. É ela, da mesma forma, que está na origem da inexistência de uma tradição de nobreza de família e de privilégios hereditários.

A relação de clientela, no meio ibérico, não teve origem na dominação romana da península, mas sim na invasão visigótica.

Na clientela romana, as famílias dos patrícios, isto é, dos que eram considerados tradicionalmente como descendentes dos fundadores de Roma, e que eram os únicos proprietários legítimos do solo romano

---

[53] *Apud* ALENCASTRO, Luiz Felipe de. *O trato dos viventes:* formação do Brasil no Atlântico Sul. São Paulo: Companhia das Letras, 2000, p. 175.

[54] *Raízes do Brasil.* 5ª edição revista. Rio de Janeiro: José Olímpio, 1969, capítulo I.

FÁBIO KONDER COMPARATO

pelo fato de serem os chefes exclusivos do culto doméstico, mantinham perenemente sob sua proteção e a seu serviço, numa sucessão ininterrupta de gerações, famílias plebeias, que cultivavam o solo em nome e proveito do *patronus*. Mas este, em compensação, tinha o dever de defender o cliente em todo processo judicial, de sustentá-lo em caso de pobreza e de proceder à educação de seus filhos. A diferença entre a clientela romana e a servidão da Idade Média, como salientou Fustel de Coulanges,[55] reside no fato de que, enquanto a primeira se fundava na religião doméstica, tendo o *paterfamilias* como sacerdote, a servidão medieval originava-se da propriedade do solo agrícola pelo senhor (*dominus*).

Já na sociedade visigótica, toda moldada pelo seu caráter militar, o chamado bucelário, ao carecer de propriedade da qual subsistisse, ou possuindo bens insuficientes para a manutenção de sua família, oferecia-se como soldado a serviço de uma pessoa rica ou poderosa, que se comprometia a sustentá-lo.[56]

Temos, assim, que na sociedade lusitana o princípio de hierarquia, desde o começo da Idade Média, fundou-se muito mais na riqueza econômica e na disciplina militar, do que na relação nobiliárquica de senhor e vassalo.

De qualquer modo, importa notar que a cultura exacerbada do personalismo, com as consequências apontadas, somente existiu de modo pleno no seio dos grupos dominantes, e em menor grau no nível intermediário da população. Os membros das classes pobres, sem falar nos escravos, formaram desde sempre uma massa uniforme, sem qualquer individualidade.

Como consequência da predominante estrutura senhorial e da persistente macrocefalia política, nas sociedades ibéricas em geral e na portuguesa em particular, como tantas vezes observado, nunca houve coesão ou solidariedade na base. A ordem, sempre exaltada como valor

---

[55] *La Cité Antique*. Paris: Librairie Hachette, 1967, p. 307.

[56] HERCULANO, Alexandre. *História de Portugal*. tomo III, livro VI, Lisboa: Livraria Bertrand, pp. 326/327.

CAPÍTULO II – A HERANÇA LUSITANA

supremo pelos povos ibéricos, corresponde à sujeição completa dos comandados aos comandantes, na vida privada e na pública. Vale dizer, uma relação de obediência análoga à que se estabelece no seio dos corpos militares.

O princípio social unificador nunca foi a colaboração em nível horizontal entre indivíduos, famílias e grupos sociais mais vastos, mas sim a dependência de uns em relação a outros na dimensão vertical da imposição de ordens, a exigir estrita e cega obediência. Daí a razão decisiva, como salientou com argúcia Sérgio Buarque de Holanda,[57] pela qual a história política dos povos ibéricos sempre oscilou entre a anarquia dissolvente e a rigidez mecânica do despotismo. Não foi, pois, reconheça-se, por mera coincidência histórica que a companhia inaciana, fundada no lema da submissão ao chefe *perinde ac cadaver*, tenha sido concebida na mente de um ibérico.

Na verdade, essa tendência à centralização absoluta do poder monárquico, manifestada desde cedo na história lusitana, explica a inexistência prática do feudalismo em Portugal. Em seu lugar, predominou a relação senhorial.

Entre um e outro instituto, a diferença é muito pronunciada.

O feudalismo, como bem advertiu um autor, tornou-se, desde os embates revolucionários contra o *Ancien Régime*, mais uma invectiva do que a designação geral de um sistema de instituições sociopolíticas.[58] Os líderes do movimento de 1789 assimilaram, abusivamente, o feudalismo à monarquia absoluta, quando, na verdade, as instituições feudais só puderam prosperar na Europa na época do esfacelamento do Estado, consequente à extinção do Império Romano do Ocidente. A civilização feudal provocou, por conseguinte, o exato oposto de uma concentração do poder político: a sua fragmentação em todo o território da Europa Ocidental.

---

[57] HOLANDA, Sérgio Buarque de. *Raízes do Brasil*. 5ª edição revista. Rio de Janeiro: José Olímpio, 1969, p. 11.

[58] FOURQUIN, Guy. *Senhorio e feudalidade na Idade Média*. Lisboa: Edições 70, p. 12.

A razão de ser desse desvio semântico foi uma lamentável confusão – a qual persiste de forma subentendida até hoje – entre feudalismo e senhorio, duas instituições que conviveram e se interligaram durante certo período histórico, mas que eram perfeitamente distintas em suas origens e em sua estrutura.

O feudalismo organizou-se em torno da relação vassálica de natureza pessoal, fundada na homenagem (do latim bárbaro *hominium* ou *homagium*) e na fidelidade (*fides*); ao passo que o senhorio era simplesmente uma posição dominante sobre os servos ou clientes, estribada na posse de terras. O senhor, além dos poderes econômicos decorrentes da propriedade, gozava ainda de prerrogativas políticas, como a jurisdição sobre todos os que viviam em suas terras, o direito de portar armas e o de cobrar tributos.

O pacto de vassalagem, celebrado entre duas pessoas livres, compreendia, de um lado, o reconhecimento da superioridade moral (*reverentia*) de uma delas sobre a outra e, em contrapartida, a obrigação de auxílio (militar e material) do superior ao inferior.

Conforme o grau de predominância de uma dessas instituições sobre a outra, a organização social recebeu um molde bem diverso. Enquanto na sociedade predominantemente feudal, as pessoas, embora em posição desigual, mantinham relações de direitos e deveres recíprocos, a sociedade predominantemente senhorial foi toda estruturada em torno do poder do proprietário (*dominus*), diante do qual não há propriamente sujeitos de direito, mas simples dependentes.

Temos, assim, que na organização feudal o rei é *primus inter pares*, não exercendo poder sobre os outros senhores do estamento nobre. Era-lhe vedado, tal como em uma organização federativa, invadir a esfera de competência territorial de cada titular de feudo. Philippe de Beaumanoir registrou, em sua compilação sobre o direito costumeiro vigente na baronia francesa de Beauvais, no século XI, que "cada barão é soberano em sua baronia", sendo "o rei soberano sobre todos".[59]

---

[59] BEAUMANOIR, Philippe de. *Coutumes de beauvaisis.* ed. por Am. Salmon. n. 1043 tomo II. Paris: Alphonse Picard et Fils, 1900.

CAPÍTULO II – A HERANÇA LUSITANA

No senhorio, em contraste, o proprietário não estava obrigado, no interior de seu domínio, a respeitar os direitos de ninguém. Os vilãos mantinham relações individuais com o senhor, do qual dependiam integralmente para a sua subsistência e, por isso, jamais conseguiram desenvolver relações de solidariedade entre si. Fora dos limites de suas terras, o titular do senhorio via, nos demais senhores, unicamente rivais, cujo apetite de conquista precisava ser sempre refreado.

O elemento histórico de ligação (e também de confusão) entre o contrato vassálico e o senhorio foi, sem dúvida, o fato de que o vassalo costumava receber do seu superior, para seu sustento e também para permitir-lhe suportar os ônus dos serviços de vassalagem, um feudo, isto é, a concessão de um bem patrimonial sob a forma de domínio útil, reservando-se o superior para si o domínio eminente. Esse feudo geralmente consistia num trato de terra, mas nem sempre: havia também "feudos de bolsa" ou "feudos-pensões", de natureza mobiliária. Seja como for, o contrato de vassalagem, em si, nada tinha de econômico. Ele só deu margem a lucros tardiamente, por incontestável desvio de seu sentido primitivo, com a transformação dos feudos em senhorios autônomos.[60]

Na verdade, os senhorios já existiam de há muito, antes de se iniciar a Idade Média. Os *latifundia* romanos, que prosperaram em toda a extensão do império, eram posições de senhorio, no fundo e na forma. Com o enfraquecimento dos laços de vassalagem, os antigos feudos tornaram-se autênticos senhorios, os quais subsistiram ainda por vários séculos após o desaparecimento do feudalismo, e acabaram por transformar-se, com a abolição da servidão pessoal e a simplificação dos direitos reais, na propriedade rural regulada pelos Códigos do século XIX.

Foi justamente por confundir feudalismo com senhorio que Karl Marx pôde sustentar que as relações feudais constituíram etapa intermédia entre o escravismo antigo e o capitalismo moderno. Ora, como a história de Portugal e de suas colônias no-lo confirma de modo cabal, o regime

---

[60] BLOCH, Marc. *A sociedade feudal*. 2ª ed. Lisboa: Edições 70, p. 254.

capitalista desde cedo transformou a antiga servidão da gleba, típica do regime de senhorio, em escravidão pura e simples, organizando-a empresarialmente na produção de gêneros agrícolas para o mercado.

Seja como for, o que importa aqui salientar é que, enquanto o feudalismo foi uma organização social de fracionamento e, em certa medida, de equilíbrio de poderes (confiram-se, por exemplo, as estipulações da *Magna Carta* de 1215, na Inglaterra),[61] o senhorio rural, bem ao contrário, representou o modelo e a fonte de um tipo de organização política com absoluta concentração de todos os poderes na pessoa do titular do domínio.

Em Portugal, os vínculos de vassalagem sempre foram tênues, fragmentários e instáveis. Ao contrário do que sucedeu na Inglaterra e na França, a nobreza rural não gozou de autonomia em relação ao rei. Eis por que alguns historiadores, como Alexandre Herculano, puderam sustentar a tese de que nunca houve autêntico feudalismo em Portugal.[62]

Em contraste com essa debilidade das instituições propriamente feudais, o regime do senhorio sempre foi pujante em terras portuguesas. Deve-se observar que ele deita raízes na colonização romana da península, com a criação de múltiplos latifúndios atribuídos aos chefes militares como prêmio de campanha. A Espanha foi a província mais romanizada do Ocidente e, dentro dela, especialmente a Bética e as planícies da Lusitânia.[63]

---

[61] A *Magna Carta* foi a declaração solene que o rei João da Inglaterra, também conhecido como João Sem-Terra, assinou, em 15 de junho de 1215, perante o alto clero e os barões do reino. Ela representou o primeiro ato de resistência dos estamentos privilegiados da Europa medieval – o clero e a nobreza – contra a tendência crescente de fortalecimento do poder monárquico. Conforme o meu livro *A Afirmação Histórica dos Direitos Humanos*. 10ª ed. São Paulo: Saraiva, 2015, capítulo 1º.

[62] "Da existência ou não existência do feudalismo em Portugal". *In:* HERCULANO, Alexandre; CUSTÓDIO, Jorge; GARCIA, José Manuel (coord.). *Opúsculos.* tomo V; *Controvérsias e estudos históricos.* 4ª ed. tomo II. Lisboa/Rio de Janeiro: Bertrand/ Francisco Alves, p. 189 ss.

[63] ROSTOVTZEFF, Michel I. *Histoire économique et sociale de l'empire romain.* Paris: Robert Laffont, 1988, pp. 165/166.

CAPÍTULO II – A HERANÇA LUSITANA

O instituto do senhorio foi sobretudo utilizado no reino português com a criação das sesmarias, pela lei de 1375. O objetivo era combater a grande crise de produção agrícola, desencadeada na Europa com a irrupção da peste negra. Pela lei, a cultura do solo era obrigatória. Se o proprietário agrícola não pudesse explorar toda a herdade, deveria arrendar a parte não lavrada a alguém que se incumbiria de cultivá-la. E para fiscalizar o cumprimento desse dever público, mandava el-Rei fossem escolhidos, em cada vila, cidade ou comarca, "dois homens bons, dos melhores que aí houver", incumbidos de investigar quais as terras incultas, obrigando os proprietários a cultivá-las ou a dá-las em arrendamento. Descumprindo essa obrigação, determinava a lei que o proprietário "perca a herdade e que vá para o bem comum do lugar onde estiver".

No Brasil, o regime senhorial foi implantado desde o início da colonização, com a criação das capitanias hereditárias e o instituto das sesmarias.[64] Mas o regime jurídico destas últimas no território brasileiro foi bem diverso daquele originalmente imposto em Portugal, a começar pela inexistência na colônia da obrigação do sesmeiro de cultivar a terra. Além disso, os limites territoriais da sesmaria nunca foram respeitados no Brasil, adquirindo o sesmeiro, por simples ocupação sem título de posse, a plena propriedade da terra.

PERMANENTE SUPREMACIA DO INTERESSE PRIVADO SOBRE O BEM PÚBLICO

O empreendimento colonial no Brasil teve início numa fase histórica em que Portugal se encontrava, como salientou Alexandre Herculano,[65] em estado de completa ruína econômica e decadência

---

[64] Segundo dispôs o título XLIII do Quarto Livro das Ordenações Filipinas, "sesmarias são propriamente as dadas de terras, casaes, ou pardieiros, que foram, ou são de alguns Senhorios, e que já em outro tempo foram lavradas e aproveitadas, e agora o não são". Segundo o clássico dicionário de António de Morais Silva, 10ª edição, *casal* é uma "pequena aldeia de casas pouco numerosas, pequeno povoado, lugarejo; ou propriedade rústica, especialmente composta de olivais e em terra diferente da residência". E *pardieiro*, "casa em ruínas, edifício velho".

[65] *História da Origem e Estabelecimento da Inquisição em Portugal*. tomo III. Lisboa: Livraria Bertrand, 1976, p. 32 ss.

moral. Daí o fato de que entre os colonizadores, com raras exceções, sempre predominou o interesse privado sobre o bem público.

A bem dizer, tal predomínio já se fazia sentir desde há muito na própria metrópole, onde o próprio soberano assumiu, como assinalado, o papel de Comerciante-Mor do reino, fazendo com que o interesse particular da Coroa se sobrepusesse, em várias ocasiões, ao bem comum dos súditos.[66]

Quanto às colônias, os administradores e militares enviados pela metrópole envolveram-se pessoalmente em operações mercantis, ou entregaram-se à busca desenfreada, para si próprios, de ouro, prata e metais preciosos.

Já em fins de 1546, Duarte Coelho, que recebera em 1534 a maior capitania da América Portuguesa, queixava-se de certos colonos, "que não sei se lhes chame povoadores ou se lhes diga e chame salteadores".[67]

Ao escrever no início do século XVII a sua *História do Brasil*, Frei Vicente do Salvador ressaltou com palavras candentes a preocupação exclusiva dos colonizadores em realizar seus próprios interesses, em detrimento do bem comum, comportando-se como espoliadores de passagem em terra estrangeira: [68]

> Deste modo se hão os povoadores, os quais, por mais arraigados que na terra estejam e mais ricos que sejam, tudo pretendem levar a Portugal e, se as fazendas e bens que possuem souberam falar, também lhes houveram de ensinar a dizer como aos papagaios, aos quais a primeira coisa que ensinam é: papagaio real pera

---

[66] Em 1473, as Cortes pediram ao rei que estabelecesse a proibição de se levarem para fora do reino os negros oriundos da Guiné, porque só com eles faziam-se terras novas, rompiam-se as matas e drenavam-se os pântanos. Mas o interesse pecuniário da Coroa, beneficiada pela arrecadação de impostos sobre a exportação de escravos, falou mais alto (AZEVEDO, J. Lúcio de. *Épocas de Portugal económico*: esboços de história. 4ª ed. Lisboa: Livraria Clássica Editora, p. 74).

[67] Cit. FAORO, Raymundo. *Os Donos do Poder*: formação do patronato político brasileiro. 3ª ed. revista. Rio de Janeiro: Editora Globo, 2001, p. 165.

[68] Livro Primeiro, capítulo segundo.

CAPÍTULO II – A HERANÇA LUSITANA

Portugal, porque tudo querem para lá. E isto não têm só os que de lá vieram, mas ainda os que cá nasceram, que uns e outros usam da terra, não como senhores, mas como usufrutuários, só para a desfrutarem e a deixarem destruída.

E prossegue Frei Vicente do Salvador:

Donde nasce também que nem um homem nesta terra é república, nem zela ou trata do bem comum, senão cada um do bem particular. Não notei eu isto tanto quanto o vi notar a um bispo de Tucumã da ordem de São Domingos, que por algumas destas terras passou para a corte. Era grande canonista, homem de bom entendimento e prudência e assim ia muito rico. Notava as coisas e via que mandava comprar um frangão, quatro ovos e um peixe para comer e nada lhe traziam, porque não se achava na praça nem no açougue e, se mandava pedir as ditas coisas e outras muitas às casas particulares, lhas mandavam. Então disse o bispo: verdadeiramente que nesta terra andam as coisas trocadas, porque toda ela não é república, sendo-o cada casa.

A mesma queixa em relação aos administradores vindos de Portugal manifestou inúmeras vezes o Padre Antônio Vieira.

No Sermão da Visitação de Nossa Senhora, por ele pregado no Hospital da Misericórdia da Bahia em junho de 1640, por ocasião da chegada do Marquês de Montalvão, Vice-Rei do Brasil,[69] Vieira o disse com todas as letras: "Perde-se o Brasil, senhor – digamo-lo em uma palavra – porque alguns Ministros de Sua Majestade não vêm cá buscar nosso bem, vêm cá buscar nossos bens".

Quatorze anos mais tarde, em carta dirigida ao Rei D. João IV,[70] ele reafirmou essa mesma opinião, sem medir as palavras:

---

[69] *Sermões*. vol. IX. Porto: Lello & Irmão, Editores, 1951, p. 346.

[70] ANTÔNIO VIEIRA. *Cartas*. vol I. Organização e notas de João Lúcio de Azevedo. Rio de Janeiro: Editora Globo, 2008, p. 311 ss.

> Senhor – No fim da carta de que V.M. me fez mercê me manda V.M. diga meu parecer sobre a conveniência de haver neste Estado[71] ou dois capitães-mores ou um só governador.
>
> Eu, Senhor, razões políticas nunca as soube, e hoje as sei muito menos; mas por obedecer direi toscamente o que me parece.
>
> Digo que menos mal será um ladrão que dois; e que mais dificultosos serão de achar dois homens de bem que um. (...) Aqui há homens de boa qualidade que podem governar com mais notícia e também com mais temor; e ainda que tratem do seu interesse, sempre será com muito maior moderação, e tudo o que granjearem ficará na terra, com que ela irá se aumentando; e se desfrutarem a herdade, será como donos, e não como rendeiros, que é que fazem os que vêm de Portugal.

Engendrou-se com isso a privatização do poder político, objetivo sempre perseguido pelo capitalismo, e que fundou na América Latina a longeva tradição do patrimonialismo de Estado.

Bem que as autoridades metropolitanas procuraram moderar o apetite de ganho dos colonizadores e combater a corrupção generalizada dos funcionários enviados às colônias. Mas a distância geográfica e as dificuldades de comunicação faziam com que suas ordens, diretrizes e admoestações caíssem no vazio. Nas colônias, os administradores, sempre aparentando obediência às autoridades d'além-mar, continuaram imperturbavelmente a servir seus próprios interesses, uma vez que detinham um poder sem controle.

Escrevendo do Maranhão em 14 de dezembro de 1655 a um amigo, o Padre António Vieira resume com vigor o despotismo local: "Como sempre disse a Vossa Mercê, neste Estado [o então Estado do Grão-Pará e Maranhão] há uma só vontade e um só entendimento e um só poder, que é o de quem governa".[72]

---

[71] Estado do Grão-Pará e Maranhão.

[72] ANTÔNIO VIEIRA. *Cartas*. Organização e notas de João Lúcio de Azevedo. vol. 1. Rio de Janeiro: Editora Globo, 2008, p. 339.

CAPÍTULO II – A HERANÇA LUSITANA

Repetiu-se, pois, aqui a máxima difundida em toda a América Espanhola: *las Ordenanzas del Rey Nuestro Señor se acátan, pero no se cúmplen.*

Com isto, sedimentou-se na América Latina a tradição de uma duplicidade de sistemas jurídicos. Por trás do direito oficial, emanado da metrópole, nunca publicamente desautorizado, ocultava-se outro direito, instituído e aplicado pelos "donos do poder" para seu exclusivo interesse e benefício.

Capítulo III

A OLIGARQUIA COLONIAL

Este capítulo abrange todo o período anterior à nossa Independência de Portugal.

A COMPOSIÇÃO DO PODER OLIGÁRQUICO

Como assinalado no capítulo precedente, o poder de mando em nossa terra sempre pertenceu a dois grupos minoritários em relação à população total, grupos esses permanentemente associados: os detentores da riqueza privada e os agentes administrativos ou de governo. A composição de cada um desses segmentos de poder variou conforme a evolução histórica e a espécie de atividade econômica predominante em cada época; mas seu poder sempre foi contínuo e duradouro, e não intermitente ou momentâneo.

Durante os quatro primeiros séculos, a atividade econômica predominante sempre foi de base agrícola. O chamado ciclo do ouro ou dos diamantes, na primeira metade do século XVIII no centro-oeste do país, não chegou a gerar componentes do poder oligárquico, devido à curta duração desses ciclos, ao caráter aleatório e esporádico da exploração dessa riqueza, da dispersão dos agentes exploradores e, sobretudo, do despotismo tributário do Fisco português.

O SENHORIO RURAL E OS PRIVILÉGIOS A ELE LIGADOS

A exploração agrícola, que ocupou os quatro primeiros séculos de nossa história econômica, foi toda baseada na ocupação permanente da terra; inicialmente, não sob a forma de feudo, como afirmaram vários autores, e sim de senhorio. A distinção entre ambos os institutos foi amplamente exposta no Capítulo II.

No sistema das capitanias hereditárias, por primeiro instalado no Brasil, o capitão-donatário, dono da terra, era dotado de todos os atributos régios, notadamente o poder militar. Sobrevindo o regime de governo-geral, inaugurado por Tomé de Souza em 1549, manteve-se o caráter militar dos governadores das províncias,[73] garantindo-se aos senhores de engenho designados pelos administradores régios, além de outros privilégios, o oligopólio oficial da produção de açúcar.

Em 1764, o Conde da Cunha, 9º Vice-Rei do Brasil, em carta a Sua Majestade, assim se pronunciou: "Nesta terra [ou seja, na Bahia, então sede do vice-reinado] e nas vizinhanças, rara é a casa que não tem privilégio; uma o tem da Santíssima Trindade, outros da Bula da Cruzada, outros o de familiares do Santo Ofício, outros de Santo Antônio de Lisboa, e as maiores famílias, o [privilégio] de moedeiros; estes não só livram os seus filhos do serviço militar, como os seus criados caixeiros, feitores, roceiros, e os que estão adidos aos seus engenhos de açúcar; pelo que, se esta multidão de privilégios se não derrogar, ao menos enquanto não se completarem as tropas, não será possível haver soldados nelas, que não vierem de Portugal".

A razão dessas vantagens excepcionais, concedidas aos senhores rurais, residia na escassez de recursos financeiros da metrópole, abrindo a necessidade de uma colaboração efetiva dos agentes econômicos privados com o reino lusitano pois, como bem salientou um autor, a consolidação do domínio português no Brasil impunha a montagem de uma estrutura produtiva, com "o surgimento de uma camada residente

---

[73] PRADO Jr. Caio *Formação do Brasil Contemporâneo*: colônia. 16ª ed. Editora Brasiliense, 1979, pp. 301/302.

CAPÍTULO III – A OLIGARQUIA COLONIAL

detentora de recursos para arcar com grande parte dos custos do empreendimento colonial".[74]

Como o tesouro régio não podia pagar subsídios adequados aos altos funcionários para cá enviados, estes foram, algumas vezes de modo expresso, outras de modo tácito, autorizados a adquirir terras para lavrar, ou então a exercer o comércio em seu próprio nome ou de outrem;[75] sem falar no fato de que os agentes públicos para cá enviados pela Coroa portuguesa em pouco tempo tornavam-se sócios ocultos dos grandes senhores rurais, ou com eles estabeleciam estreitas relações de parentesco, amizade e compadrio.[76] Em carta a D. João IV, datada de 20 de maio de 1653, o Padre Antônio Vieira denunciou "a cobiça dos que governam [no Estado do Grão-Pará e Maranhão], muitos dos quais costumam dizer que V. M. os manda cá para que se venham remediar e pagar de seus serviços, e que eles não têm outro meio de o fazer senão este".[77]

Tais administradores metropolitanos atuavam praticamente isentos de todo controle por parte da metrópole.

O Padre Antônio Vieira pintou com cores vivas esse quadro da ausência de vigilância metropolitana sobre a atuação dos altos administradores na colônia. No sermão pregado na ocasião em que o Estado do Grão-Pará e Maranhão se repartiu em dois governos, Vieira caracterizou a impotência do monarca em terras brasileiras, com o emprego da famosa metáfora do sol e da sombra:

> A sombra, quando o sol está no zênite, é muito pequenina, e toda se vos mete debaixo dos pés; mas quando o sol está no oriente ou no ocaso, essa mesma sombra se estende tão imensamente, que

---

[74] RICUPERO, Rodrigo. *A Formação da Elite colonial*: Brasil *c. 1530 – c. 1630*. São Paulo: Alameda Casa Editorial, 2008, p. 321.

[75] BOXER, C. R. *The Portuguese Seaborne Empire 1415-1825*. Lisboa: Edições 70, 1969, p. 323.

[76] SCHWARTZ, Stuart B. *Sovereignty and Society in Colonial Brazil:* the High Court of Bahia and its Judges 1609-1751. University of California Press, 1973, capítulo XIII ("The Brazilianization of Bureaucracy").

[77] *Cartas*. vol. 1. Organização e notas de João Lúcio de Azevedo. Rio de Janeiro: Editora Globo, 2008, p. 240.

mal cabe dentro dos horizontes. Assim nem mais nem menos os que pretendem e alcançam os governos ultramarinos. Lá onde o sol está no zênite, não só se metem estas sombras debaixo dos pés do príncipe, senão também dos de seus ministros. Mas quando chegam àquelas Índias, onde nasce o sol, ou a estas, onde se põe, crescem tanto as mesmas sombras, que excedem muito a medida dos mesmos reis de que são imagens.[78]

Ou então, como resumiu o mesmo Vieira em carta a D. João IV, datada de 4 de abril de 1654, "o Maranhão e o Pará é (sic) uma Rochela de Portugal,[79] e uma conquista por conquistar, e uma terra onde V. M. é nomeado, mas não obedecido".

Foi no Brasil que, desembaraçado das restrições impostas na metrópole, o regime do senhorio sob a forma de sesmarias desenvolveu-se em toda a sua pujança.

As Ordenações Filipinas (Livro Quarto, Título XLIII), do final do século XVI, definiram as sesmarias como "as dadas de terras, casais[80] ou pardieiros[81], que foram ou são de alguns Senhorios e que já em outro tempo foram lavradas e aproveitadas e agora o não são". Como se percebe, o rei, investido no domínio eminente de tais imóveis, decide impor o seu aproveitamento efetivo aos particulares, considerados meros titulares do domínio útil.

O instituto já fora aplicado com proveito na colonização das ilhas portuguesas do Atlântico, quando, com a descoberta do Brasil, decidiu-se

---

[78] ANTÔNIO VIEIRA. *Sermões Pregados no Brasil I:* a guerra e a política na colônia. Selecção e ordenação, prefácio e notas por Hernani Cidade. vol. II. Lisboa: Agência Geral das Colônias, MCMXI, p. 275.

[79] Alusão à cidade francesa de La Rochelle, dominada pelos protestantes seguidores de Calvino no século XVI, e que permaneceu livre da soberania do rei da França até o século seguinte. Um governador usou da mesma expressão a respeito da região de São Paulo em 1662, em razão do número de desertores e criminosos que lá obtinham refúgio seguro.

[80] Isto é, casas de campo ou granjearias.

[81] Casas velhas, ameaçando ruína, ou já arruinadas e desabitadas.

CAPÍTULO III – A OLIGARQUIA COLONIAL

transplantá-lo ao território da nova colônia. Ao instituir, em 1534, o sistema de capitanias hereditárias, D. João III determinou que cada donatário recebesse como de sua exclusiva propriedade uma faixa de dez léguas, contada a partir da linha litorânea, e distribuísse, a título de sesmarias, o restante do território sob seu comando.

Mas aqui, diversamente do que ocorria em Portugal, o beneficiário de uma sesmaria não tinha a obrigação de cultivar a terra, a qual lhe era atribuída em caráter perpétuo e não simplesmente vitalício. Ademais, desde o início do processo colonizador, num território imenso e separado da metrópole pela vastidão de um oceano, nunca houve um controle efetivo dos limites de tais sesmarias. Elas iam se ampliando por efeito de futuras aquisições, na maior parte das vezes sem título jurídico.

A consequência inevitável foi a implantação desordenada do sistema latifundiário no território brasileiro: latifúndios de efetiva produção agrícola, fundada no trabalho escravo; latifúndios totalmente improdutivos, mantidos como reserva de valor para venda no futuro; e latifúndios de escasso aproveitamento, para criação extensiva de gado.

Sem dúvida, as autoridades metropolitanas, advertidas dos maus resultados do sistema aqui implantado, procuraram, a partir de fins do século XVII, limitar a área de cada sesmaria: cinco léguas quadradas pela carta régia de 27 de dezembro de 1695, em seguida reduzidas a três pela carta régia de 7 de dezembro de 1697; o que ainda representava uma grande superfície, equivalente a 12.000 hectares. Em 3 de março de 1702, outra carta régia veio condicionar a legitimidade de cada data de terra à efetiva demarcação de sua área. Mas os historiadores são unânimes em reconhecer que tais limitações só existiam no papel. Frequentemente, os titulares do direito de exploração da terra avançavam muito além das lindas oficiais. Não eram raras as sesmarias de mais de 50 léguas, ou seja, 218.000 hectares. Nunca houve, deste lado do Atlântico, fiscais em número suficiente para controlar a aplicação das normas editadas na metrópole. Por último, em todo o período colonial, jamais existiu um registro de direitos sobre o solo agrário, dotado de fé pública.

Daí a generalizada prática de ocupação sem título de terras, com o surgimento de numerosos e, por vezes, graves conflitos armados entre ricos titulares, que jamais haviam posto os pés em suas sesmarias, e rudes posseiros, que as cultivavam há anos. Como se vê, o choque de interesses, envolvendo donos improdutivos do solo e lavradores sem-terra, não é recente entre nós: começou há séculos.

Nesses latifúndios, os proprietários concentravam em sua pessoa a plenitude dos poderes, tanto de ordem privada, como política, assim os de natureza civil, como os de índole eclesiástica. Pode-se afirmar, sem risco de exagero, que do senhor dependiam o presente e o futuro de todos os que viviam no território fundiário, fossem eles familiares, agregados, clientes ou escravos.

O sacerdote, representante oficial da Igreja, não passava no grande domínio rural de agregado doméstico, autorizado pelo senhor a celebrar missa, batizados e casamentos na capela da casa grande, bem como sepultar os mortos no cemitério da fazenda.

A grande propriedade rural brasileira, que economicamente vivia em regime quase autárquico, era uma espécie de território soberano, onde o proprietário, como nos velhos senhorios europeus, fazia justiça e mantinha força militar própria, para defesa e ataque. Entre o senhor e as autoridades governamentais, à imagem do que ocorria no plano internacional, estabeleciam-se relações de potência a potência, fundadas na convenção bilateral de que o Estado se comprometia a respeitar a autonomia local do senhor, ao passo que este obrigava-se a manter a ordem na região, emprestando à autoridade pública o concurso de seus homens de armas para a eventual guerra contra o estrangeiro, ou a episódica repressão aos levantes urbanos.

Eis por que nosso patriciado rural sempre fez questão de se apresentar revestido do apanágio de nobreza, sobretudo em se tratando de senhores de engenho. "O ser senhor de engenho", asseverou Antonil em sua obra de 1711,[82] "é título a que muitos aspiram, porque traz

---

[82] *Cultura e Opulência do Brasil*. São Paulo: Editora Itatiaia/Editora da Universidade de São Paulo, 1982, p. 75.

CAPÍTULO III – A OLIGARQUIA COLONIAL

consigo o ser servido, obedecido e respeitado de muitos. E se for, qual deve ser, homem de cabedal e governo, bem se pode estimar no Brasil o ser senhor de engenho, quanto proporcionadamente se estimam os títulos entre os fidalgos do Reino". Escusa dizer que essa fidalguia, mais de aparência que de realidade, só fez reforçar entre nós o poder pessoal dos senhores. "Quem chegou a ter título de senhor", disse Antonil, "parece que em todos quer dependência de servos".[83]

Importa assinalar que a fabricação de açúcar foi a primeira agroindústria da História e o engenho, desde o início da colonização, revestiu-se das características de verdadeira fábrica.[84]

Ele reunia ampla escravaria, tendo alguns engenhos do início do século XVIII mais de 150 ou 200 cativos, segundo Antonil; pois eles "são as mãos e os pés do senhor de engenho, porque sem eles no Brasil não é possível fazer, conservar e aumentar fazenda, nem ter engenho corrente".[85] Em 1729, o governador Luís Vaía Monteiro não hesitou em afirmar que "os bens mais sólidos no Brasil são os escravos e a riqueza de um homem é medida pelo fato de ele ter mais ou menos escravos (...), pois há bastantes terras, mas somente quem tem escravos pode ser senhor delas".[86]

O tratamento dos escravos, conforme a expressão então usual, consistia nos três PPP: pau, pão e pano. Explicou Antonil:

> E, posto que comecem mal, principiando pelo castigo que é o pau, contudo, prouvera a Deus que tão abundante fosse o comer e o vestir como muitas vezes é o castigo, dado por qualquer causa pouco provada, ou levantada; e com instrumentos de muito rigor

---

[83] *Cultura e Opulência do Brasil*. São Paulo: Editora Itatiaia/Editora da Universidade de São Paulo, 1982, capítulo III.

[84] SCHWARTZ, Stuart B. *Sugar Plantations in the Formation Brazilian Society*: Bahia, 1550 – 1835. Cambridge University Press, 1985, p. 152.

[85] *Cultura e Opulência do Brasil*. São Paulo: Editora Itatiaia/Editora da Universidade de São Paulo, 1982, capítulo IX.

[86] *Apud* SCHWARTZ, Stuart B. "Colonial Brazil, c. 1580–c. 1750: plantations and peripheries". *In:* BETHELL, Leslie (coord.). *The Cambridge History of Latin America*. Cambridge University Press, 1987, p. 81.

ainda quando os crimes são certos, de que se não usa nem com os brutos animais, fazendo algum senhor mais caso de um cavalo que de meia dúzia de escravos, pois o cavalo é servido, e tem quem lhe busque capim, tem para pano para o suor, e sela e freio dourado.[87]

Junto à casa da moenda, havia a casa das fornalhas, "bocas verdadeiramente tragadoras de matos, cárcere de fogo e fumo perpétuo e viva imagem dos vulcões". Era aí que trabalhavam "os escravos boubentos[88] e os que têm corrimentos, obrigados a esta penosa assistência para purgarem com suor violento os humores gálicos de que têm cheios seus corpos. Veem-se aí, também, outros escravos, facinorosos, que, presos em compridas e grossas correntes de ferro, pagam neste trabalhoso exercício os repetidos excessos de sua extraordinária maldade, com pouca ou nenhuma esperança de emenda".[89]

Além dos escravos, contava o senhor de engenho com vários outros trabalhadores braçais, como "barqueiros, canoeiros, calafates,[90] carapinas,[91] carreiros,[92] oleiros, vaqueiros, pastores e pescadores". E isto, sem falar nos empregados especializados, como "um mestre de açúcar, um banqueiro e um contrabanqueiro, um purgador,[93] um caixeiro no engenho e outro na cidade, feitores nos partidos[94] e roças, um feitor-mor do engenho".

Ligados ao senhorio rural viviam bom número de pequenos agricultores, que formavam a sua clientela própria. Se na península ibérica

---

[87] *Cultura e Opulência do Brasil*. São Paulo: Editora Itatiaia/Editora da Universidade de São Paulo, 1982, capítulo IX.

[88] Isto é, atacados de bouba, doença infecciosa tropical.

[89] *Cultura e Opulência do Brasil*. São Paulo: Editora Itatiaia/Editora da Universidade de São Paulo, 1982., capítulo VIII.

[90] Operários calafetadores.

[91] Ou seja, carpinteiros.

[92] Puxadores de carros.

[93] Isto é, o encarregado da purificação do açúcar.

[94] Vale dizer, grandes tratos de terras plantados de cana-de-açúcar.

CAPÍTULO III – A OLIGARQUIA COLONIAL

a clientela rural, como salientado no Capítulo II, foi moldada pela tradição militar visigótica, em terras brasileiras os clientes do senhor rural, semelhantes aos servos da gleba de antanho, sobreviviam como posseiros, explorando a terra do senhor, que sobre eles exercia um poder patronal.[95]

O fato é que, praticamente até o final do Império, essa tradição do patronato rural foi transposta para o meio urbano, em todo o território brasileiro. Nas cidades, como salientou Sérgio Buarque de Holanda,[96] as funções públicas mais elevadas cabiam aos senhores de terras, que dominavam, pessoalmente ou por meio de mandatários fiéis, o órgão máximo, que era a Câmara Municipal. Fora de seus domínios, tais senhores só se preocupavam com os assuntos propriamente locais, nada tendo a ver com as autoridades provinciais e, menos ainda, com a instância máxima do Governo-geral, ou do Vice-Reinado.

Esse localismo, como catalizador das atividades econômicas e administrativas, começou a mudar com a vinda da família real para o Rio de Janeiro, no início do século XIX. A Independência, ao propiciar a ocupação dos principais postos do governo central por intelectuais e bacharéis, dá o primeiro impulso ao lento movimento de ascensão da vida urbana. Já no curso do século XVIII, aliás, o poder dos senhores rurais passou a sofrer a concorrência dos grandes comerciantes, que financiavam a produção agrícola e a aquisição da mão de obra escrava na África.

O COMÉRCIO DE ESCRAVOS AFRICANOS

Desde o início da exploração da agroindústria do açúcar no Brasil, a escravização de africanos para servirem como mão de obra aumentou sem cessar. Mas a população escrava não aumentava por reprodução

---

[95] No mundo romano, aliás, o chefe de família era designado como *pater* (COULANGES, Fustel de. *La Cité Antique*. Paris: Librairie Hachette, p. 272); de onde surgiu nas línguas neolatinas o vocábulo *patrão*.

[96] *Raízes do Brasil*. 5ª edição revista. Rio de Janeiro: José Olímpio, 1969, p. 145.

natural na proporção da livre, o que levou a um acréscimo constante da importação de africanos como trabalhadores cativos, ao longo dos séculos.

Três foram as principais razões da baixa reprodução natural da população escrava no Brasil: 1) os escravos importados foram, em sua grande maioria, homens, pois desde o início o que se queria eram braços para o trabalho e não famílias; 2) os casamentos entre escravos nunca foram estimulados; 3) os filhos de escravos eram mal vistos, pois durante todo o período da infância não trabalhavam e deviam ser mantidos às custas do senhor, sendo que os maus tratos provocavam altas taxas de mortalidade infantil.[97]

Por outro lado, em razão do tratamento cruel a que eram submetidos, a vida ativa dos escravos não superava em geral 7 anos.[98]

A prática do comércio de escravos africanos, organizada desde o início como privilégio da Coroa, constituiu uma das mais importantes fontes de receita para o tesouro régio, graças à multiplicação de tributos de efeito cumulativo que sobre esse comércio incidiam.

A exploração do tráfico era feita por grandes comerciantes, mediante "arrendamento" negociado com a Coroa,[99] vencendo o chamado "padrão de juros"; ou seja, um empréstimo em dinheiro concedido ao tesouro régio, que rendia juros elevados. Os exploradores do tráfico negreiro em Portugal foram em geral cristãos-novos; isto é, judeus sefarditas, compelidos a se converter ao cristianismo para poderem permanecer em Portugal.[100] Eles enfrentaram por isso mesmo, e não pela

---

[97] Em parecer apresentado à Câmara dos Deputados em 1871, ano da promulgação da Lei do Ventre Livre, Cristiano Otoni registrou: "Em todas as palestras entre fazendeiros se ouvia este cálculo: *Compra-se um negro por 300$000: colhe no ano 100 arrobas de café que produzem líquido pelo menos o seu custo; daí por diante tudo é lucro. Não vale a pena aturar as crias que só depois de dezesseis anos darão igual serviço"* (Citado por Joaquim Nabuco em *O Abolicionismo.* 5ª ed. Petrópolis: Vozes, 1977, p. 84).

[98] BOXER, C. R. *The Portuguese Seaborne Empire 1415-1825.* Lisboa: Edições 70, 1969, p. 104.

[99] Os contratantes usualmente pagavam propinas aos oficiais da Corte, para obtenção dos contratos.

[100] SALVADOR, José Gonçalves. *Os Cristãos-Novos e o Comércio no Atlântico Meridional.* São Paulo: Livraria Pioneira Editora, 1978; *idem, Os Magnatas do Tráfico Negreiro*

CAPÍTULO III – A OLIGARQUIA COLONIAL

indignidade do comércio de seres humanos, a permanente perseguição do Santo Ofício através dos séculos.

No Brasil, onde a "limpeza de sangue" nunca foi uma condição necessária para ingressar na alta sociedade, tais traficantes acabavam quase sempre por adquirir engenhos, quando não a casar com as filhas de proprietários "de mor qualidade", e ingressar como membros das irmandades religiosas.

É sabido que o primeiro arrendamento para a exploração do comércio negreiro destinado à Terra de Santa Cruz (Brasil) foi feito com um consórcio de cristãos-novos, liderado por Fernão de Noronha.

A empresa de tráfico tinha uma organização complexa, pois exigia a colaboração de técnicos, os quais, além da remuneração fixa, tinham participação nos lucros.[101] O principal desses auxiliares era o procurador, que dispunha de mandato com amplos poderes para representar o traficante. Havia também feitores, localizados nos principais centros do tráfico, na África, no Brasil e nas Índias. Eram eles que organizavam a contabilidade do negócio, compreendendo o registro dos escravos, marcados com ferrete e classificados por estatura, idade, sexo e vigor. Incumbia igualmente aos feitores o registro das receitas em dinheiro e dos pagamentos. Finalmente, o traficante contava com os chamados "olheiros", que atuavam como fiscais nos portos de desembarque dos escravos.

À medida que o negócio do tráfico ia se expandindo, inúmeros intermediários surgiram, tanto nos portos de embarque como de desembarque. Eles serviam como elementos de ligação entre os fornecedores de escravos na África e os compradores de mão de obra cativa na América do Sul. Havia, assim, os armadores, que forneciam barcos para o translado de escravos ou mercadorias, e os avençadores, que concediam licenças (as chamadas avenças) para a retirada de escravos

---

(séculos XV e XVI). São Paulo: Livraria Pioneira Editora/Editora da Universidade de São Paulo, 1981.

[101] SALVADOR, José Gonçalves. *Os Magnatas do Tráfico Negreiro.* São Paulo: Pioneira/EDUSP, p. 69 ss.

dos locais onde estes se concentravam, em geral nas proximidades dos portos de embarque na África.

Os escravos eram trocados na África por mercadorias vindas das ilhas atlânticas, ou por produtos agrícolas do Brasil, como mandioca, açúcar, tabaco e algodão, além de aguardente de cana (cachaça ou *jerebita*, como a denominavam os africanos).[102] Mas com o passar do tempo, tais transações deixaram de se fazer de modo aberto e regular, expandindo-se enormemente o contrabando.

O transporte da carga humana fazia-se em tumbeiros,[103] em cujo porão, com uma só abertura e menos de um metro de altura, acumulavam-se centenas de escravos, em geral mais de quinhentos, quase sempre infectados de varíola, dormindo, defecando e urinando, uns sobre os outros. Os cadáveres dos que morriam na viagem nem sempre eram atirados ao mar.

Desembarcados em terras brasileiras, esses infelizes eram de imediato conduzidos em "cambadas", sempre nus, a um mercado próximo, onde aguardavam serem arrematados em leilão; caso contrário, morriam fatalmente de inanição, poucos dias depois. O preço individual de cada "peça" dependia da largura dos punhos e dos tornozelos.

O século XVIII, com o advento da Revolução Industrial e a transformação da mentalidade coletiva graças à *filosofia das luzes*, desencadeou um lento processo de mudanças na sociedade luso-brasileira. A legitimidade do trabalho escravo passou a ser contestada em todo o Ocidente, e os oligarcas brasileiros tiveram que defendê-lo, usando para tanto do argumento do progresso material engendrado pela economia moderna, que à época ainda não se qualificava de capitalista. Em 1744, o vice-rei conde de Galvêas escreveu a D. João V, defendendo a classe dos comerciantes: "São poucos os que deixam de conhecer e advertir

---

[102] Sobre o assunto, ALENCASTRO, Luiz Felipe de. *O Trato dos Viventes*: formação do Brasil no Atlântico Sul. São Paulo: Companhia das Letras, 2000, capítulo 7: *Angola brasílica.*

[103] CONRAD, Robert Edgar. *Tumbeiros:* o tráfico de escravos para o Brasil. São Paulo: Editora Brasiliense, 1985.

CAPÍTULO III – A OLIGARQUIA COLONIAL

(não falo com a gente popular) que o Comércio é a Alma dos Estados, e o Erário em que depositam os Príncipes que os dominam as esperanças de poderem acudir ao reparo de qualquer urgência pública e repentina".[104] E ao findar o século, os "homens de negócio da praça da Bahia" manifestaram ao rei de Portugal sua preocupação com os ataques que vinha sofrendo o sistema de produção agrícola mediante trabalho escravo:

> A felicidade destas colônias consiste no crescimento de sua agricultura, a qual é sempre o resultado do número de trabalhadores que elas possuem. Os braços dos escravos – devido à falta de outros – são aqueles que cultivam os vastos campos do Brasil; sem eles, não seriam talvez tais coisas tão importantes como açúcar, tabaco, algodão e o resto que é transportado à Mãe Pátria, e que enriquecem e aumentam o comércio nacional e o tesouro real de Sua Majestade. Quaisquer objeções ao comércio de escravos são ataques à população, ao comércio e à renda de Sua Majestade.[105]

OS AGENTES PÚBLICOS

Como assinalado no Capítulo II, malgrado as proibições estabelecidas no direito português, os agentes públicos para cá nomeados exerciam costumeiramente o comércio, ou adquiriam grandes extensões de terras por meio de sesmarias, como garantia patrimonial de sobrevida para suas famílias, em caso de perda do cargo público. Assim ocorreu, para citar um só exemplo, com Bernardo Vieira Ravasco, irmão do Padre Antônio Vieira, que exerceu por primeiro no Brasil, durante quase sessenta anos, as funções de secretário de Estado no Governo Geral, então com sede na Bahia. Adquiriu por sesmaria um vasto território no sertão, onde, no entanto, jamais pôs os pés.

Malgrado todas as vantagens obtidas com a nomeação, os agentes públicos tinham o costume de não se apressarem para tomar posse de

---

[104] Citado por RUSSEL-WOOD, A. J. R. *Escravos e Libertos no Brasil Colonial*. Rio de Janeiro: Civilização Brasileira, 2005, p. 121.

[105] Citado por SCHWARTZ, Stuart B. *Sugar Plantations in the Formation Brazilian Society*: Bahia, 1550 – 1835. Cambridge University Press, 1985, p. 341. Tradução livre do inglês.

seus cargos. Foi o que observou Saint-Hilaire, ao comentar o fato de que o ouvidor de Paracatu, em Minas Gerais, embora já nomeado há um bom tempo e tendo sem dúvida já tomado posse formalmente de seu cargo, não manifestava o menor empenho em deixar o lugar onde residia, para se instalar naquela cidade:[106]

> Era então um costume geral no Brasil que os administradores não seguissem para seus postos senão muito tempo após sua nomeação. Houve capitães-generais que permaneceram vários anos no Rio de Janeiro, antes de partir para o local onde exerceriam suas funções, a fim de comparecer à Corte e negociar com o rei o preço de seus serviços futuros. A fraqueza do príncipe era bem conhecida e procurava-se aproveitar dela.

Isto, sem falar na generalizada corrupção dos altos funcionários administrativos, como o Padre Antônio Vieira não se cansou de denunciar.

É conhecida a sua diatribe no "Sermão de Santo Antônio aos Peixes", pregado em São Luís do Maranhão em 13 de junho de 1654: "Porque os grandes, que têm o mando das Cidades e das Províncias, não se contenta a sua fome de comer os pequenos um por um, ou poucos, a poucos, senão que devoram e engolem povos inteiros". Ou, de maneira mais incisiva, ao saudar em julho de 1640 o marquês de Montalvão, recém nomeado vice-rei do Brasil, que acabara de chegar à Bahia: "Perde-se o Brasil, Senhor (digamo-lo em uma palavra) porque alguns ministros de Sua Majestade não vêm cá buscar o nosso bem, vêm buscar nossos bens".[107] Da mesma forma, quando indagado pelo rei D. João IV sobre se seria melhor que o Estado do Grão-Pará e Maranhão, onde então habitava, fosse governado por um só governador ou dois capitães-mores, respondeu sem usar meias palavras em carta de 4 de abril de 1654:[108]

---

[106] *Voyage aux sources du Rio de S. Francisco et dans la Province de Goyaz.* Paris: Arthus Bertrand/Libraire-Éditeur, 1847, p. 286.

[107] "Sermão da Visitação de Nossa Senhora". *In: Sermões.* vol IX. Porto: Lello & Irmãos, 1951, p. 346.

[108] ANTÔNIO VIEIRA. *Cartas.* Organização e notas de João Lúcio de Azevedo. vol. 1. Rio de Janeiro: Editora Globo, 2008, p. 311.

CAPÍTULO III – A OLIGARQUIA COLONIAL

> Eu, Senhor, razões políticas nunca as soube, e hoje as sei muito menos; mas por obedecer direi toscamente o que me parece. Digo que menos mal será um ladrão que dois; e que mais dificultosos serão de achar dois homens de bem que um.

Da mesma sorte, ao escrever do Rio de Janeiro ao duque de Cadaval, em 6 de novembro de 1710, observou frei Francisco de Menezes: "Sua Majestade deu liberdade aos governadores para negociarem. (...) Até agora sempre governavam e negociavam, mas em com receio; sempre tinham mãos em si, agora vão pondo isto em tais termos que já não há negócio senão o seu".[109]

De sua parte, o Marquês do Lavradio, enquanto Governador e Capitão-General da Capitania da Bahia de Todos os Santos, ao escrever a seu irmão em 15 dezembro de 1768, informou:

> Desterrei do exercício da sala deste Governo, todos aqueles oficiais que não só extorquiam das partes somas grandes, para ou terem os seus despachos, e muitas vezes até só para falarem aos Governadores, mas que além destas violências, faziam também a de descompor, e maltratar todos aqueles que não podiam ter adquirido o seu favor, e proteção, e sem ter eu trazido gentes de quem me fiasse, cousa nenhuma destas poderia ter conseguido.[110]

Mas, sem dúvida, a parte mais lastimável do serviço público durante o Brasil Colônia foi a do Judiciário.

Como as cidades no interior do território eram pouco numerosas e muito afastadas umas das outras, os juízes jamais puderam exercer adequadamente suas funções nas vastas áreas onde se estendia sua jurisdição. A consequência natural foi que a administração da justiça coube, efetivamente, aos *poderosos do sertão*, os quais detinham os postos de

---

[109] Citado por BOXER, C. R. *The Golden Age of Brazil*: 1695-1750. California: University of California Press, 1962, p. 393, nota 4 ao capítulo V.

[110] LAVRADIO, Marques do. *Cartas da Bahia (1768/1769)*. Série de Publicações n. 68. Ministério da Justiça/Arquivo Nacional, 1972, p. 73.

coronéis ou capitães-mores da milícia. Unia-se, assim, a força militar com o poderio econômico, o que fazia da administração da justiça uma verdadeira caricatura.

Os conselheiros do Rei, em Lisboa, procuraram corrigir essa distorção no final do século XVII, editando várias medidas, entre as quais a limitação do tempo de exercício da função militar de capitão-mor e a nomeação de juízes ordinários, em princípio não sujeitos ao poder dos grandes proprietários rurais. Evidentemente, tais medidas não produziram efeito algum, quando mais não fosse porque era impossível encontrar no sertão pessoas alfabetizadas em número suficiente para exercer a magistratura. Levada essa questão ao conhecimento dos conselheiros da Coroa, responderam estes que pouco importava fossem os magistrados analfabetos, contanto que seus auxiliares imediatos soubessem ler e escrever...[111]

Para contrabalançar o forte vínculo de parentesco ou compadrio dos magistrados locais com as famílias de *mor qualidade*, foram criados os *juízes de fora*. Como esclareceu em 1715 o Marquês de Angeja, Vice-Rei do Brasil, com essa nova espécie de magistrados procurava-se impedir que os juízes locais "permitissem aos culpados de prosseguir em seus crimes, em razão de parentesco ou deferência".[112] Isto, sem falar no fato costumeiro de vários juízes tornarem-se fazendeiros ou comerciantes, apesar da incompatibilidade legal do desempenho de funções oficiais com o exercício de uma atividade econômica privada, quer em seu próprio nome, quer por intermédio de parentes ou amigos.

Cada *termo*, ou seja, distrito onde se exerce uma autoridade ou jurisdição, contava com dois juízes ordinários ou um juiz de fora. A razão dessa diferença numérica, observou Saint-Hilaire, "é fácil de compreender. Os juízes de fora, percebendo vencimentos, são compensados dos sacrifícios que deles exigem os deveres de seu cargo.

---

[111] Sobre todo esse assunto, BOXER, C. R. *The Golden Age of Brazil*: 1695-1750. California: University of California Press, 1962, pp. 209, 306 ss.

[112] SCHWARTZ, Stuart B. *Sovereignty and Society in Colonial Brazil:* the High Court of Bahia and its Judges, 1609-1751. University of California Press, 1973, pp. 257/258; 275 ss.

CAPÍTULO III – A OLIGARQUIA COLONIAL

Os juízes ordinários, pelo contrário, só recebem 100 réis por sentença, e se nomeiam dois de cada vez para que possam, durante o mês, exercer alternativamente suas funções de juiz, e tratar de seus interesses particulares". E prossegue: "Como os juízes ordinários, geralmente saídos da classe dos proprietários, são estranhos à jurisprudência,[113] recorrem a um assessor que estudou direito, e que pagam de seu bolso. Quando o juiz ordinário profere uma sentença em seu próprio nome, pode, quando transcorrido o tempo de suas funções, ser acusado de injustiça por quem ele condenou; quando, porém, a sentença foi dada em nome do assessor, o juiz está ao abrigo de qualquer ataque". E conclui: "Os pleiteantes temem a ignorância dos juízes ordinários e a venalidade dos juízes de fora".

Por outro lado, durante todo o período colonial, nenhum dos órgãos judiciários superiores pôde exercer o necessário controle dos atos das autoridades administrativas. Era mesmo costume que os Governadores, na qualidade de presidentes dos Tribunais da Relação, procurassem se conciliar as boas graças dos desembargadores, acrescentando aos *ordenados* destes, gratificações extraordinárias denominadas *propinas*.[114] E quanto à fiscalização que devia ser exercida pelo Conselho Ultramarino sobre o conjunto dos altos funcionários aqui em exercício, ela sempre deixou muito a desejar, pois até o século XVIII havia uma só viagem marítima oficial por ano entre Lisboa e o Brasil.

De qualquer maneira, a corrupção sempre grassou fundamente no serviço judiciário português, seja na metrópole, seja nas colônias.

Quando Tomé de Souza chegou à Bahia em 1549, instaurando o Governo-Geral, acompanhava-o, na qualidade de ouvidor-geral – ou seja, o alto funcionário encarregado de supervisionar as questões de polícia e justiça – o desembargador Pero Borges. Ora, este mesmo personagem, em 1543, enquanto exercia o cargo de corregedor de justiça em Elvas, no Alentejo, fora encarregado de supervisionar a construção de um aqueduto. Quando as verbas se esgotaram sem que este estivesse

---

[113] Ou seja, à ciência do Direito.

[114] SCHWARTZ, Stuart B. *Sovereignty and Society in Colonial Brazil:* the High Court of Bahia and its Judges, 1609-1751. University of California Press, 1973, p. 272.

pronto, "algum clamor de desconfiança se levantou no povo", como refere Vitorino de Almeida em *Elementos para um dicionário de geografia e história portuguesa*, editado em 1888. Aberta pelo rei uma investigação, averiguou-se que Borges "recebia indevidamente quantias de dinheiro que lhe eram levadas a casa, provenientes das obras do aqueduto, sem que fossem presentes nem o depositário nem o escrivão". Em 1547, ele foi finalmente condenado "a pagar à custa de sua fazenda o dinheiro extraviado". Pero Borges retornou a Lisboa, "deixando atrás de si triste celebridade". No entanto, em 17 de dezembro de 1548, um ano e sete meses após a sentença condenatória, foi ele nomeado pelo mesmo rei ouvidor-geral do Brasil.[115] Ou seja, para o monarca lusitano, o mau ladrão na metrópole podia ser um bom administrador na colônia. Aqui chegado, ele constatou, em ofício enviado a Sua Majestade, que o quadro geral da colônia configurava "uma pública ladroíce e grande malícia".

Para nos darmos conta da generalidade dos casos de prevaricação de magistrados no período colonial, basta ler alguns ofícios de presidentes dos Tribunais da Relação da Bahia e do Rio de Janeiro no século XVIII.

Em 22 de janeiro de 1725, por exemplo, Vasco Fernandes César de Menezes escreveu da Bahia ao Rei de Portugal nos seguintes termos:

> Senhor – Pelo Conselho Ultramarino dou conta a V. Majestade do mal que procedem os Ouvidores do Ceará, Paraíba, Alagoas, Sergipe del Rei, Rio de Janeiro e São Paulo, e das desordens e excessos que se veem todos estes povos tão consternados e oprimidos, que justamente se fazem dignos de que a grandeza e piedade de V. Majestade lhes não dilate o remédio para que, com a dilatação dele não padeçam a última ruina ou precipício a que continuamente os provoca a crueldade e tirania destes bacharéis, que nenhum faz caso deste governo e muito menos desta Relação.[116]

---

[115] Citado por BUENO, Eduardo. "O mau ladrão: ficha suja". *In:* FIGUEIREDO, Luciano (coord.). *História do Brasil para ocupados*. Casa da Palavra, 2013, p. 253 ss.

[116] Citado por Braz do Amaral, em notas e comentários às cartas de Luís dos Santos Vilhena, editadas sob o título *A Bahia no Século XVIII*. vol. II. Bahia: Editora Itapuã, 1969, pp. 358/359.

CAPÍTULO III – A OLIGARQUIA COLONIAL

Por sua vez, em 21 de junho de 1768 o Marquês do Lavradio, na qualidade de Governador e Capitão-General da Capitania da Bahia de Todos os Santos, enviou ofício ao Vice-Rei Conde de Azambuja no Rio de Janeiro, no qual, entre outros fatos relata:

> O Corpo da Relação achei-o no estado que V. Excia. sabe a grande liberdade que eles se tinham tomado uns com os outros, o interesse público, que eles costumavam tomar nos negócios particulares, em que eles estavam sendo juízes, finalmente a falta de gravidade com que estavam em um lugar tão respeitoso, tudo me tem obrigado a não faltar um só dia em ir presidir a Relação, donde me tem sido por várias vezes necessário mostrar-lhes ou dizer-lhes o modo com que devem conduzir-se, e a resolução em que estou de o não consertar diferentemente. Tenho o gosto de que já hoje há menos disputas naquele lugar, não embaraçam uns os votos dos outros, e procuram favorecer os seus afilhados com mais modéstia, ao menos com um tal rebuço, que é necessário bastante cuidado para se descobrir os seus afilhados particulares; porém, é certo que ainda os há, não considero que estes se acabem enquanto persistirem alguns dos Ministros que aqui se conservam.[117]

Da mesma forma, em ofício enviado em 1767 ao Secretário de Estado Francisco Xavier de Mendonça Furtado, irmão do Marquês de Pombal, o Vice-Rei do Brasil, Conde da Cunha, assim se referiu ao Tribunal da Relação do Rio de Janeiro:

> Os ministros desta Relação, que deviam concorrer para a boa harmonia do mesmo tribunal e para a boa arrecadação da Real Fazenda, uniram-se ao chanceler João Alberto Castelo Branco, para protegerem homens indignos, e outros devedores de quantias graves à Real Fazenda; estes procedimentos foram tão excessivos que até na mesma Relação e fora dela fizeram algumas desatenções ao procurador da Coroa.[118]

---

[117] LAVRADIO, Marques do. *Cartas da Bahia (1768/1769)*. Série de Publicações n. 68. Ministério da Justiça/Arquivo Nacional, 1972, p. 20.

[118] *Apud* WEHLING, Arno; WEHLING, Maria José. *Direito e Justiça no Brasil Colonial:*

FÁBIO KONDER COMPARATO

Nenhuma surpresa, por conseguinte, se desde cedo entre nós, na maior parte dos casos, o serviço judiciário existiu não para fazer justiça, mas para extorquir dinheiro. No já citado *Sermão de Santo Antônio Pregando aos Peixes*, o Padre Vieira denuncia o fato em palavras candentes:

> Vede um homem desses que andam perseguidos de pleitos, ou acusados de crimes, e olhai quantos o estão comendo. Come-o o Meirinho, come-o o Carcereiro, come-o o Escrivão, come-o o Solicitador, come-o o Advogado, come-o o Inquiridor, come-o a Testemunha, come-o o Julgador, e ainda não está sentenciado e já está comido. São piores os homens que os corvos. O triste que foi à forca, não o comem os corvos senão depois de executado e morto; e o que anda em juízo, ainda não está executado nem sentenciado, e já está comido.

Foi, aliás, o que constataram ilustres estrangeiros que aqui estiveram no início do século XIX.

No relato de sua *Viagem pelas Províncias do Rio de Janeiro e Minas Gerais*, efetuada no segundo decênio do século XIX, Auguste de Saint-Hilaire comenta que "em um país no qual uma longa escravidão fez, por assim dizer, da corrupção uma espécie de hábito, os magistrados, libertos de qualquer espécie de vigilância, podem impunemente ceder às tentações".[119]

Na mesma época, o comerciante John Luccock, que para cá viera após a Abertura dos Portos, comentando o costume da aquisição por vizinhos, em hasta pública, de terras penhoradas pelo não pagamento de impostos, observa:

> Nessa transação, observam-se estritamente as formalidades legais e tem-se a ilusão de que a propriedade foi adjudicada ao maior ofertante da hasta pública; mas na realidade, o favoritismo prevalece

---

o Tribunal da Relação do Rio de Janeiro (1751-1808). Rio de Janeiro/São Paulo/Recife: Renovar, 2004, p. 310.

[119] Obra publicada pela Editora Itatiaia Limitada, em colaboração com a Editora da Universidade de São Paulo, 1975, p. 157.

CAPÍTULO III – A OLIGARQUIA COLONIAL

sobre a justiça e o direito, pois que não há ninguém bastante atrevido para aumentar o lance de uma pessoa de fortuna e influência (...). Na realidade, parece ser de regra que em todo o Brasil a Justiça seja comprada. Esse sentimento se acha por tal forma arraigado nos costumes e na maneira geral de pensar, que ninguém o considera errado; por outro lado, protestar contra a prática de semelhante máxima pareceria não somente ridículo, como serviria apenas para atirar o queixoso em completa ruína.[120]

A IGREJA CATÓLICA COMO PARTE INTEGRANTE DA OLIGARQUIA COLONIAL

A rigor, toda a aventura colonial portuguesa em terras não-europeias foi desde o começo estimulada pelo papado, como se constata com a leitura das Bulas *Dum diversas*, de 1452, *Romanus Pontifex*, de 1455, e *Inter caetera*, do ano seguinte. Na primeira, o papa autoriza o Rei de Portugal a atacar, conquistar e subjugar os sarracenos, os pagãos e outros infiéis, inimigos do Cristo; apossando-se de seus bens e territórios para transferi-los ao monarca português, e reduzindo suas pessoas à condição de escravos. Na segunda, o pontífice romano decreta o monopólio da coroa lusitana, não apenas sobre Ceuta e outras conquistas já efetuadas pelos portugueses, mas também sobre todas as que eles efetuarem ao sul dos Cabos Bojador e Nun, assim como nas Índias. Finalmente, pela Bula *Inter caetera* o Papa Calixto III concede à Ordem de Cristo, da qual o Príncipe Henrique, o Navegador, era então administrador e governador, a jurisdição espiritual sobre todas as regiões conquistadas ou a conquistar pelos portugueses.

Como se vê, tais decisões da mais alta autoridade eclesiástica nada têm a ver com o espírito de amor e fraternidade de Jesus de Nazaré. Elas explicam, no entanto, por que o poder oligárquico no Brasil colonial sempre contou com a colaboração da Igreja Católica. É que esta, além da autoridade eclesiástica, possuía, em certos casos, jurisdição civil, como por exemplo em matéria de casamentos.

---

[120] *Notas sobre o Rio de Janeiro e Partes Meridionais do Brasil*. São Paulo: Editora da Universidade de São Paulo/Livraria Itatiaia Editora Ltda., 1975, p. 321.

Mas essa colaboração não ficava isenta de conflitos, como ocorrido com as missões de catequese dos índios no Estado do Grão-Pará e Maranhão, como será visto mais abaixo.

A bem dizer, os missionários católicos, no início da colonização, tiveram dos índios brasileiros a pior das impressões, sobretudo quando, após o naufrágio na costa de Alagoas, o bispo D. Pero Fernandes Sardinha e seus companheiros foram mortos e comidos pelos indígenas caetés. O Padre Manoel da Nóbrega, chefe dos jesuítas, declarou não entender como os portugueses, "a raça mais temida em todo o mundo", continuavam a suportar pacientemente e a sujeitar-se perante "os mais vis e miseráveis pagãos em toda a humanidade".[121] Ou, como em 1563 resumiu o padre José de Anchieta, declarado beato pelo papa João Paulo II, "para essa espécie de gente, não há melhor pregação que a espada e a vara de ferro".[122]

O fato é que, a partir da instalação do Governo Geral com Tomé de Souza em 1549, a Igreja Católica, mais especificamente a Companhia de Jesus, atuou como a principal auxiliar dos governantes. Sua autonomia, no entanto, sempre foi limitada, pelo fato de ela ser submetida ao padroado real: o *placet* régio era indispensável para a criação de bispados e a nomeação de bispos. Todas as autoridades clericais atuaram, assim, como altos funcionários da Coroa. O rei legislava em matéria religiosa e somente admitia a aplicação de bulas papais após o seu *placet*.

Durante todo o período colonial, as instituições religiosas exerceram por conta própria várias atividades econômicas como, por exemplo, o serviço de crédito, devendo se ressaltar que até 1808, ano da vinda da família real para o Brasil, não havia bancos em nosso território. Contrariando, assim, a tradicional proibição canônica da usura, várias ordens e corporações religiosas como, sobretudo, a Irmandade da Misericórdia na Bahia, faziam empréstimos monetários, cobrando juros.

---

[121] *Apud* BOXER, Charles R. *Race Relations in the Portuguese Colonial Empire 1415-1825.* Oxford: Clarendon Press, 1063, p. 91.

[122] AZEVEDO, J. Lúcio de. *Épocas de Portugal econômico:* esboços de história. 4ª ed. Lisboa: Livraria Clássica Editora, p. 245; BOXER, Charles R. *A Igreja militante e a expansão ibérica*: 1440-1770, São Paulo: Companhia das Letras, 2007, pp. 93/94.

CAPÍTULO III – A OLIGARQUIA COLONIAL

Estima-se que por volta de 1660, cerca de um sexto da renda da Ordem dos Beneditinos provinha de operações de crédito.[123]

O que mais incomodava as autoridades metropolitanas era o fato de que, ao exercer atividades econômicas, a Igreja gozava do privilégio da imunidade tributária. A fruição desse privilégio foi, por isso, suspensa pela Coroa algumas vezes. Assim, por exemplo, em 1656, quando da luta contra os ocupantes holandeses no Nordeste, o monarca deu ordens categóricas para que o clero regular e secular não ficasse mais isento de pagar os tributos impostos no Brasil, destinados a financiar as guarnições militares que atuavam contra os invasores. Um ano depois, porém, o Senado da Câmara de Salvador queixou-se de que as ordens religiosas, que naquela capitania possuíam múltiplas propriedades e muitos engenhos de açúcar, além de terras, fazendas, casas e escravos, recusavam-se terminantemente a pagar as contribuições necessárias a custear a guerra contra os holandeses; de modo que o restante do povo era pesadamente tributado e os pobres oprimidos.[124]

Na verdade, o conjunto dos clérigos agia, quase sem exceções, sob o impulso do espírito mercantil, que orientou toda a colonização portuguesa no Brasil. Veja-se, por exemplo, a constatação feita por Saint-Hilaire em sua viagem às nascentes do Rio São Francisco e à Província de Goiás, no início do século XIX:

> Neste país, um grande número de eclesiásticos limita-se a rezar a missa, e fazem concomitantemente qualquer outra coisa a par do ministério sagrado. Nada é mais comum do que os padres serem fazendeiros; o melhor farmacêutico de S. João d'El Rei era um eclesiástico que, ele próprio, preparava e vendia suas drogas; nessa cidade, segundo me disse um pároco, um outro padre vendia tecidos a retalho.[125]

---

[123] SCHWARTZ, Stuart B. *Sugar Plantations in the Formation Brazilian Society:* Bahia, 1550 – 1835. Cambridge University Press, 1985, p. 205.

[124] BOXER, C. R. *The Portuguese Seaborne Empire 1415 – 1825.* Lisboa: Carcanet/Fundação Calouste Gulbenkian/Comissão dos Descobrimentos, 1969, p. 328.

[125] *Voyage aux sources du Rio de S. Francisco et dans la Province de Goyaz.* Paris: Arthus Bertrand, Libraire-Éditeur, 1847, p. 132.

FÁBIO KONDER COMPARATO

E mais adiante:[126]

> Os eclesiásticos, de fato, são os únicos homens desta província dotados de alguma instrução; pode-se, aliás, dizer que eles não obedecem a nenhuma regra eclesiástica, negligenciando a instrução dos fiéis, entregando-se ao ócio ou exercendo o comércio, praticando a simonia[127], dando o exemplo da concubinagem; enfim, respeitando apenas o dever de dizer a missa ordinária[128] aos domingos e de confessar os fiéis por ocasião da Páscoa, mediante a retribuição de 300 réis, que lhes é atribuída aqui como em Minas.

Em outra de suas viagens, observou Saint-Hilaire:

> Como as funções sacerdotais deixam aos padres bastante lazeres, não é para se admirar que, ao mesmo tempo em que as exerçam, se ocupem, frequentemente, de outras coisas. Não faltam exemplos de padres entregarem-se ao comércio e, ao mesmo tempo, terem loja aberta; alguns são advogados; e conheci um cura, muito digno, aliás, que, todos os domingos, depois da missa, ia caçar veados com os amigos.[129]

Os jesuítas foram, incontestavelmente, os únicos religiosos que atuaram de modo competente na exploração capitalista da colônia brasileira. Assim é que, quando de sua expulsão de Portugal e colônias em 1759, verificou-se que a Companhia de Jesus possuía em terras brasileiras nada menos do que 17 fazendas de açúcar no Nordeste, 7 fazendas de gado com mais de 100 mil cabeças na ilha de Marajó; além de 186 prédios na cidade do Salvador.

---

[126] *Voyage aux sources du Rio de S. Francisco et dans la Province de Goyaz*. Paris: Arthus Bertrand, Libraire-Éditeur, 1847, p. 347.

[127] Tráfico de coisas sagradas.

[128] Em francês, *messe basse*; ou seja, missa não cantada.

[129] *Viagem pelas Províncias do Rio de Janeiro e Minas Gerais*. São Paulo: Editora da Universidade de São Paulo/Livraria Itatiaia Editora Limitada, 1975, p. 86.

CAPÍTULO III – A OLIGARQUIA COLONIAL

Assinale-se, também, que a Companhia de Jesus deteve no Brasil o monopólio da educação até o decreto de Pombal, que a expulsou de todo o território português, metrópole e colônias. Pombal determinou, então, que a educação na colônia brasileira passasse a ser feita por leigos, nas chamadas *Aulas Régias*. Os historiadores hoje reconhecem que, embora a educação jesuítica se destinasse apenas aos componentes da oligarquia, e seguisse o método memorizante e acrítico da *Ratio Studiorum*, a expulsão da Companhia enfraqueceu sobremaneira a função educacional em todo o reino; sobretudo no Brasil, onde a percentagem de analfabetos em relação à população total era enorme.

A expulsão dos jesuítas provocou ainda outro desastre, agora na região amazônica, onde as missões da Companhia de Jesus contavam com a cooperação voluntária dos indígenas para a colheita de especiarias no sertão, atividade que sustentava economicamente toda a Amazônia. Essa colaboração, que por certo era do pleno conhecimento de Pombal, contrastava radicalmente com a crueza e a violência do trato dos indígenas pelos colonos portugueses lá instalados.

Ainda aí, o testemunho de Vieira foi categórico.

Escrevendo do Grão-Pará e Maranhão a D. João IV em 20 de maio de 1653, ele assim resumiu a situação dos índios naquele Estado:

> Os moradores deste novo mundo, que assim se pode chamar, ou são portugueses ou índios naturais da terra. Os índios, uns são gentios que vivem nos sertões, infinitos no número e diversidade de línguas; outros são pela maior parte cristãos, que vivem entre os portugueses. Deste que vivem entre os portugueses, uns são livres, que estão em suas aldeias; outros são parte livres, parte cativos, que moram com os mesmos portugueses, e os servem em suas casas e lavouras, e sem os quais eles de nenhuma maneira se podem sustentar. [130]

Referindo-se ao fato de que "os índios que moram em suas aldeias com título de livres são muito mais cativos que os que moram nas casas

---

[130] ANTÔNIO VIEIRA. *Cartas*. Organização e notas de João Lúcio de Azevedo. vol. 1. Rio de Janeiro: Editora Globo, 2008, p. 236.

particulares dos portugueses", Vieira assinala uma única diferença: é que "cada três anos têm um novo senhor, que é o governador ou capitão-mor que vem a estas partes, o qual se serve deles como de seus e os trata como alheios; em que vêm a estar de muito pior condição que os escravos, pois ordinariamente se ocupam em lavouras de tabaco, que é o mais cruel trabalho de quantos há no Brasil".[131]

E prossegue:

> As causas de até agora se ter feito tão pouco fruto com estas gentes são, principalmente, as tiranias que com eles temos usado, havendo capitão que obrigou a atar dez morrões acesos nos dez dedos das mãos de um principal de uma aldeia, para que lhe desse escravos, dizendo que o havia de deixar arder enquanto lhos não desse, e assim o fez. Este e semelhantes terrores têm feito o nome dos portugueses odioso nos sertões, e desautorizado muito a fé, entendendo os bárbaros que é só em nós pretexto de cobiça, com que muitos se têm retirado mais para o interior dos bosques, e outros depois de vir se tornam desenganados, outros nos fazem guerra e o mal que podem, e todos (que é o que mais se deve sentir) se estão indo a milhares ao Inferno.[132]

Em 9 de abril de 1655, D. João IV baixou uma provisão, em virtude da qual só seriam cativos os índios tomados em justa guerra ou quando, sendo prisioneiros de outros e destinados à morte, fossem resgatados; devendo os colonos provar que os escravos que possuíam se achavam em alguma dessas categorias que possuíam. Pois bem, ao final daquele ano, Vieira escreve ao monarca, fazendo o seguinte relatório:

> Senhor. – Com esta remeto a V. M. a relação do que se tem obrado na execução da lei de V. M. sobre a liberdade dos índios. Muitos ficam sentenciados ao cativeiro, por prevalecer o número de votos

---

[131] ANTÔNIO VIEIRA. *Cartas*. Organização e notas de João Lúcio de Azevedo. vol. 1. Rio de Janeiro: Editora Globo, 2008, p. 239.

[132] ANTÔNIO VIEIRA. *Cartas*. Organização e notas de João Lúcio de Azevedo. vol. 1. Rio de Janeiro: Editora Globo, 2008, p. 241.

CAPÍTULO III – A OLIGARQUIA COLONIAL

mais que o peso das razões. V. M., sendo servido, as poderá mandar pesar em balanças mais fiéis que as deste Estado [Grão-Pará e Maranhão], onde tudo nadou sempre em sangue dos pobres índios, e ainda folgam de se afogar nele os que desejam tirar do perigo aos demais. Contudo, se puseram em liberdade muitos, cujas justiça, por notória, escapou das unhas aos julgadores.[133]

E Vieira conclui esse implacável requisitório, afirmando:

As injustiças e tiranias que se têm executado nos naturais destas terras excedem muito às que se fizeram na África. Em espaço de quarenta anos se mataram e se destruíram por esta costa e sertões mais de dois milhões de índios, e mais de quinhentas povoações como grandes cidades, e disto nunca se viu castigo. Proximamente, no ano de mil seiscentos e cinquenta e cinco, se cativaram no rio das Amazonas dois mil índios, entre os quais muitos eram amigos e aliados dos portugueses e vassalos de V. M., tudo contra a disposição da lei que veio naquele ano a este Estado, e tudo mandado obrar pelos mesmos que tinham maior obrigação de fazer observar a mesma lei; e também não houve castigo: e não só se requer diante de V. M. a impunidade destes delitos, senão licença para os continuar![134]

Escusa dizer que essa tradição colonial de maus tratos aos indígenas persiste até hoje. Ainda em 2016, a relatora especial sobre os direitos dos povos indígenas da Organização das Nações Unidas comunicou à Assembleia Geral que as mudanças ocorridas no Brasil, a partir da destituição da Presidenta Dilma Roussef, "consolidaram ainda mais os interesses e o poder da elite econômica e política, em detrimento dos direitos dos povos indígenas".[135]

---

[133] ANTÔNIO VIEIRA. *Cartas*. Organização e notas de João Lúcio de Azevedo. vol. 1. Rio de Janeiro: Editora Globo, 2008, p. 331.

[134] Carta ao Rei D. Afonso VI, de 20 de abril de 1657. *In: Cartas*. Organização e notas de João Lúcio de Azevedo. vol. 1. Rio de Janeiro: Editora Globo, 2008, p. 346.

[135] Comunicado do Conselho Indigenista Missionário – CIMI, em 24 de outubro de 2016.

Em matéria de escravidão de africanos ou afrodescendentes, porém, a condescendência da Igreja foi total.

Já no século XV, bulas pontificais justificaram essa prática como forma de converter à fé católica e, por conseguinte, conduzir à salvação eterna as almas dos escravizados. Reduzir pessoas à escravidão a fim de salvar suas almas não parecia absurdo para os missionários católicos. Escrevendo de Angola por volta de 1575, um jesuíta declarou que "quase todos estão convencidos de que a conversão desses bárbaros não é obtida por meio do amor, mas unicamente após serem eles submetidos pela força das armas, tornando-se vassalos de Sua Majestade o Rei".[136]

Felipe III, rei de Espanha e Portugal, ordenou no início do século XVII que todo navio negreiro tivesse um sacerdote a bordo, e no século seguinte os portugueses proibiram o embarque nos tumbeiros de escravos ainda não batizados.[137]

A Companhia de Jesus foi fundada em 1540, e já na segunda metade do século XVI os jesuítas envolveram-se largamente no comércio de escravos em Angola. É bem verdade que os primeiros Gerais da Companhia[138] – Loyola, Laínez, Borja, Mercurian, Acquaviva – manifestaram sérias dúvidas a respeito dessa prática nefanda, que acabou sendo proibida em 1590. Mas os padres que atuavam na África, contrariando a disciplina quase militar da ordem, manifestaram seu desacordo com a decisão tomada. Enviaram em 1593 uma resposta coletiva ao Geral da Companhia, na qual sustentaram literalmente que

---

[136] *Apud* BOXER, C. R. *The Portuguese Seaborne Empire 1415 – 1825*. Lisboa: Carcanet/ Fundação Calouste Gulbenkian/Comissão dos Descobrimentos, 1969, p. 101.

[137] Como prova do batismo, uma cruz era marcada em cada peito de escravo com ferro em brasa. Não é demais notar que essa obrigação de batizar os escravos embarcados rendia estipêndio aos sacerdotes. Assim, no século XVIII, para o clero português, o batismo de um escravo adulto rendia entre 300 e 500 réis, e o de uma criança, entre 50 e 100 réis (PÉTRÉ-GRENOUILLEAU, Olivier. *Les traites négrières:* essai d'une histoire globale. Paris: Gallimard, 2004, p. 217, nota 1).

[138] A Companhia de Jesus foi organizada como uma espécie de exército de Cristo. O chamado Geral da Companhia, que é o seu superior máximo, tem poderes semelhantes ao de um general-comandante.

CAPÍTULO III – A OLIGARQUIA COLONIAL

os negros escravizados podiam ser utilizados como moeda de troca nas transações econômicas:

> Não há escândalo algum em padres de Angola pagarem suas dívidas em escravos. Porque assim como na Europa o dinheiro corrente é o ouro e prata amoedada, e no Brasil o açúcar, assim o são em Angola e reinos vizinhos os escravos. Pelo que, quando os padres do Brasil nos mandam o que lhe de cá pedimos, como é farinha, e madeira para portas e janelas, e quando os donos das fazendas que vêm a esta parte nos vendem biscoito, vinho e outras coisas, não querem receber de nós a paga em outra moeda, senão na que corre pela terra, que são escravos. Dos quais se carregam cada ano para o Brasil e Índias.[139]

Em 1610, o superior da Companhia em Luanda, padre Luís Brandão, respondendo a um inquérito sobre a escravidão africana, organizado pelo Geral da ordem, preferiu usar de argumentos jurídicos, com algumas tintas de religião, para justificar o comércio de seres vivos:

> Vossa Reverência gostaria de saber se são bem cativos os negros que iam. Ao que respondo, que me parece não devia V.R. ter escrúpulo nisto. Porque isto é coisa que a Mesa da Consciência em Lisboa nunca condenou, sendo homens doutos e de boas consciências. Ademais, os bispos que estiveram em São Tomé, Cabo Verde e nesta Luanda, sendo homens doutos e virtuosos, nunca o condenaram. E nós estamos aqui há 40 anos e estiveram aqui padres mui doutos, e na província do Brasil, donde sempre houve padres da nossa religião eminentes em letras, nunca tiveram este trato por ilícito; e assim nós, e os padres do Brasil, compramos estes escravos para nosso serviço, sem escrúpulo algum. E digo mais, que quando alguém podia escusar de ter escrúpulos, são os moradores dessas partes, porque como os mercadores que levam estes negros os levam com boa-fé, mui bem podem comprar a tais mercadores sem escrúpulo nenhum, e eles os podem vender:

---

[139] *Apud* ALENCASTRO, Luiz Felipe de. *O Trato dos Viventes*: formação do Brasil no Atlântico Sul. São Paulo: Companhia das Letras, 2000, p. 175.

porque é comum opinião, que o possuidor da coisa com boa-fé a pode vender, e se pode comprá-la (...). E perder-se tantas almas que daqui saem, das quais muitas se salvam, por ir alguns mal cativados, sem saber quais são, parece não ser tanto serviço de Deus por serem poucas, e as que se salvam serem muitas.[140]

No Brasil, o padre Antônio Vieira, que pela sua palavra candente havia se oposto denodadamente à servidão indígena, apoiou *in totum* e sem disfarces a escravidão africana, por razões puramente econômicas. Em carta ao Marquês de Nisa, datada de 12 de agosto de 1648,[141] Vieira cunhou a máxima célebre: "Sem açúcar não há Pernambuco; sem negros não há açúcar; sem Angola não há negros". Manteve inabalável essa opinião durante toda a sua vida. Escrevendo em 1697 ao duque de Cadaval, cinco dias antes de falecer, considerou "uma manifesta injustiça" a pressão dos mercadores da Bahia visando a baixar o preço do açúcar, numa conjuntura de alta dos preços "das coisas de Angola"; vale dizer, dos escravos trazidos de lá.[142]

O fato é que, seguindo firmemente o espírito capitalista, a Companhia de Jesus, com a rara e honrosa exceção de alguns de seus integrantes, não apenas se entregou largamente ao tráfico negreiro, como ainda se dedicou, porfiadamente, à exploração do agronegócio de exportação. Só na Bahia, os jesuítas chegaram a possuir seis engenhos de açúcar.[143]

A CORPORAÇÃO MILITAR

No conjunto dos funcionários oriundos da metrópole, os militares sempre predominaram, pois desde o início da aventura colonial

---

[140] ALENCASTRO, Luiz Felipe de. *O Trato dos Viventes*: formação do Brasil no Atlântico Sul. São Paulo: Companhia das Letras, 2000, p. 177-178.

[141] ANTÔNIO VIEIRA. *Cartas*. Organização e notas de João Lúcio de Azevedo. vol. 1. Rio de Janeiro: Editora Globo, 2008, pp. 190/192.

[142] *Apud* ALENCASTRO, Luiz Felipe de. *O Trato dos Viventes*: formação do Brasil no Atlântico Sul. São Paulo: Companhia das Letras, 2000, p. 185.

[143] BOXER, C. R. *The Portuguese Seaborne Empire 1415 – 1825*. Lisboa: Carcanet/ Fundação Calouste Gulbenkian/Comissão dos Descobrimentos, 1969, p. 329.

CAPÍTULO III – A OLIGARQUIA COLONIAL

houve constante preocupação com a defesa do território. A corporação militar organizava-se em três grupos:[144] 1) as tropas de linha, compostas essencialmente de regimentos portugueses, e que operavam em todo o território colonial; 2) as milícias, constituídas também por tropas regulares de recrutamento compulsório, mas não remuneradas, distribuídas em freguesias ou circunscrições eclesiásticas; 3) os corpos de ordenanças, que abrangiam toda a população masculina entre 18 e 60 anos, não recrutada nos dois primeiros corpos militares.

Essa avassaladora organização militar nunca se distinguiu pela disciplina. Enquanto os chefes mantinham-se estreitamente unidos à classe dos ricos senhores, sendo que muitos oficiais de alto grau adquiriam propriedades rurais ou tornavam-se comerciantes, a soldadesca cometia frequentes abusos contra a população pobre. Luís dos Santos Vilhena, em suas crônicas da Bahia do final do século XVIII,[145] relata a frequência com que, nas épocas de escassez de alimentos, os militares invadiam currais e açougues, a fim de se apossar de toda a carne destinada à venda.

---

[144] Para maiores informações sobre o assunto, PRADO Jr., Caio. *Formação do Brasil Contemporâneo*. São Paulo: Companhia das Letras, 2011, p. 329 ss.

[145] *A Bahia no Século XVIII*. vol. I. Livro I. Bahia: Editora Itapuã, 1969, pp. 129/130.

Capítulo IV

O PODER OLIGÁRQUICO NO PERÍODO IMPERIAL

AS REVOLTAS DE TRANSIÇÃO

A Independência do Brasil foi precedida ou acompanhada de revoltas isoladas em várias províncias. Mas salvo a guerra pela independência da Bahia, todos esses levantes, desde a Inconfidência Mineira até a Confederação do Equador em 1824, foram rebeliões lideradas por intelectuais e inspiradas nas Revoluções norte-americana e francesa, sem qualquer participação das camadas pobres da população. Nenhuma delas, com exceção da revolta dos Malês na Bahia, pregou o fim da escravidão.

A guerra pela independência da Bahia, iniciada em 1821 e só encerrada um ano após a Independência, envolveu portugueses (muito numerosos então naquela província) e brasileiros, inclusive da classe média (professores e funcionários, sobretudo), divididos em várias facções: a dos que aderiram à Revolução do Porto de 1820, mas que desejavam a manutenção do Reino Unido; a dos portugueses que lutavam pela volta ao *estado de antes*; e os que queriam a independência da província.

Nas demais rebeliões, o elemento comum foi a rejeição da monarquia e o intento de se proclamar a república.

Na Inconfidência Mineira, segundo a *devassa* aberta pelas autoridades,[146] houve expressivo envolvimento da burguesia econômica: fazendeiros, criadores de gado, exploradores de minas, contratadores de magistrados. A razão disso foi a decadência da exploração aurífera na segunda metade do século XVIII, com o empobrecimento geral da população e o aumento da dívida da capitania para com a Fazenda Real; o que gerou, em meados do século, a criação da *derrama*, um tributo instituído excepcionalmente pela autoridade colonial.

Já na chamada Revolução de 1817 e na Confederação do Equador em 1824, o elemento aglutinador consistiu no ideal separatista e confederativo das províncias do Nordeste.

Proclamada a Independência, nem por isso as revoltas cessaram. Somente no Rio de Janeiro, sede da Corte, entre a abdicação de D. Pedro I em 1831 e a promulgação do Ato Adicional à Constituição em 1834, houve nada menos do que oito manifestações públicas de protesto. A seguir, sem contar as rebeliões de escravos, sendo as principais delas a Revolta dos Carrancas em Minas Gerais em 1833 e a Revolta dos Malês em Salvador em 1835, sucederam-se no início do reinado de D. Pedro II várias insurreições armadas. Todavia, com exceção da *Cabanagem* no norte do país entre 1835 e 1840,[147] tais insurreições não tiveram uma participação expressiva das camadas mais pobres da população.

Quanto às demais revoltas, tirante a *Farroupilha* no sul do país, elas ocorreram em zonas urbanas e envolveram quase que unicamente pessoas da classe média; a saber, médicos, advogados, sacerdotes, pequenos comerciantes e artesãos. A Guerra dos Farrapos, que durou dez anos (1835 – 1845), foi liderada pela camada militar dos estancieiros, com a participação de charqueadores. Atuaram como massa combatente os escravos e os trabalhadores agrícolas. O objetivo final da revolta era o

---

[146] Conferir a esse respeito a brilhante monografia de Kenneth Maxwell, *A Devassa da Devassa:* a Inconfidência Mineira. Brasil e Portugal 1750-1808. 2ª ed. Rio de Janeiro: Paz e Terra, 1978.

[147] Na Amazônia, denominavam-se *cabanos* os integrantes da população mais pobre, sobretudo índios e negros.

CAPÍTULO IV – O PODER OLIGÁRQUICO NO PERÍODO IMPERIAL

estabelecimento de uma autonomia regional. Mas na concretização desse objetivo opuseram-se os que desejavam a instauração de uma república – o que acabou ocorrendo em 1838 com a chamada República de Piratini – e os que defendiam a manutenção do regime monárquico, mas com governo descentralizado. Na verdade, em nenhuma das duas correntes políticas questionava-se a manutenção do regime oligárquico, em vigor desde o início da colonização.

A DUPLA FACE DO REGIME INSTAURADO COM A INDEPENDÊNCIA

Já se sustentou que a nossa independência foi fruto de um "oportunismo político".[148] A camada dos intelectuais, que brilhava no campo da política oficial, sentira fundamente o impacto da Revolução Francesa e, mais proximamente, da revolução constitucionalista do Porto. Ela já não podia se conformar com o fato de continuarmos ligados à antiga potência colonizadora, embora ostentando o *status* de Reino Unido a Portugal; *status* que se deveu unicamente ao fato de o soberano português ter se abrigado em território brasileiro, após a invasão napoleônica da península ibérica.

Na verdade, o verdadeiro "oportunismo político" sucedeu nos bastidores. Cuidava-se em 1822 de manter inabalável o poder oligárquico tradicional, embora jamais oficialmente reconhecido. Mas mantê-lo doravante de forma dissimulada. Ou seja, era preciso modernizar a expressão jurídica da soberania ou poder supremo, com base na promulgação de uma Lei Maior ou Constituição. Na Fala do Trono de 1823, o imperador D. Pedro I declarou haver convocado a Assembleia Constituinte, para que ela compusesse "uma justa e liberal constituição", a qual deveria opor "barreiras inacessíveis ao despotismo, quer real, quer democrático".[149] Por essas palavras, o Chefe do Estado deixava claro que

---

[148] TARQUINIO DE SOUSA, Octavio. *História dos Fundadores do Império do Brasil*. vol. IX. Rio de Janeiro: Livraria José Olympio Editora, 1957, p. 80 ss.

[149] *Fallas do Throno, desde o anno de 1823 até o anno de 1889*. Rio de Janeiro: Imprensa Nacional, 1889, pp. 4 e 16.

a soberania do novo regime não pertenceria nem a ele, imperador, nem ao povo, pois em ambos os casos tratar-se-ia de uma forma de despotismo.

Por ocasião da Independência, a Inglaterra tudo fez para que fosse preservada a monarquia nestas paragens, a fim de que, como declarou o Ministro britânico das Relações Exteriores, George Canning, o nosso país fosse preservado dos "males da democracia universal", que grassava em todo o continente americano.[150]

Na verdade, a total rejeição de um regime político em que o povo tivesse, não a soberania, mas uma porção, ainda que mínima, de poder já fazia parte das convicções de nossos publicistas, mesmo os mais liberais, desde que, com a vinda da família real portuguesa ao Brasil em 1808, surgira no horizonte a possibilidade de nossa independência política.

Uma boa ilustração desse misto de desapreço e temor da democracia foi dada pelo liberal Hipólito José da Costa, no *Correio Braziliense* de maio de 1811, editado então em Londres.[151] Disse ele:

> Ninguém deseja mais do que nós as reformas úteis; mas ninguém aborrece, mais do que nós, que essas reformas sejam feitas pelo povo; pois conhecemos as más consequências desse modo de reformar; desejamos as reformas, mas feitas pelo governo; e urgimos que o governo as deve fazer enquanto é tempo, para que se evite serem feitas pelo povo.

Menos de um ano após a independência, quando se elaborava a Constituição do novo Estado, o jovem imperador lançou, em proclamação datada de 19 de julho de 1823 "sobre o procedimento de várias Câmaras", um brado de alerta:

> Algumas Câmaras das Províncias do Norte deram instruções aos seus deputados, em que reina o espírito democrático. Democracia

---

[150] *História do Brasil Nação*: 1808-2010. CARVALHO, José Murilo de (coord.). vol. 2: A Construção Nacional 1830-1889, p. 135.

[151] *Apud* BARBOSA LIMA SOBRINHO. *Antologia do Correio Braziliense*. Rio de Janeiro/Brasília: Livraria Editora Cátedra/Instituto Nacional do Livro, 1977, pp. 79/80.

CAPÍTULO IV – O PODER OLIGÁRQUICO NO PERÍODO IMPERIAL

> no Brasil! Neste vasto e grande Império é absurdo; e não é menor absurdo o pretenderem elas prescrever leis aos que as devem fazer, cominando-lhes a perda ou derrogação de poderes, que lhes não tinham dado, nem lhes compete dar.

Sucedeu, no entanto, que os "representantes da nação brasileira", aos quais dirigiu-se Sua Majestade em sua Fala do Trono, influenciados pelo espírito do "Século das Luzes", levaram demasiadamente a sério os poderes de que estavam investidos, e passaram a atuar como se soberanos fossem. O que convenceu o imperador a dissolver, no mesmo ano de 1823, a assembleia constituinte que acabara de convocar; para em seguida jurar, promulgar e outorgar *sponte propria* uma Constituição "duplicadamente mais liberal", como declarou. A Carta Constitucional, assim outorgada de cima para baixo, omitiu por completo a referência, ainda que indireta, à escravidão. Cuidou-se, obviamente, de instituir um liberalismo de casa grande, ao qual, por razões de elementar decência, não podia ter acesso o "vulgo vil sem nome" de que falou Camões.

Consagrou-se, assim, um velho costume, que permanece inabalável até hoje: a dualidade de ordenamentos jurídicos, sendo um deles oficial, mas de vigência meramente formal; e outro ordenamento efetivo, nunca oficialmente promulgado, em tudo e por tudo correspondente aos interesses próprios do grupo oligárquico. "Dificilmente se podem compreender os traços dominantes da política imperial", asseverou com razão Sérgio Buarque de Holanda,[152] "sem ter em conta a presença de uma constituição 'não escrita' que, com a complacência dos dois partidos, se sobrepõe em geral à carta de 24 e ao mesmo tempo vai solapá-la".

Assim é que a Carta Política de 1824 abria-se com a declaração solene de seu art. 1º, nos termos da qual "o Império do Brasil é a associação política de todos os Cidadãos Brasileiros. Eles formam uma Nação livre e independente, que não admite, com qualquer outra, laço algum de união ou federação, que se oponha à sua Independência".

---

[152] HOLANDA, Sérgio Buarque de. *História Geral da Civilização Brasileira:* II – O Brasil Monárquico. tomo 5: do Império à República. Rio de Janeiro: Difusão Europeia do Livro, 1972, p. 21.

FÁBIO KONDER COMPARATO

Mas quem eram os Cidadãos Brasileiros (com maiúscula) que formavam a "Nação livre e independente", doravante dotada de uma Constituição? Deles, Cidadãos, não fazia obviamente parte a metade da população, pelo fato de ser escrava. Quanto ao restante desse conjunto de cidadãos, até o final do Império (para não falar da República Velha) a maioria de 80% (oitenta por cento) era composta de analfabetos. Isto, sem contar os excluídos de votar por várias razões como, por exemplo, a exigência de renda mínima.

Na verdade, a nossa população durante todo o Império foi predominantemente rural e manteve taxas de analfabetismo esmagadoras. A população urbana, onde o grupo dos letrados sempre foi maior, reduzia-se praticamente às capitais de província e permaneceu exígua. Era de 8,49% da população total logo após a Independência em 1823; 10,41% em 1872; 9,54% em 1890 e 11,04% em 1900.[153]

É bem verdade que, ao final do Império, uma parte crescente dos nossos iletrados começou a votar; o que levou os ilustrados representantes da Nação a aprovar na Assembleia Geral a supressão do voto dos analfabetos.

Em suma, imitando os revolucionários franceses, os promotores da nossa Independência, ao invés de dizerem que essa minoria de eleitores formava o povo brasileiro, preferiram seguir o alvitre atilado de Thiers na sessão da *Assemblée Générale des États du Royaume* de junho de 1789, referida no Capítulo I. Ou seja, atribuíram o poder político supremo a uma entidade dotada de simbolismo sublime: a Nação. No início do século XIX, aliás, a palavra *povo* designava ainda entre nós, segundo a semântica do português antigo, o conjunto dos habitantes de uma mesma região, cidade, vila ou aldeia. Confira-se o texto do art. 158 da Constituição Imperial: "Para julgar as causas em segunda e última instância haverá nas Províncias do Império as Relações, que forem necessárias para comodidade dos *Povos*".

---

[153] CARVALHO, José Murilo de. *I – A Construção da Ordem, II – Teatro de Sombra*. Rio de Janeiro: Editora UFRJ/Relume Dumará, primeira impressão da segunda edição, 1996, p. 84.

CAPÍTULO IV – O PODER OLIGÁRQUICO NO PERÍODO IMPERIAL

Em seu comentário apologético da Constituição, publicado em 1857, José Antônio Pimenta Bueno, Marquês de São Vicente, declarou que "a soberania é um atributo nacional, a propriedade que a nação tem de sua própria inteligência, força e poder coletivo e supremo; é o indisputável direito de determinar as formas, instituições, garantias fundamentais, o modo e condições da delegação do exercício desse mesmo poder".[154]

Essa seria, segundo Pimenta Bueno, "a soberania primitiva", cujo exercício é necessariamente feito por delegação a seus representantes; representantes esses designados no art. 11 da Constituição Imperial, a saber, o Imperador e a Assembleia Geral.

Mas aí põe-se uma dificuldade prática de monta: – quando e de que forma teria sido feita essa delegação? A resposta é o vácuo. A Constituição foi outorgada pelo Imperador, sem ser previamente aprovada, nem por uma Assembleia Constituinte nem, obviamente, pelo povo. Imagina-se que teria sido referendada (espiritualmente, talvez...) pela Nação.

A essa primeira e fundamental dificuldade, acrescenta-se desde logo outra: de que forma haveriam de ser exercidos esses poderes delegados pela Nação? A maior parte deles estava centralizada na pessoa do Imperador. Ele era não só titular do Poder Moderador – que exercia copiosamente –, mas era também o perpétuo Chefe do Poder Executivo.

Na prática, o exercício frequente do Poder Moderador deformava todo o sistema político, como frisou o senador Nabuco de Araújo no famoso discurso do sorites, pronunciado no Senado em 17 de julho de 1868, logo após a destituição do Ministério Zacarias: "O Poder Moderador pode chamar a quem quiser para organizar ministérios; esta pessoa faz a eleição, porque há de fazê-la; esta eleição faz a maioria. Eis aí o sistema representativo do nosso país!"[155]

---

[154] *Direito Público Brasileiro e Análise da Constituição do Império*. Ministério da Justiça e Negócios Interiores, Serviço de Documentação, 1958, pp. 25/26.

[155] NABUCO, Joaquim. *Um Estadista do Império*. Rio de Janeiro: Editora Nova Aguilar, 1975, p. 663.

A Constituição Imperial de 1824 dispunha, aliás, expressamente em seu art. 98, que "o Poder Moderador é a chave de toda a organização Política, e é delegado privativamente ao Imperador, como Chefe Supremo da Nação, e seu Primeiro Representante, para que incessantemente vele sobre a manutenção da Independência, equilíbrio, e harmonia dos mais Poderes Políticos". Em seu artigo 101, a Constituição dispunha que o Imperador exercia esse Poder de nove maneiras, a saber:

I. Nomeando os Senadores;

II. Convocando a Assembleia Geral extraordinariamente nos intervalos das Sessões, quando assim o pede o bem do Império;

III. Sancionando os Decretos e Resoluções da Assembleia Geral, para que tenham força de Lei;

IV. Aprovando e suspendendo interinamente as Resoluções dos Conselhos Provinciais;

V. Prorrogando ou adiando a Assembleia Geral, e dissolvendo a Câmara dos Deputados, nos casos em que o exigir a salvação do Estado; convocando imediatamente outra, que a substitua;

VI. Nomeando e demitindo livremente os Ministros de Estado;

VII. Suspendendo os Magistrados;

VIII. Perdoando e moderando as penas impostas aos Réus condenados por Sentença;

IX. Concedendo Anistia em caso urgente, e que assim aconselhem a humanidade e bem do Estado.

Como se vê, não foram poucos nem irrelevantes os poderes que a Constituição de 1824 atribuiu com exclusividade ao monarca brasileiro.

E que dizer da Assembleia Geral, composta da Câmara dos Deputados e do Senado? Entre os dois órgãos, a diferença era de monta. O art. 35 da Constituição estatuía que "a Câmara dos Deputados é eletiva e temporária"; e o art. 40 dispunha que "o Senado é composto de Membros vitalícios, e será organizado por eleição provincial". Quanto aos Conselhos Gerais de Província, seus integrantes também eram eleitos.

Mas eleitos por quem? Pela Nação, obviamente: "Todos os Poderes no Império do Brasil são delegações da Nação", declara o art. 12.

CAPÍTULO IV – O PODER OLIGÁRQUICO NO PERÍODO IMPERIAL

Tais "delegações" da Nação para o preenchimento de vagas nos órgãos parlamentares, todavia, faziam-se por eleições indiretas. Ou seja, "a massa dos Cidadãos ativos" elegia em Assembleias Paroquiais os Eleitores de Província, e estes os "Representantes da Nação e Província". E quem eram esses "Cidadãos ativos" para efeitos eleitorais? Eram "os Cidadãos Brasileiros, que estão no gozo de seus direitos políticos" e "os Estrangeiros naturalizados" (art. 91). O artigo seguinte acrescentava:

> São excluídos de votar nas Assembleias Paroquiais:
>
> I – Os menores de vinte e cinco anos, nos quais se não compreendem os casados, e Oficiais Militares, que forem maiores de vinte e um anos, os Bacharéis Formados e os Clérigos de Ordens Sacras.
>
> II – Os filhos famílias, que estiverem na companhia de seus pais, salvo se servirem Ofícios Públicos.
>
> III – Os criados de servir, em cuja classe não entram os Guarda-livros e primeiros caixeiros das casas de comércio, os Criados da Casa Imperial, que não forem de galão branco, e os administradores das fazendas rurais e fábricas.
>
> IV – Os Religiosos e quaisquer que vivam em Comunidade claustral.
>
> V – Os que não tiverem de renda líquida anual cem mil réis por bens de raiz, indústria, comércio ou Empregos.

Inútil dizer que em uma população composta majoritariamente de escravos e libertos da escravidão, tais restrições, sobretudo a do inciso V referente à exigência de renda mínima, faziam do eleitorado do Império uma minoria ridícula.

Mas os intelectuais da Casa-Grande não hesitavam em justificá-la. O voto universal, segundo Pimenta Bueno, "é uma verdadeira utopia". E argumentava:

> O voto universal reduz sem dúvida os cidadãos a simples cifras, sem atenção às condições da inteligência e da propriedade; estabelece uma igualdade absoluta, apesar da diversidade e mesmo

oposição das circunstâncias dos indivíduos; sujeita a parte pensadora da nação, que é sempre comparativamente pouco numerosa, à multidão que não pensa, que não oferece as garantias necessárias, e uma destas é o sentimento e o fato da independência do votante. Em último resultado, as escolhas são perigosas, e porventura escravas do poder, desde que ele queira e saiba adular multidão.[156]

O fato é que esse eleitorado minúsculo tinha muito pouca liberdade de escolha. A grande maioria dos votantes era composta de funcionários públicos, inteiramente submissos aos governos.[157] Aliás, por ocasião das eleições, o governo central fazia mudanças profundas nos quadros do funcionalismo público, atingindo até mesmo "agentes de polícia das menores e mais obscuras localidades, assim como de juízes de paz".[158] Quanto ao restante do eleitorado, seu voto era ditado pelos "poderosos do sertão".

O Imperador, no entanto, estava bem consciente dessa realidade. Ele sabia perfeitamente que as eleições primárias ou de paróquia, tinham sido desde sempre, até mesmo na própria Corte, ensombrecidas pela violência da capangagem, e que as eleições secundárias eram o tradicional domínio da fraude. Ele não podia ignorar que os assim chamados "representantes da Nação", assim como os eleitores, vinham ordinariamente da classe dos empregados públicos, submetidos ao patronato governamental.

Impunha-se, portanto, quando mais não fosse para dar ao Brasil ares de país civilizado, realizar uma reforma eleitoral profunda.

---

[156] *Direito Público Brasileiro e Análise da Constituição do Império.* Ministério da Justiça e Negócios Interiores, Serviço de Documentação, 1958, pp. 189/190.

[157] Como afirmou Joaquim Nabuco no final do Império, "tomem-se ao acaso vinte ou trinta brasileiros em qualquer lugar onde se reúna nossa sociedade mais culta: todos eles ou foram, ou são, ou hão de ser empregados públicos; se não eles, seus filhos" (*Apud* HOLANDA, Sérgio Buarque de. *História Geral da Civilização Brasileira:* II – O Brasil Monárquico. tomo 5: do Império à República. Rio de Janeiro: Difusão Europeia do Livro, 1972, p. 225.

[158] HOLANDA, Sérgio Buarque de. *História Geral da Civilização Brasileira:* II – O Brasil Monárquico. tomo 5: do Império à República. Rio de Janeiro: Difusão Europeia do Livro, 1972, p. 189.

CAPÍTULO IV – O PODER OLIGÁRQUICO NO PERÍODO IMPERIAL

O gabinete Sinimbu tentou aprová-la na Câmara dos Deputados e, para tranquilizar a classe dominante dos grandes proprietários rurais, propôs a eliminação do voto dos analfabetos e a elevação do censo, isto é, da renda mínima anual exigida para a inscrição nas listas eleitorais.

Foi então que se levantou o então deputado José Bonifácio, o Moço, professor da Academia de Direito de São Paulo e um dos maiores tribunos parlamentares que este país jamais conheceu. Quando subiu à tribuna da Câmara, na tarde do dia 28 de abril de 1879, a Casa estava à cunha e a sessão teve que ser interrompida várias vezes diante das pressões do público, que pretendia ingressar no recinto e era barrado pelo serviço de ordem:

> Os sustentadores do projeto – disse ele sob intenso aplauso – depois de meio século de governo constitucional, repudiam os que nos mandaram a esta Câmara, aqueles que são os verdadeiros criadores da representação nacional. Por quê? Porque não sabem ler, porque são analfabetos! Realmente a descoberta é de pasmar! Esta soberania de gramáticos é um erro de sintaxe política (*prorrompem aplausos e risos no plenário*). Quem é o sujeito da oração? (*Hilaridade prolongada*). Não é o povo? Quem é o verbo? Quem é o paciente? Ah! Descobriram uma nova regra: é não empregar o sujeito. Dividem o povo, fazem-se eleger por uma pequena minoria, e depois bradam com entusiasmo: Eis aqui a representação nacional![159]

A seguir, o grande orador acusou o projeto patrocinado pelo governo de querer limitar o direito de voto a empregados públicos, sujeitos à demissão arbitrária, ou a aspirantes a acesso na carreira; ou então a empresários desejosos de realizar lucrativos contratos; enfim, a todo o séquito de pretendentes a favores governamentais. Foi então interrompido pelo presidente do Conselho de Ministros, que declarou: "Mas esses são todos os votantes da atualidade".[160]

---

[159] *Apud* HOLANDA, Sérgio Buarque de. *História Geral da Civilização Brasileira:* II – O Brasil Monárquico. tomo 5: do Império à República. Rio de Janeiro: Difusão Europeia do Livro, 1972, p. 206.

[160] HOLANDA, Sérgio Buarque de. *História Geral da Civilização Brasileira:* II – O Brasil Monárquico. tomo 5: do Império à República. Rio de Janeiro: Difusão Europeia do Livro, 1972, pp. 83/84.

Diante do malogro do Gabinete Sinimbu em conseguir a aprovação da mudança constitucional necessária para abolir as eleições indiretas, o Imperador designou como Primeiro-Ministro o Conselheiro José Antônio Saraiva, dito o Messias de Ipojuca, que finalmente conseguiu ver aprovado o projeto de lei pelos deputados, "representantes da Nação", em 1881. Resultado: enquanto até então a participação no processo eleitoral era de cerca de 10% da população total, após a aprovação da lei essa participação passou a ser inferior a 1,5%. Com ela, como se vê, o povo teve ainda mais reduzido o seu papel de simples figurante do teatro político.

E como funcionavam na realidade os órgãos políticos durante o Império? A resposta foi dada por Joaquim Nabuco sem disfarces, em 1883:

> Ministros, sem apoio na opinião, que ao serem despedidos caem no vácuo; presidentes do Conselho que vivem, noite e dia, a perscrutar o pensamento esotérico do Imperador; uma Câmara cônscia de sua nulidade e que só pede tolerância; um Senado, que se reduz a ser um pritaneu;[161] partidos que são apenas sociedades cooperativas de colocação ou de seguro contra a miséria; (...) no fundo, o que temos é um governo de uma simplicidade primitiva, em que as responsabilidades se dividem ao infinito, e o poder está concentrado nas mãos de um só. Este é o Chefe de Estado. Quando alguém parece ter força própria, autoridade efetiva, prestígio individual, é porque lhe acontece, nesse momento, estar exposto à luz do trono: desde que der um passo, ou à direita ou à esquerda, e sair daquela réstia, ninguém mais o divisará no escuro.[162]

E quanto ao funcionamento do Poder Judiciário: teria ele sido melhor que o dos órgãos políticos durante o Império?

Os registros históricos não nos permitem uma resposta positiva.

---

[161] Edifício público das antigas cidades gregas onde atuavam os prítanes, principais magistrados.

[162] *O Abolicionismo*. Petrópolis: Editora Vozes, 1988, p. 138.

CAPÍTULO IV – O PODER OLIGÁRQUICO NO PERÍODO IMPERIAL

Os mentores intelectuais da Constituição de 24 de março de 1824, sem dúvida preocupados com a longa tradição de venalidade do corpo judiciário durante o período colonial, decidiram incluir dois dispositivos tendentes a extirpá-la, senão reduzi-la ao máximo:

> Art. 156. Todos os Juízes de Direito e os Oficiais de Justiça são responsáveis pelos abusos de poder e prevaricações que cometerem no exercício de seus Empregos; esta responsabilidade se fará efetiva por Lei regulamentar.
>
> Art. 157. Por suborno, peita, peculato e concussão, haverá contra eles ação popular, que poderá ser intentada dentro de ano e dia pelo próprio queixoso, ou por qualquer do Povo, guardada a ordem do Processo obedecida na Lei.

Não se sabe se tais determinações constitucionais foram cumpridas. O que se sabe, porém, é que alguns ilustres viajantes estrangeiros – e até o próprio Imperador D. Pedro II – fizeram questão de pôr em foco a generalizada corrupção da magistratura, que grassou durante o período monárquico.

Como observou Charles Darwin durante a viagem do *Beagle*,[163] em apontamento em seu diário, datado de 3 de julho de 1832, a desonestidade da Justiça era apenas uma parte da corrupção generalizada do serviço público:

> Não importa o tamanho das acusações que possam existir contra um homem de posses, é seguro que em pouco tempo ele estará livre. Todos aqui podem ser subornados. Um homem pode tornar-se marujo ou médico, ou assumir qualquer outra profissão, se puder pagar o suficiente. Foi asseverado com gravidade por brasileiros que a única falha que eles encontraram nas leis inglesas foi a de não poderem perceber que as pessoas ricas e respeitáveis tivessem qualquer vantagem sobre os miseráveis e os pobres.

---

[163] *O Diário do Beagle*. Curitiba: Editora UFPR, 2006, p. 100.

Segundo consta, nem mesmo o mais alto tribunal do Império permaneceu isento de corrupção. Em declaração ao Visconde de Sinimbu, D. Pedro II desabafou:

> A primeira necessidade da magistratura é a responsabilidade eficaz; e enquanto alguns magistrados não forem para a cadeia, como, por exemplo, certos prevaricadores muito conhecidos do Supremo Tribunal de Justiça, não se conseguirá esse fim.[164]

A PRESERVAÇÃO DA ALIANÇA OLIGÁRQUICA DURANTE O IMPÉRIO

Se considerarmos agora o outro lado do binômio oligárquico, vale dizer, os grandes fazendeiros, veremos que os governos imperiais e o próprio Imperador tudo fizeram para mantê-los como aliados fiéis.

Já em agosto de 1831, quatro meses após a abdicação de D. Pedro I, num momento em que se multiplicavam as sedições locais, com grande presença de mercenários estrangeiros, a criação da Guarda Nacional[165] reforçou, em todo o nosso território, o poder local absoluto dos grandes senhores rurais, qualificados doravante como coronéis. Entre eles e as autoridades públicas firmava-se um acordo tácito, pelo qual o coronel dava seu apoio político ao governo, o qual de sua parte comprometia-se a nomear as pessoas indicadas pelo coronel como juízes locais, delegados de polícia, coletores de impostos, agentes do correio e até professoras primárias. Graças a esse acordo, o coronel protegia sua clientela e enfrentava seus inimigos pessoais.

---

[164] *Apud* CARVALHO, José Murilo de. *D. Pedro II:* ser ou não ser. São Paulo: Companhia das Letras, 2007, p. 83.

[165] A Guarda Nacional, criada por lei de 18 de agosto de 1831 como auxiliar do Exército, foi uma revivescência da antiga corporação das ordenanças, existente durante a época colonial. Todos os cidadãos brasileiros maiores de 18 anos eram obrigatoriamente inscritos na Guarda Nacional. A corporação tornou-se, no final do império, meramente decorativa ou honorífica. Sobre o assunto, LEAL, Victor Nunes. *Coronelismo, enxada e voto.* 3ª ed. p. 211 ss.

CAPÍTULO IV – O PODER OLIGÁRQUICO NO PERÍODO IMPERIAL

Tratava-se de uma organização paramilitar tipicamente oligárquica, pois o ingresso nela era reservado àqueles que possuíam uma renda mínima de 100 mil-réis anuais, quantia aparentemente modesta, mas que na realidade excluía a quase totalidade da população brasileira daquela época, composta de não–cidadãos (cativos e libertos) e de cidadãos passivos, que não possuíam essa renda mínima para serem reconhecidos como eleitores de 1º grau. A nomeação para o posto mais elevado de coronel era feita pelo presidente da província e, obviamente, recaía quase sempre nas pessoas de grandes fazendeiros. Como instituição que vinculava fortemente os tradicionais grupos componentes de nossa oligarquia, a existência da Guarda Nacional perdurou até o início do regime republicano, tendo sido extinta em 1918.

Ademais, para garantir a lealdade da classe latifundiária à monarquia, o Imperador usou com prodigalidade do poder constitucional de "conceder títulos, honras, ordens militares e distinções em recompensa de serviços feitos ao Estado" (Constituição de 1824, art. 102, XI). Assim é que, do total de títulos nobiliárquicos outorgados durante o segundo reinado, 77% foram de barão, sabendo-se que o baronato era reservado pelo Imperador, quase exclusivamente, aos grandes proprietários rurais. Quando, em 1888, o Ministério João Alfredo preparava-se para fazer votar a abolição da escravatura, ao sentir que se multiplicavam as defecções dos grandes senhores rurais do sudeste no apoio ao regime monárquico, o Imperador ainda tentou em vão reter a lealdade do conselheiro Antônio da Silva Prado à Coroa, concedendo-lhe o título de visconde de São Paulo; por ele, no entanto, prontamente recusado.

Já no referente às indústrias, a despreocupação governamental em estimular a sua criação persistiu durante todo o Império e o período da chamada República Velha. A relevância da figura de Mauá, na segunda metade do século XIX, representou notável exceção.[166] Para que

---

[166] A bibliografia sobre Mauá é abundante, bastando citar aqui as seguintes obras: Visconde de Mauá, *Autobiografia ("Exposição aos Credores")*, seguida de *"O Meio Circulante no Brasil"*, edição anotada por Cláudio Gans, 3ª ed. Top Books/Estaleiro Mauá; FARIA, Alberto de. *Mauá:* Irineu Evangelista de Souza, Barão e Visconde de Mauá 1813-1889. 4ª ed. Companhia Editora Nacional, 1958; REBELLO, Edgardo de Castro. *Mauá &*

ingressássemos nas transformações socioeconômicas da Revolução Industrial, as quais já se manifestavam na Europa Ocidental e nos Estados Unidos, teríamos que contar com uma política adequada de tarifas alfandegárias; mas a essa política sempre se opuseram, de um lado a Inglaterra e de outro os líderes ruralistas.

No concernente às nomeações de ministros, senadores e conselheiros de Estado, o Imperador privilegiava alguns integrantes do setor terciário – magistrados, advogados, médicos, sacerdotes, professores, oficiais militares – em especial quando titulares de diploma de curso superior.[167]

Seja como for, o resultado do confronto permanente entre os senhores locais, que defendiam seus interesses privados, e o governo central, que procurava de alguma forma fazer funcionar a máquina do Estado nacional, dava satisfação, ora a uma parte, ora a outra.

Foi tão só na fase final do Império e graças ao empenho pessoal do Imperador que se logrou dobrar a resistência do poder oligárquico em matéria de trabalho escravo. Assim é que a Lei do Ventre Livre de 1871 só pôde ser aprovada, porque a Câmara dos Deputados era composta, em sua maioria, de funcionários públicos e magistrados, uns e outros estritamente dependentes do governo, que por sua vez era dependente da vontade de Sua Majestade.

Mas no tocante ao regime da propriedade fundiária, o senhorio rural obteve plena satisfação de seus interesses, pois na votação da Lei de Terras de 1850 as principais propostas governamentais foram rejeitadas: não só a área cuja propriedade podia ser legitimada pela simples posse foi consideravelmente aumentada, como deixou-se de instituir o imposto territorial rural.

---

outros estudos. Livraria São José, 1975; *Barão de Mauá*: empresário & político, Bianchi Editores, 1987; BESOUCHET, Lídia. *Mauá e Seu Tempo*. Editora Nova Fronteira, 1978; BESOUCHET, Lídia. *Correspondência Política de Mauá no Rio da Prata (1850-1885)*. 2ª ed. Companhia Editora Nacional. Coleção Brasiliana, vol. 227.

[167] CARVALHO, José Murilo de. *A Construção da Ordem*. 2ª ed. Editora UFRJ/Relume Dumará, 1996, pp. 68 e 85.

CAPÍTULO IV – O PODER OLIGÁRQUICO NO PERÍODO IMPERIAL

É verdade que tivemos também no século XIX a experiência de colonização baseada em pequenas propriedades agrícolas. A primeira delas em 1819 em Nova Friburgo, onde foram instalados 1.600 suíços francófonos de confissão católica. Em seguida, várias colônias de imigrantes alemães no caminho de São Paulo rumo ao Sul; a mais bem sucedida das quais foi a de São Leopoldo, perto de Porto Alegre, fundada em 1824. Em meados do século, outra colonização alemã de sucesso foi a chefiada pelo Dr. Hermann Otto Blumenau no vale do Itajaí-Açu.

Em todos esses assentamentos, recebiam os estrangeiros, de início gratuitamente e, partir de 1854 mediante o pagamento de uma quantia de módico valor, lotes de 70 a 75 hectares, em seguida reduzidos a 50 e mesmo 25 hectares. A exploração agrícola devia ser estritamente familiar, proibindo-se o uso de escravos.

Foi graças a essa experiência de distribuição de pequenas propriedades rurais que o sul do Brasil pôde desenvolver a policultura, bem como o artesanato e o comércio urbano, criando com isso uma importante classe média, entre os extremos do baronato agrícola e da população miserável de escravos e pedintes de todo gênero. Mas – reconheça-se – o êxito dessa espécie de reforma agrária *ante litteram* não dependeu tão-só do sistema de distribuição de terras, mas também da qualidade dos lavradores, que não desprezavam o trabalho manual e procuravam, desde o assentamento de suas famílias, abrir escolas primárias para a educação de seus filhos. Iguais experiências efetuadas à mesma época com famílias açorianas, no Sul, não prosperaram: logo na geração seguinte a maior parte dos colonos transferiu-se para as cidades, arrendando suas terras, que passaram a ser cultivadas com base na mão de obra escrava.

De qualquer modo, em todas essas matérias, as classes que não integravam o grupo oligárquico foram tratadas como elemento perfeitamente supérfluo do jogo político. O Brasil, observou um viajante francês no final do século XIX, dava a estranha impressão de um país desprovido de povo.[168]

---

[168] "*La situation fonctionnelle de cette population peut se résumer d'un mot: le Brésil n'a pas de peuple*" (*L'Esclavage su Brésil*. Paris: Librairie de Guillaumin et Cie. Editeurs, 1881, p. 87).

De qualquer modo, não se pode deixar na sombra o fato de que o sistema de concentração do poder político no governo central, como emanação da vontade pessoal do imperador, foi fator decisivo para que se lograsse vencer a tendência separatista, manifestada em várias regiões do país na primeira metade do século XIX, bem como para a defesa da nação contra o inimigo externo.

A IGREJA CATÓLICA E AS FORÇAS ARMADAS DURANTE O IMPÉRIO

Em 1810, quando Portugal era uma espécie de protetorado da Inglaterra, esta última dele exigiu, por meio de um tratado, que jamais se restabelecesse a Inquisição.

Sobrevindo a Independência, a Constituição de 1824 declarou, em seu art. 5º, que "a Religião Católica Apostólica Romana continuará a ser a Religião do Império".

Mas já nos últimos anos do regime colonial e logo após a Independência, as ideias liberais foram adotadas pela intelectualidade sacerdotal, e alguns sacerdotes participaram ativamente das rebeliões de 1817 e 1824. Foi o caso exemplar de Frei Caneca, que se incorporou a uma expedição militar em 1817, participando de várias batalhas, em companhia do carmelita Frei José Maria Brayner, que servia como capelão.

Na rebelião de 1824, com o cerco do Recife pelas forças imperiais, Frei Caneca afastou-se a caminho do Ceará com as tropas fiéis ao governador eleito pelos pernambucanos, participando de várias refregas, juntamente com os guerrilheiros comandados pelo franciscano baiano Frei Jerônimo de São José. Com a rendição, em novembro daquele ano, foi preso, juntamente com três frades e um padre diocesano, sendo condenado à morte e executado.

Por outro lado, a adesão à ideologia maçom, contrária aos dogmas da doutrina da Igreja, foi considerável no meio político durante todo o Império. Ela levou, em 1855, à proibição dos noviciados de sacerdotes e ao avanço da ideia de secularização do Estado, contra a disposição constitucional.

CAPÍTULO IV – O PODER OLIGÁRQUICO NO PERÍODO IMPERIAL

Aí estava o início da chamada Questão Religiosa, que opôs a maçonaria, apoiada pelo governo imperial, a boa parte do episcopado brasileiro, que aderira à orientação ultraconservadora do Papa Pio IX, a partir de 1848; orientação essa condensada na Encíclica *Syllabus Errorum*, de dezembro de 1864.

O conflito irrompeu em março de 1872, quando o padre José Luís de Almeida discursou na loja maçônica Grande Oriente do Vale do Lavradio, no Rio de Janeiro, homenageando o visconde de Rio Branco, então Grão-Mestre da maçonaria e presidente do gabinete ministerial, pela promulgação da Lei do Ventre Livre. O bispo do Rio de Janeiro, Dom Lacerda, incontinenti, deu ordem para que o padre se afastasse da maçonaria, como o exigiam as determinações da Igreja, embora estas não tivessem o beneplácito imperial. O padre, no entanto, publicou seu discurso na imprensa, sendo imediatamente suspenso pelo bispo do exercício do sacerdócio. A decisão incendiou a maçonaria, que protestou vivamente, por meio de vários de seus adeptos, na Câmara e no Senado.

A contenda concentrou-se, logo em seguida, nas pessoas de Dom Vital Maria de Oliveira, bispo de Olinda, e de Dom Antônio de Macedo Costa, bispo do Pará, ambos de orientação ultramontana.[169] Eles determinaram a expulsão dos maçons de todas as irmandades e confrarias de suas dioceses, excluindo-os dos sacramentos. Algumas irmandades apelaram aos presidentes das províncias, que encaminharam a impetração à Coroa. Esta, após ouvir o Conselho de Estado, ordenou aos prelados que levantassem os interditos com base num Decreto de 1857, onde se disciplinavam os casos de usurpação do poder temporal pela Igreja, pois a maçonaria era uma entidade oficialmente reconhecida pelo Estado Imperial. Diante da recusa de obtemperar a essa ordem, o presidente do Supremo Tribunal de Justiça expediu mandado de prisão dos dois bispos, que foram ao depois condenados a 4 anos de prisão com trabalhos forçados. Um ano após, porém, foram anistiados.

---

[169] À época, eram qualificados como ultramontanos os que adotavam o conjunto das doutrinas teológicas afirmadas pela Santa Sé, em oposição às orientações ditas *galicanas*. O qualificativo referia-se às montanhas dos Alpes, que separam a Itália da França.

Ao tomar conhecimento da condenação dos dois bispos, o Papa escreveu a Dom Pedro II, advertindo-o com muita lucidez de que "Vossa Majestade (...) descarregou o primeiro golpe na Igreja, sem pensar que ele abala ao mesmo tempo os alicerces do seu trono".

Vejamos agora o comportamento, durante o Império, do outro grande agente auxiliar da oligarquia: as Forças Armadas.

Desde a criação do Estado brasileiro independente em 1822, até o final do reinado de D. Pedro II, a corporação militar representou o braço armado da Coroa imperial, em defesa da organização política centralizada e da unidade territorial do país.

Nessa posição, as Forças Armadas atuaram, já em 1824, na pacificação do conflito entre o presidente da Província de Pernambuco, nomeado pela Corte, e seu adversário local, eleito pelos pernambucanos. Nos anos seguintes, a corporação militar teve que enfrentar, não poucas vezes, segmentos rebeldes dos proprietários agrícolas e comerciantes urbanos; ou seja, o outro ramo da dominação oligárquica. Assim sucedeu durante todo o período regencial – Guerra dos Cabanos (Pará, 1835-1840), Guerra dos Farrapos (Rio Grande do Sul e Santa Catarina, 1835-1845), Sabinada (Salvador, 1837-1838), a Balaiada (Maranhão e Piauí, 1838-1841) – estendendo-se até os primeiros anos do reinado de D. Pedro II, com as revoltas liberais de 1842 e a Revolta Praieira de 1848.

A corporação militar foi, porém, poupada no combate aos vários levantes de escravos; como a Revolta dos Carrancas em Minas Gerais em 1831, a Revolta dos Malês na Bahia em 1835, bem como nos combates contra quilombolas. Em tais confrontos, o governo imperial preferiu servir-se das forças policiais e dos chamados capitães-do-mato, estipendiados pelos senhores rurais. Como vimos mais acima, o governo chegou mesmo a criar em 1831, como força auxiliar da polícia, a Guarda Nacional.

Mais importante que isso, todavia, foi o desempenho de primeira linha das Forças Armadas imperiais em vários conflitos externos, como as sucessivas guerras platinas e, sobretudo, a Guerra do Paraguai (1865–1870).

CAPÍTULO IV – O PODER OLIGÁRQUICO NO PERÍODO IMPERIAL

Esta última representou o fator desencadeante de um inconformismo geral no seio da corporação militar. Havendo combatido ao lado das tropas da Argentina e do Uruguai, repúblicas onde os militares podiam ocupar altos postos políticos, inclusive a chefia do Estado, os oficiais brasileiros não mais aceitavam permanecer como cidadãos de segunda categoria, sem desfrutar de todas as liberdades políticas asseguradas aos civis. Por outro lado, nossos militares tomaram consciência de sua condição humilhante de subordinados ao poder escravocrata, devendo assinalar-se que um contingente apreciável das tropas brasileiras era composto de escravos.

A partir de 1883 e praticamente até a Proclamação da República, ocorreu uma série de incidentes, que os historiadores classificaram como a Questão Militar. Influenciados pela pregação positivista, desenvolvida sobretudo por Benjamin Constant na Escola Militar da Praia Vermelha, os integrantes das Forças Armadas começaram a reivindicar direitos fundamentais de cidadania que lhes eram recusados, como o de reunião e de livre manifestação política.

Por outro lado, com o crescimento exponencial da fuga de escravos e a multiplicação de quilombos em todo o sudeste do país, o governo imperial, pressionado pelos grandes proprietários rurais e verificando a fraqueza dos contingentes policiais, tentou recorrer às forças do Exército para a recaptura dos fugitivos, o que causou generalizado mal-estar entre os militares.

Em suma, ao final do Império as Forças Armadas entraram em aberto conflito, não só com os agentes estatais detentores do poder político oficial, mas também com o conjunto dos grandes proprietários agrícolas; ou seja, os dois grupos titulares efetivos do poder soberano no país.

A ESCRAVIDÃO NO REGIME DA CONSTITUIÇÃO "DUPLICADAMENTE MAIS LIBERAL"

A Constituição de 1824 declarou "desde já abolidos os açoites, a tortura, a marca de ferro quente e todas as demais penas cruéis" (art. 179, XIX).

Em 1830, porém, foi promulgado o Código Criminal, que previu a aplicação da pena de galés; a qual, conforme o disposto em seu art. 44, "sujeitará os réus a andarem com calceta no pé e corrente de ferro, juntos ou separados, e a empregarem-se nos trabalhos públicos da província, onde tiver sido cometido o delito, à disposição do Governo". Escusa dizer que essa espécie de penalidade, tida por não cruel pelo legislador de 1830, só se aplicava de fato aos escravos.

O mesmo Código, em seu art. 113, criou o crime de insurreição, definindo-o como segue: "Julgar-se-á cometido este crime, reunindo-se vinte ou mais escravos, para haverem a liberdade por meio da força". Foram estipuladas as seguintes penas: "– aos cabeças – de morte no grau máximo; de galés perpétuas no médio e por quinze anos no mínimo; – aos mais – açoutes". Determinou ainda o mesmo Código, no artigo seguinte: "Se os cabeças da insurreição forem pessoas livres, incorrerão nas mesmas penas impostas no artigo antecedente aos cabeças, quando escravos".

Sucedeu, no entanto, que em 1833 eclodiu nas fazendas da família Junqueira, na freguesia de Carrancas, Minas Gerais, uma insurreição de escravos, durante a qual foram mortos dez integrantes daquela família. Após várias hesitações, foi afinal aprovada na Assembleia Geral do Império, e em seguida promulgada, a Lei de 10 de junho de 1835, do seguinte teor:

> Art. 1º Serão punidos de morte os escravos, ou escravas, que matarem por qualquer maneira que seja, propinarem veneno, ferirem gravemente, ou fizerem qualquer outra grave ofensa a seu senhor, sua mulher, a descendentes ou ascendentes, que em sua companhia morarem, ao administrador, feitor e às mulheres que com eles viverem. Se o ferimento, ou ofensa física forem leves, a pena será de açoutes, à proporção das circunstâncias mais ou menos agravantes.
>
> Art. 2º Acontecendo algum dos delitos mencionados no art. 1º, o de insurreição, e qualquer outro cometido por pessoas escravas, em que caiba a pena de morte, haverá reunião extraordinária do júri do termo (caso não esteja em exercício) convocada pelo Juiz de Direito, a quem tais acontecimentos serão imediatamente comunicados.

CAPÍTULO IV – O PODER OLIGÁRQUICO NO PERÍODO IMPERIAL

> Art. 3º Os juízes de paz terão jurisdição cumulativa em todo o município para processarem tais delitos até a pronúncia, com as diligências legais posteriores, e prisão dos delinquentes, e concluído que seja o processo, o enviarão ao Juiz de Direito, para este apresentá-lo ao júri, logo que esteja reunido, e seguir-se (*sic*) os mais termos.
>
> Art. 4º Em tais delitos, a imposição da pena de morte será vencida por dois terços do número dos votos; e para as outras, pela maioria; e a sentença, se for condenatória, se executará sem recurso algum.

Num exame minucioso dos processos criminais abertos contra escravos em decorrência da Lei de 10 de junho de 1835, João Luiz Ribeiro pôde atestar a ocorrência de 180 (cento e oitenta) execuções capitais;[170] número sem dúvida bem inferior ao total de escravos condenados por homicídio nos termos daquela lei.

Não obstante essa crueldade penal, em 30 de outubro de 1854 o Conselho de Estado do Império apreciou uma proposta da Assembleia Provincial de São Paulo, para que fossem aumentadas as penas criminais previstas no Código Criminal a serem aplicadas aos escravos, visto que muitos deles preferiam ser judicialmente condenados do que permanecer sob a dominação de seus senhores.[171] O Conselho rejeitou a proposta, sob o argumento de que ela não traria benefício algum ao nosso sistema de escravidão.

Se considerarmos agora outras penalidades previstas no Código Criminal do Império, importa assinalar que os cativos foram, até as vésperas da Abolição, mais precisamente até a Lei de 16 de outubro de 1886, marcados com ferro em brasa, e regularmente sujeitos à pena de açoite. Em seu art. 60, o Código Criminal fixava para os escravos o máximo de 50 (cinquenta) açoites por dia. Mas a disposição legal nunca foi respeitada. Era comum o pobre diabo sofrer até duzentas chibatadas

---

[170] *No Meio das Galinhas as Baratas não têm Razão*: a Lei de 10 de Junho de 1835. Os Escravos e a Pena de Morte no Império do Brasil 1822 – 1889. São Paulo: Renovar, 2005.

[171] LIMA LOPES José Reinaldo. *O Oráculo de Delfos:* o Conselho de Estado no Brasil-Império. São Paulo: Saraiva, 2010, pp. 177/178.

num só dia. A lei supracitada só foi votada na Assembleia Geral, porque, pouco antes, dois de quatro escravos condenados a 300 açoites por um tribunal do júri de Paraíba do Sul vieram a falecer.

Tudo isso, sem falar dos inúmeros homicídios praticados pelos senhores contra seus cativos fora de qualquer processo regular, ou dos castigos mutilantes, como todos os dentes quebrados, dedos decepados ou seios furados.

Ora, até a Abolição, os órgãos judiciários jamais se preocuparam em impedir a aplicação desse direito não escrito da escravidão, quando mais não fosse porque vários magistrados eram proprietários de fazendas, com bom número de escravos.[172]

Segundo o costume inveterado, sendo o escravo objeto de propriedade de seu senhor, este podia fazer com ele o que bem entendesse, sem nenhuma interferência das autoridades. Como salientou Joaquim Nabuco, "o júri no interior tem absolvido escravos criminosos, para serem logo restituídos aos seus senhores, e a lei de *Lynch* há sido posta em vigor em mais de um caso".

É curioso verificar que essa dura realidade até há pouco tempo não era reconhecida pela nossa mal chamada elite. Ao escrever em 1866 o seu tratado sobre a escravidão no Brasil, Perdigão Malheiro fez questão de frisar a "índole reconhecidamente compassiva e humanitária dos Brasileiros", o nosso temperamento "proverbialmente bondoso".[173] No ano seguinte, em catálogo apresentado pelo governo imperial à Exposição Internacional de Paris, afirmou-se que "os escravos são tratados com humanidade e são em geral bem alojados e alimentados. O seu trabalho é hoje moderado, ao entardecer e às noites eles repousam, praticam a religião ou vários divertimentos".[174] De sua parte, Gilberto Freyre, com apoio no

---

[172] Vejam-se, a esse respeito as *Memórias de um Magistrado do Império*, do Conselheiro Albino José Barbosa de Oliveira (Companhia Editora Nacional, Coleção Brasiliana vol. 231, 1943, p. 246 ss.), o qual foi desembargador em dois tribunais da relação e tornou-se, no fim da vida, conselheiro do Supremo Tribunal de Justiça

[173] *A Escravidão no Brasil:* ensaio histórico-jurídico-social. Rio de Janeiro: Typographia Nacional, Parte 3ª – Africanos, Título I, Capítulo V, Título II, Capítulo III.

[174] *The Empire of Brazil at the Paris International Exhibition of 1867*. Rio de Janeiro: E. & Laemmert, 1867, pp. 30/31.

CAPÍTULO IV – O PODER OLIGÁRQUICO NO PERÍODO IMPERIAL

depoimento de estrangeiros que visitaram nosso país no início do século XIX, sustentou que, nestas paragens, a escravidão foi mais benigna que a praticada nas colônias inglesas.[175]

Luiz Gama conta um episódio, ocorrido em meados da década de 50, e que ilustra à perfeição a dubiedade largamente aceita do direito brasileiro nessa matéria.

Àquela época, veio a São Paulo um fazendeiro do interior da província, trazendo cartas de recomendação de chefes políticos, em busca de dois escravos fugidos, os quais, por serem boçais, isto é, incapazes de se exprimir no idioma pátrio,[176] haviam sido apreendidos por um inspetor de quarteirão e declarados livres, em aplicação da Lei Eusébio de Queiroz, de 1850, da qual se tratará mais abaixo.

Nada tendo conseguido junto às autoridades locais, o fazendeiro seguiu então para a Corte, e lá entrevistou-se com o Ministro da Justiça, o respeitado Senador e Conselheiro Nabuco de Araújo, pai de Joaquim Nabuco. Pouco tempo depois, o Presidente da Província recebia um "aviso-confidencial" do Ministro, onde Sua Excelência reconhecia que os negros haviam sido "muito bem apreendidos e declarados livres pelo delegado de polícia, como africanos ilegalmente importados no Império".

No entanto, prosseguiu o Ministro:

> Cumpre, porém, considerar que esse fato, nas atuais circunstâncias do país, é de grande perigo e gravidade; põe em sobressalto os lavradores, pode acarretar o abalo dos seus créditos e vir a ser a causa, pela sua reprodução, de incalculáveis prejuízos e abalo da ordem pública.
>
> A lei foi estritamente cumprida; há, porém, grandes interesses de ordem superior que não podem ser olvidados e que devem de preferência ser considerados.

---

[175] *Interpretação do Brasil:* aspectos da formação social brasileira como processo de amalgamento de raças e culturas. Rio de Janeiro: Livraria José Olympio Editora, Coleção Documentos Brasileiros n. 56, 1947, p. 108 ss.

[176] O oposto do negro boçal era o ladino, ou seja, o que conseguia falar português.

FÁBIO KONDER COMPARATO

Se esses pretos desaparecerem do estabelecimento em que se acham, sem o menor prejuízo do bom conceito das autoridades e sem a sua responsabilidade, que mal daí resultará?[177]

E efetivamente, assim ocorreu. "Sem o menor prejuízo do bom conceito das autoridades e sem a sua responsabilidade", os pobres coitados foram devolvidos ao seu proprietário como reles escravos.

Em percuciente estudo sobre as alforrias no período imperial,[178] Manuela Carneiro da Cunha nos faz penetrar no terreno escorregadio da mais completa ambiguidade. Consolidara-se, em todo o território nacional, o costume de se alforriarem obrigatoriamente os escravos, com o oferecimento, por estes ou por terceiros, do preço convencional do resgate. Nunca houve, porém, o formal reconhecimento por lei desse direito de manumissão forçada do cativo. Em seu tratado sobre a escravidão de 1866, Perdigão Malheiro, ao discutir a constitucionalidade em tese de uma lei que reconhecesse entre nós as alforrias obrigatórias pelo oferecimento ao senhor do valor de resgate do escravo, deixa claro que não tínhamos à época lei alguma a esse respeito.[179] Foi só com a Lei do Ventre Livre, de 28 de setembro de 1871, que se admitiu o direito de o escravo ter pecúlio próprio, com o qual poderia resgatar-se.

Para Manuela Carneiro da Cunha, coexistiram na sociedade brasileira oitocentista dois regimes jurídicos: um de direito escrito e outro de direito não escrito, "lidando com relações particulares de dependência e de poder". Ambos esses sistemas coexistiam, porque recortavam para si campos de aplicação basicamente distintos: "aos livres pobres, essencialmente, a lei; aos poderosos, seus escravos e seus clientes, o direito

---

[177] Citado por Sud Menucci, *Interpretação do Brasil:* aspectos da formação social brasileira como processo de amalgamento de raças e culturas. Rio de Janeiro: Livraria José Olympio Editora, Coleção Documentos Brasileiros n. 56, 1947, pp. 184/185.

[178] "Sobre os silêncios da lei: lei costumeira e positiva nas alforrias de escravos no Brasil do século XIX". *In: Antropologia do Brasil:* mito, história, etnicidade. São Paulo: Brasiliense/EDUSP, 1986, p. 123 ss.

[179] *A Escravidão no Brasil:* ensaio histórico-jurídico-social. Rio de Janeiro: Typographia Nacional, Parte 3ª – Africanos, Título I, Capítulo V, §§ 93 ss.

120

CAPÍTULO IV – O PODER OLIGÁRQUICO NO PERÍODO IMPERIAL

costumeiro". E conclui: "aquela [a lei] é também a face externa, internacional, mas não necessariamente falsa, de um sistema que, domesticamente, é outro".

Melhor exemplo não poderia ser dado da qualidade tipicamente bovarista de nossas classes dirigentes. À semelhança da trágica personagem de Flaubert, elas procuram sempre fugir de nossa realidade canhestra e atrasada, que nos envergonha, de modo a sublimar na imaginação, para o país todo e cada um de nós em particular, uma identidade e condições ideais de vida, que fingimos possuir, mas que nos são de fato completamente estranhas.

Sob esse aspecto, encarnamos à perfeição o poeta fingidor de Fernando Pessoa. Fingimos tão completamente, que chegamos a pensar que existe e é regularmente obedecido o direito ideal, que figura em nossa Constituição e em nossos Códigos.

O CONFLITO COM A GRÃ-BRETANHA, RELATIVO AO TRÁFICO TRANSATLÂNTICO DE ESCRAVOS

Durante todo o regime imperial arrastou-se um conflito internacional com a Inglaterra, relativo ao tráfico de escravos africanos. Uma vez efetivamente abolido este na metade do século, após vinte anos de dissimulações, foi se fortalecendo progressivamente o movimento abolicionista da própria escravidão, culminando com a Lei de 13 de maio de 1888, que pôs fim à instituição nefanda e, como inevitável consequência, ao próprio regime imperial.

Na Inglaterra, a escravidão foi declarada ilegal pelo Judiciário em 1772, no *Sommersett's Case*, mas mantida no Império Britânico até 1833. Em 1807, o *Slave Trade Act* aboliu o tráfico negreiro, particularmente o tráfico transatlântico, ao mesmo tempo em que determinou às autoridades inglesas que fizessem pressão sobre outras potências europeias nesse sentido. Essa pressão foi sobretudo exercida em relação a Portugal, pois naquela época o reino lusitano tornara-se o único aliado da Inglaterra na Europa continental, diante do avanço das tropas napoleônicas. Foi graças à Inglaterra, como sabido, que a Corte portuguesa pôde embarcar para o Brasil no final de 1807, aqui chegando em janeiro de 1808.

Entre 1519 e 1867, de todos os escravos africanos desembarcados no continente americano, o maior contingente destinou-se ao território brasileiro. Tendo em vista a experiência portuguesa no tráfico negreiro e também o fato de que Portugal era, no começo do século XIX, uma espécie de protetorado britânico, a vigilância da marinha de guerra inglesa tinha de concentrar-se sobretudo na perseguição das embarcações que transportavam nativos africanos para o Brasil. Com esse objetivo, já em 1810 foi celebrado um tratado entre Portugal e o Reino Unido.

Sobrevindo a Independência do Brasil em 1822, a Inglaterra sustentou que o novo Estado independente era obrigado a aceitar os compromissos internacionais anteriores, assumidos pelo reino português, sobretudo em matéria de tráfico de escravos; o que o governo brasileiro recusou. Finalmente, ao cabo de difíceis negociações, que duraram quatro anos, foi celebrado em 23 de novembro de 1826 o tratado anglo-brasileiro contra o comércio de escravos. Pelo estatuído seu artigo 1, "ao termo de três anos da troca de ratificações do presente tratado, não será lícito aos súditos do Imperador do Brasil envolver-se na prática do comércio de escravos africanos sob qualquer pretexto ou de qualquer maneira que seja, e a prática de tal comércio por qualquer pessoa, súdito de Sua Majestade Imperial, será considerada e tratada como pirataria". Menos de um ano após, em 17 de agosto de 1827, ambos os países celebraram novo tratado comercial, que estabelecia a tarifa máxima de 15% sobre produtos britânicos importados no Brasil, bem como a submissão dos litígios a esse respeito ao juízo de magistrados britânicos.

Como se percebe, em troca do reconhecimento da Independência do Brasil, a Grã-Bretanha assumiu em relação ao nosso país o *status* de potência privilegiada.

Em toda essa matéria, os produtores agrícolas brasileiros viram-se submetidos a pressões antagônicas: a rápida expansão da cafeicultura na região sudeste do país exigia crescente importação de mão de obra escrava, mas essa importação era proibida pela potência internacional dominante, sob pena de severas sanções. A solução para esse conflito de exigências contraditórias foi encontrada pela oligarquia brasileira, com o emprego da tradicional técnica da dissimulação, como se passa a ver.

CAPÍTULO IV – O PODER OLIGÁRQUICO NO PERÍODO IMPERIAL

Logo após a entrada em vigor do tratado de 1826, na sessão de abertura da Assembleia Geral – que reunia todos os deputados – em 3 de maio de 1830, o Imperador declarou na *Fala do Trono*:

> O tráfico de escravatura cessou, e o governo está decidido a empregar todas as medidas, que a boa-fé e a humanidade reclamam, para evitar sua continuação debaixo de qualquer forma ou pretexto que seja.[180]

Mas esse tratado seria realmente para valer? Os entendidos na matéria não ocultavam suas dúvidas, pois a supressão do tráfico transatlântico de escravos contrariava não só os interesses da oligarquia brasileira, mas também os da nova classe dos industriais britânicos, dos quais provinham nada menos de 80% dos produtos trocados na África por escravos transportados para o Rio de Janeiro. O próprio representante diplomático do Reino Unido no Brasil, George Gordon, declarou em 1842 perante a Câmara dos Comuns que "dificilmente se poderia encontrar um comerciante britânico de alguma importância (*a British merchant of any eminence*), que não estivesse disposto nem orgulhoso de negociar tão amplamente quanto possível com importadores de escravos em Cuba e no Brasil".[181]

Quanto ao Brasil, já em abril 1828, um comerciante inglês que tinha vivido durante doze anos na Bahia, advertira o Primeiro-Ministro inglês, Wellington, sobre a improbabilidade de cumprimento pelo Brasil do tratado de 1826. Segundo ele, tratava-se de "um acordo que o governo [brasileiro] não podia pôr em prática, mesmo se fosse *sincero* nas suas manifestações, o que, neste caso, posso assegurar que não é". E prosseguia:

> O governo pode proibir [a] importação [de escravos] nos portos *principais*... mas tenho a certeza de que deixará subentendido na ocasião que *se dará liberdade para desembarcá-los em qualquer parte*

---

[180] *Fallas do Throno, desde o anno de 1823 até o anno de 1889*. Rio de Janeiro: Imprensa Nacional, 1889, p. 179.

[181] CONRAD, Robert Edgard. *The World of Sorrow:* the African Slave Trade to Brazil. Louisiana State University Press, 1986, pp. 128/129.

contígua da costa, porque a nação, unanimemente, não concordaria com qualquer coisa menos do que isso. Se o governo de lá [ou seja, do Brasil] pode ganhar algum *ponto* importante declarando que desencoraja o tráfico, ou *fingindo* obrigar a sua abolição, não tenho qualquer dúvida sobre as suas declarações; mas nunca, enquanto os brasileiros dependerem dos frutos da agricultura para o seu sustento, haverá qualquer diminuição desse comércio.[182]

O governo brasileiro parecia, no entanto, cumprir à risca seu compromisso internacional. Um projeto de lei, apresentado por Felisberto Caldeira Brant, Marquês de Barbacena, foi aprovado no Senado e logo em seguida na Assembleia Geral, convertendo-se na Lei de 31 de maio de 1831. Ela dispunha em seu art. 1º que "todos os escravos, que entrarem no território ou portos do Brasil, vindos de fora, ficam livres", excetuados: "1º Os escravos matriculados no serviço de embarcações pertencentes a país, onde a escravidão é permitida, enquanto empregados no serviço das mesmas embarcações; 2º Os que fugirem do território, ou embarcação estrangeira, os quais serão entregues aos senhores, que os reclamarem, e reexportados para fora do Brasil".

A Lei impunha aos importadores de escravos no Brasil as penas previstas no art. 179 do Código Criminal do Império, ou seja, prisão por três a nove anos, e multa, e especificava como importadores as seguintes pessoas: "1º O Comandante, Mestre ou Contramestre; 2º O que cientemente deu, ou recebeu o frete, ou por qualquer outro título a embarcação destinada para o comércio de escravos; 3º Todos os interessados na negociação, e todos que cientemente forneceram fundos, ou por qualquer motivo deram ajuda a favor, auxiliando o desembarque, ou consentindo-o nas suas terras; 4º Os que cientemente comprarem, como escravos, os que são declarados livres no art. 1º; estes, porém, só ficam obrigados subsidiariamente às despesas da reexportação, sujeitos contudo às outras penas". O comandante, oficiais e marinheiros da

---

[182] Citado por BETHELL, Leslie. *A Abolição do Comércio Brasileiro de Escravos:* a Grã-Bretanha, o Brasil e a Questão do Comércio de Escravos 1807 – 1869. Tradução de Luís A. P. Souto Maior. Coleção Biblioteca Básica Brasileira, Brasília: Senado Federal, 2002, pp. 90/91.

CAPÍTULO IV – O PODER OLIGÁRQUICO NO PERÍODO IMPERIAL

embarcação que haviam feito a apreensão do navio transportador de escravos teriam direito à partilha do produto da multa.

Ademais, segundo o velho costume entre nós implantado pela legislação colonial, a lei de 1831 estabelecia prêmios em dinheiro a todo aquele que "der notícia do desembarque de pessoas livres, como escravos, por tal maneira que sejam apreendidos" (art. 5º); assim como ao denunciante do comandante, do mestre e contramestre do navio que houver transportado tais pessoas.

Tal lei, no entanto, jamais chegou a ter aplicação, pois de acordo com a expressão consagrada, era apenas "para inglês ver". Entre 1826, ano em que foi celebrado o tratado com a Grã-Bretanha, e 1850, quando foi promulgada a segunda lei repressora do tráfico negreiro, estima-se que deram entrada no território brasileiro mais de um milhão de escravos africanos.[183]

Como assinalou o grande advogado negro Luiz Gama, ele próprio vendido como escravo pelo pai quando tinha apenas 10 anos, "os carregamentos eram desembarcados publicamente, em pontos escolhidos das costas do Brasil, diante das fortalezas, à vista da polícia, sem recato nem mistério; eram os africanos, sem embaraço algum, levados pelas estradas, vendidos nas povoações, nas fazendas, e batizados como escravos pelos reverendos, pelos escrupulosos párocos!..."[184]

A verdade é que, cansado de esperar o cumprimento do tratado de 1826, e diante do término do acordo de 1817 com o reino luso-brasileiro, o qual permitia à armada britânica a busca e apreensão de quaisquer navios em alto mar transportando escravos, o governo britânico tomou a decisão de passar das conversas diplomáticas à ação direta e fez com que o Parlamento aprovasse, em 8 de agosto de 1845, o projeto de

---

[183] Segundo Sidney Chalhoub, em *A Força da Escravidão*: ilegalidade e costume no Brasil oitocentista. São Paulo: Companhia das Letras, 2012, p. 35.

[184] Citado por MENUCCI, Sud. *O Precursor do Abolicionismo no Brasil*: Luiz Gama. coleção Brasiliana, vol. 119, Companhia Editora Nacional , p. 171. De se lembrar que, naquela época, a certidão de batismo equivalia a uma certidão de nascimento; ou seja, o negro trazido da África era tido como natural do Brasil.

lei de Lorde Aberdeen, estabelecendo o *Slavery Trade Suppression Act*, mais conhecido como *Bill Aberdeen*. O governo brasileiro limitou-se a apresentar ao governo britânico uma nota de protesto.[185] Essa lei estatuiu a revogação unilateral, pelo Reino Unido, da disposição do tratado de 1826, que criou comissões mistas anglo-brasileiras para julgar os litígios referentes ao descumprimento das normas do tratado. Doravante, as Cortes do Almirantado Britânico seriam as únicas competentes para julgar os casos de tráfico de escravos.[186]

Malgrado, porém, as severas disposições do *Bill Aberdeen,* não houve diminuição do tráfico negreiro. Muito pelo contrário. Enquanto em 1845, ano da promulgação daquela lei, o total de escravos importados foi de menos de 20.000, no ano seguinte esse número mais do que dobrou (50.324); em 1847 foi de 56.172, em 1848 de 60.000, em 1849 de 54.061 e no ano de promulgação da Lei Eusébio de Queiroz de 22.856.[187] De 1845 até meados do século, a marinha de guerra britânica capturou quase 400 navios negreiros que faziam o transporte da carga humana para o Brasil.[188]

A opinião pública brasileira, aliás, era nitidamente contrária a qualquer afrouxamento na legislação escravista, pois, como salientou em 1846 um britânico residente no Brasil, em nosso país "dificilmente

---

[185] O texto integral dessa nota de protesto encontra-se em Perdigão Malheiro, *A Escravidão no Brasil:* ensaio histórico-jurídico-social. tomo II. Rio de Janeiro: Typographia Nacional, pp. 253 ss.

[186] *"That so much of the said Act* [o tratado de 1826] *as prohibits the High Court of Admiralty or any Court of Vice Admiral in any Part of Her Majesty's Dominions from adjudicating on any Claim, Action, Suit arising out of the said Convention for barring any Claim, Action, Suit, or Proceeding in the High Court of Admiralty or any said Courts of Vive Admiralty, shall be repealed".*

[187] CARVALHO, José Murilo de. "A política da abolição: o rei contra os barões". *In: I – A Construção da Ordem, II – Teatro de Sombras.* Rio de Janeiro: Editora UFRJ/ Relume Dumará, 1996, p. 277.

[188] BETHELL, Leslie. *A Abolição do Comércio Brasileiro de Escravos:* a Grã-Bretanha, o Brasil e a Questão do Comércio de Escravos 1807 – 1869. Tradução de Luís A. P. Souto Maior. Coleção Biblioteca Básica Brasileira, Brasília: Senado Federal, 2002, p. 322.

CAPÍTULO IV – O PODER OLIGÁRQUICO NO PERÍODO IMPERIAL

existe um indivíduo que, direta ou indiretamente, não está pessoalmente interessado em apoiar o sistema escravista, e que não veria com extrema desconfiança qualquer mudança nele proposta. (...) Abolir o tráfico de escravos é o que nem o povo nem o governo tem o mínimo desejo de tentar".[189]

O fato é que, apesar da ilegalidade do tráfico escravista, os grandes traficantes não só se tornaram nababos, como formaram "a fascinante classe dos milionários *parvenus*",[190] recebidos com galas nas residências das grandes famílias. Como disse Henry A. Wise, ministro dos Estados Unidos no Rio de Janeiro, ao então Secretário de Estado norte-americano James Buchanan em 1846:

> Só há três maneiras de fazer fortuna no Brasil – no comércio de escravos, explorando o trabalho escravo, ou numa casa comissária de café. Só os comerciantes estrangeiros se dedicam a esta última, e para ser um homem importante [*a man of consequence*] no Brasil, todos têm de participar mais ou menos, direta ou indiretamente, das duas primeiras. E todos os homens importantes participam de ambas. Aqui é preciso ser rico para ganhar com a agiotagem – e para ser rico é preciso estar envolvido no comércio de escravos. Os mercadores de escravos são, pois, os homens que estão no poder ou os que emprestam àqueles que estão no poder e com isso os controlam. O próprio governo é, portanto, de fato, um comerciante de escravos, contra as suas próprias leis.[191]

Da mesma forma, como declarou em janeiro de 1847 o nosso ministro do exterior, Visconde de Cairú, a um diplomata britânico no Rio de Janeiro, era impossível imaginar como algum governo poderia

---

[189] NELSON, Thomas. *Remarks on the Slavery and Slave Trade of the Brazils,* citado por Robert Edgar Conrad, *A World of Sorro:* the African trade to Brazil. Louisiana State University Press, 1986, p. 107.

[190] Thomas Nelson, no livro citado.

[191] Citado por BETHELL, Leslie. *A Abolição do Comércio Brasileiro de Escravos:* a Grã-Bretanha, o Brasil e a Questão do Comércio de Escravos 1807 – 1869. Tradução de Luís A. P. Souto Maior. Coleção Biblioteca Básica Brasileira, Brasília: Senado Federal, 2002, p. 329.

fazer aplicar a lei de 1831, "quando noventa e nove pessoas em cem estão implicadas no tráfico escravista".[192] Acresça-se a isto o fato de que, com a promulgação em 12 de agosto de 1834 do Ato Adicional à Constituição, o governo central ficou claramente impotente diante dos governos provinciais.

O fato é que se o governo britânico, nessa matéria, dava mostras de se orientar unicamente pelos seus interesses econômicos, tais interesses não coincidiam com os dos comerciantes britânicos, o que tornava a situação cada vez mais complicada. De um lado, Brasil e Cuba competiam vantajosamente com as Índias Ocidentais britânicas na produção de açúcar, em razão do trabalho escravo naqueles países. Concomitantemente, porém, com o crescimento vigoroso da produção de açúcar em Cuba e de café no Brasil na década de 40, os comerciantes ingleses pressionaram o seu governo para abolir a interdição de compra de produtos do trabalho escravo, argumentando que isso contribuiria para o aumento substancial da venda de produtos britânicos a esses países. A Inglaterra encontrava-se então, como sabido, em pleno *boom* da Revolução Industrial. O Parlamento britânico, afinal, acabou por atender à demanda dos empresários industriais, e aprovou em 1846 o *Sugar Duty Act*, que admitiu a entrada no Reino Unido do açúcar produzido com trabalho escravo e determinou a eliminação progressiva da tarifa de importação de açúcar.

Já no Brasil, no entanto, os componentes da oligarquia da época – os grandes fazendeiros e os políticos da Corte – tomaram consciência de que mantido o tráfico ilegal de escravos, nosso país ia ficando cada vez mais isolado no plano internacional. Eis por que, a partir do Gabinete de 28 de fevereiro de 1848, chefiado por Eusébio de Queirós, o governo afinal se convenceu de que era indispensável tornar mais rigorosa a legislação contrária ao tráfico de escravos. Mas aí levantou-se um problema: deveria a lei não cumprida de 1831 ser anulada ou simplesmente

---

[192] BETHELL, Leslie. *A Abolição do Comércio Brasileiro de Escravos:* a Grã-Bretanha, o Brasil e a Questão do Comércio de Escravos 1807 – 1869. Tradução de Luís A. P. Souto Maior. Coleção Biblioteca Básica Brasileira, Brasília: Senado Federal, 2002.

CAPÍTULO IV – O PODER OLIGÁRQUICO NO PERÍODO IMPERIAL

revogada? Na primeira hipótese, isso enfureceria ainda mais o governo britânico, fazendo recrudescer os atos em cumprimento do *Bill Aberdeen*. Na segunda, como ficariam os atos contrários à lei até então praticados? Seriam eles esquecidos? As discussões a respeito duraram dois anos e, finalmente, o Conselho de Ministros decidiu manter a lei de 1831 em vigor, mas tomar medidas mais efetivas a fim de fazer desaparecer o tráfico negreiro.

Com esse objetivo, foi promulgada em 4 de setembro de 1850 a Lei n. 581. Ela reafirmou os dispositivos da Lei de 1831, quanto à incriminação dos traficantes, mas poupou os fazendeiros que compravam os escravos objeto do tráfico ilegal, como já foi salientado.[193] A nova lei reafirmou os termos da de 1831, mas introduziu no sistema repressivo do tráfico uma alteração de monta: doravante, os infratores seriam julgados em primeira instância, não mais por um júri, mas pela auditoria de marinha, e em segunda instância pelo Conselho de Estado, devendo servir como auditores os juízes de direito das respectivas comarcas onde se abrir o processo-crime.

Fora das capitais, com efeito, os integrantes dos tribunais do júri submetiam-se sem exceções à influência dominante dos "poderosos do sertão".[194] Como assinalou Saint-Hilaire, "o temor das vinganças, muito fáceis no interior, onde a polícia é quase sem força, contribui a tornar os jurados mais indulgentes; eles são a isso levados pelo hábito bem antigo de ceder a todas as solicitações (*empenhos*)". E acrescentou que até 1847 a própria legislação em vigor estimulava a "excessiva moleza" dos jurados.[195]

Ora, por incrível que pareça, nem mesmo a lei de 1850 foi eficaz para suprimir totalmente o tráfico de escravos. Em discurso na Câmara

---

[193] RODRIGUES, Jaime. *O Infame Comércio:* propostas e experiências no final do tráfico de africanos para o Brasil (1800 – 1850). Campinas: Editora da UNICAMP, p. 131.

[194] Eis por que o velho Nabuco, já antes da promulgação da Lei Eusébio de Queirós de 1850, propôs fosse suprimida a competência do júri para julgar tais crimes. NABUCO, Joaquim. *Minha Formação*. São Paulo: Editora 34, 2012, pp. 171/172.

[195] *Voyage dans les Provinces de Saint-Paul et de Sainte-Catherine*, tomo primeiro, Paris: Arthus Bertrand, Libraire-Éditeur, 1851, p. 138

dos Deputados, José Tomás Nabuco de Araújo explicou a razão dessa ineficiência:[196]

> Em 1850, vós o sabeis, o grande mercado dos escravos era nas costas; é aí que havia grandes armazéns de depósito, onde todos iam comprar; mediante essa lei de 14 de setembro de 1850 essas circunstâncias se tornaram outras, os traficantes mudaram de plano. Apenas desembarcados os africanos são para logo, por caminhos impérvios e por atalhos desconhecidos, levados ao interior do país. À face destas novas circunstâncias, que pode o governo fazer com a lei de 4 de setembro de 1850, cuja ação é somente restrita ao litoral? Se desejamos sinceramente a repressão, se não queremos sofismá-la, devemos, senhores, seguir os africanistas em seus novos planos; convém que contra eles o governo não fique impotente, que não seja o responsável sem os meios necessários para persegui-los.

Em outro discurso na Câmara dos Deputados em 1852, o mesmo Nabuco frisou que o tráfico de escravos diminuía, porque os fazendeiros, não podendo saldar as dívidas assumidas com os traficantes, suas propriedades acabavam passando às mãos destes.[197]

Com base nesses argumentos foi afinal votada e promulgada a Lei n. 731, de 5 de junho de 1854, que estendeu a competência dos auditores de marinha para processar e julgar os réus dos crimes definidos na lei de 1850, "ainda quando a perseguição dos delinquentes e dos escravos desembarcados não se realiza no ato do desembarque, e se faça posteriormente logo que a Autoridade Pública tiver notícia do desembarque, qualquer que seja a distância da costa em que eles se achem".

A nova lei acrescentou que "será punido com as penas de tentativa de importação de escravos, processado e julgado pelos ditos Auditores, o Cidadão Brasileiro, aonde (*sic*) quer que resida, e o estrangeiro

---

[196] NABUCO, Joaquim. *Um Estadista do Império*. Rio de Janeiro: Editora Nova Aguilar, 1975, p. 197.

[197] NABUCO, Joaquim. *O Abolicionismo*. Petrópolis: Editora Vozes, 1988, p. 78.

CAPÍTULO IV – O PODER OLIGÁRQUICO NO PERÍODO IMPERIAL

residente no Brasil, que for dono, capitão ou mestre, piloto ou contra-mestre, ou interessado no negócio de qualquer embarcação, que se ocupe no tráfico de escravos"; sem prejuízo da punição dos que os importarem para o Brasil, conforme o disposto na lei de 1850.

A verdade é que, não obstante todas as punições estabelecidas em leis e tratados sobre o tráfico negreiro, este perdurou durante grande parte da segunda metade do século XIX. Ao publicar em 1863 suas *Cartas do Solitário*, Tavares Bastos relata com pormenores o descumprimento reiterado das diversas normas, estabelecidas durante dezenas de anos, sobre os negros *libertos* ou *emancipados*.[198] Assim, por exemplo, sob aparência de cumprimento da norma da Lei de 1831, que determinava a reexportação das pessoas ilegalmente traficadas que desembarcassem no Brasil, um Decreto de 12 de abril de 1832 dispôs que "sejam depo-sitados os pretos ou escravos [como se vê, substantivos sinônimos] apreendidos, procedendo-se igualmente a depósito da quantia necessária para a sua reexportação". Vale dizer, as pessoas, assim como a quantia monetária, são objeto de depósito judicial... Pois bem, dois anos depois, o governo imperial muda de ideia e decide fixar no Brasil a residência dos africanos ilegalmente importados, para que sejam utilizados em serviços públicos ou particulares. Como era de se esperar, os africanos entregues a particulares, voltaram à condição de escravos, sem jamais serem reexportados para a África.

Para corrigir esse abuso, a Lei Eusébio de Queiroz, de 1850, de-terminou em seu art. 6º que "todos os escravos que forem apreendidos serão reexportados por conta do Estado para os portos donde tiverem vindo, ou para qualquer ponto fora do Império (...); e, enquanto essa reexportação se não verificar, serão empregados em trabalhos debaixo da tutela do governo, não sendo em caso algum concedidos os seus serviços a particulares".

Mas essa reexportação jamais se verificou.

No início da década de 1860, novo incidente opôs o Brasil à Inglaterra, quando aqui exercia as funções de representante do governo

---

[198] *Cartas do Solitário*, brasiliana, volume 15, edição comemorativa do centenário da morte do Autor (1875 – 1975), Carta IX.

britânico William D. Christie, de caráter impulsivo e arrogante. Em dezembro de 1862, em razão de incidentes envolvendo dois navios britânicos, pondo em risco segundo Christie vidas e bens de súditos ingleses, a marinha da Inglaterra efetuou um bloqueio naval do Rio de Janeiro durante seis dias, assim como a captura em nossas águas territoriais de cinco navios mercantes brasileiros. O governo britânico recusou-se a pagar reparações e a desculpar-se perante o governo brasileiro, o que levou o nosso país a romper relações diplomáticas com o Reino Unido.

De qualquer modo, com a extinção ou, pelo menos, a progressiva redução do tráfico de africanos para trabalharem em nossa terra como mão de obra escrava, os traficantes tiveram que procurar outros negócios onde aplicar seus capitais. Tais negócios foram os mais variados, a maior parte deles de índole especulativa, embora exibissem outra aparência. Assim é que, entre 1850, ano da Lei Eusébio de Queiroz, e 1860, consta ter sido dada autorização governamental para a exploração de setenta e um privilégios industriais, tendo sido criadas outras sessenta e duas empresas industriais, quatorze bancos de depósito ou de emissão, três caixas econômicas, vinte companhias de navegação a vapor, vinte e três companhias de seguros, quatro de colonização, oito de estradas de ferro, duas de rodagem, quatro de carris urbanos com tração animal, oito de mineração, três de transporte e duas de gás.[199] Foi o nosso primeiro "encilhamento", do qual resultaram, como naquele do começo da República, inúmeras insolvências, a maior parte delas concentrada no ano de 1864.[200]

A concentração de insolvências nesse ano foi causada pela quebra da Casa Souto, o primeiro banco particular fundado no Brasil. O seu

---

[199] AMADO, Gilberto. "As Instituições Políticas e o Meio Social no Brasil". *In:* CARDOSO, Vicente Licínio (coord.). *À Margem da História da República.* tomo I. Brasília: Editora Universidade de Brasília. Introdução de Alberto Venancio Filho.

[200] Conferir a esse respeito o artigo de Sérgio Buarque de Holanda, *Da Lei Eusébio à crise de 1864*, publicado inicialmente em *Digesto Econômico*, Ano III, n. 30, maio de 1947, e em seguida em *Para uma nova história:* textos de Sérgio Buarque de Holanda. São Paulo: Editora Fundação Perseu Abramo, 2004, pp. 59 ss.

CAPÍTULO IV – O PODER OLIGÁRQUICO NO PERÍODO IMPERIAL

fundador, o português António José Alves Souto, criou no Rio de Janeiro a Junta de Corretores, em seguida transformada na Bolsa de Valores do Rio de Janeiro. Tornou-se o banqueiro oficial da Casa Imperial, em razão do que foi-lhe conferido o título de Visconde. Desrespeitando a chamada Lei do Entrave, que havia reorganizado o sistema de emissão de títulos, proibindo emissões sem lastro, a Casa Souto continuou a fazê-las, além de estender imprudentemente os prazos de pagamento, por parte dos seus devedores; o que acarretou a sua quebra em 1864, afetando todo o sistema bancário do país, naquela época concentrado no Rio de Janeiro.

Esse fracasso econômico consolidou, no seio da oligarquia, o receio de iniciativas de modernização da economia brasileira e a preferência pela atividade agrária, com base na escravidão, sobretudo na região sudeste do país.

A LEI DO VENTRE LIVRE

A proibição do tráfico negreiro foi a primeira etapa do longo processo de abolição da escravatura, o qual teve início em agosto de 1866, com a resposta assinada por Martim Francisco, chefe do gabinete ministerial, mas na verdade redigida de próprio punho por D. Pedro II, a uma mensagem da Junta Francesa de Emancipação em favor dos escravos brasileiros. Nessa resposta, publicada por um jornal francês, declarou Martim Francisco, em nome do imperador e do governo brasileiro, que a "a emancipação dos escravos, consequência necessária da abolição do tráfico, não é mais que uma questão de forma e oportunidade".[201]

Tal resposta, observou Joaquim Nabuco,[202] teve "o efeito de um raio caindo de céu sem nuvens. Ninguém esperava tal pronunciamento.

---

[201] NABUCO, Joaquim. *Um Estadista do Império*. Rio de Janeiro: Editora Nova Aguilar, 1975, p. 573.

[202] NABUCO, Joaquim. *Um Estadista do Império*. Rio de Janeiro: Editora Nova Aguilar, 1975.

Tocar assim na escravidão pareceu a muitos, na perturbação do momento, uma espécie de sacrilégio histórico, de loucura dinástica, de suicídio nacional".

O imperador, no entanto, manteve-se decidido e imperturbável. Enfrentando a oposição radical de ambos os grupos componentes da nossa oligarquia – no caso, os proprietários de escravos e seus representantes na esfera política –, D. Pedro II conseguiu, em 28 de setembro de 1871, a aprovação da Lei do Ventre Livre.

Foi, certamente, a lei que provocou o mais aceso debate durante todo o período imperial, suscitando a firme oposição dos grandes fazendeiros da região sudeste, incluindo as províncias do Rio de Janeiro, Minas Gerais e São Paulo, onde se concentrava a plantação de café, principal riqueza do país.

Na Câmara dos Deputados, onde a maioria era composta de agentes públicos, sobretudo magistrados, muito influenciáveis pelo governo, o projeto foi aprovado por 65 votos, com 45 votos contrários, dados sobretudo pelos representantes dos cafeicultores de São Paulo, Minas Gerais e Rio de Janeiro.

Releva notar que o partido republicano, fundado um ano antes, opôs-se ao projeto, alegando três razões: 1) por suscitar a revolta dos cidadãos e a insubmissão dos escravos; 2) por ser de iniciativa pessoal do imperador e não dos deputados ou senadores; 3) por ter sido elaborado "nas trevas do palácio", à revelia da nação.[203]

Na verdade, o que provocou a fundação desse partido, cujos integrantes eram quase todos das províncias cafeicultoras da região sudeste, foi a já citada declaração de 1866, assinada pelo Primeiro Ministro Martim Francisco, mas redigida de próprio punho por D. Pedro II, de pôr fim à escravidão. Para os oligarcas daquela região, a substituição da monarquia pelo regime republicano era apenas um detalhe. O que para eles importava, antes de tudo, era descentralizar para as províncias algumas

---

[203] CARVALHO, José Murilo de. *A Construção da Ordem*. 2ª ed. Editora UFRJ/Relume Dumará, 1996, p. 286.

CAPÍTULO IV – O PODER OLIGÁRQUICO NO PERÍODO IMPERIAL

competências legislativas, notadamente a de regular o "trabalho servil", expressão utilizada na época de preferência a escravidão. Ou seja, para os nossos republicanos, tínhamos que copiar o modelo federalista, adotado pela Constituição norte-americana.

Cedendo, no entanto, ao costume tradicional da dissimulação, os nossos republicanos decidiram substituir, no Manifesto de 1870, o vocábulo *federação* por *democracia*, palavra que, juntamente com expressões cognatas – como *solidariedade democrática*, *liberdade democrática*, *princípios democráticos* ou *garantias democráticas* – aparece nada menos do que 28 vezes no Manifesto Republicano de 1870. Um dos seus tópicos, aliás, é intitulado *a verdade democrática*. Mas o Manifesto não se refere nem uma só vez à escravidão.

De qualquer modo, ao final do Império o partido republicano paulista não pôde prosseguir por muito tempo em seu jogo político dissimulador, sem abrir as cartas a respeito da escravidão. No manifesto lançado por ocasião do encerramento de seu congresso de 1873, os republicanos de São Paulo, evitando ladinamente uma tomada de posição sobre o mérito da questão, assim se pronunciaram:

> Fique, portanto, bem firmado que o Partido Republicano, tal como consideramos, capaz de fazer a felicidade do Brasil, quanto à questão do estado servil fita desassombrado o futuro, confiado na índole do povo e nos meios de educação, os quais unidos ao todo harmônico de suas reformas e do seu modo de ser hão de facilitar-lhe a solução mais justa, mais prática e moderada, selada com o cunho da vontade nacional.
>
> Parece que esta declaração seria suficiente para apagar todas as dúvidas.
>
> A questão não nos pertence exclusivamente, porque é social e não política: está no domínio da opinião nacional e é de todos os partidos, e dos monarquistas mais do que nossa, porque compete aos que estão na posse do poder, ou aos que pretendem apanhá-lo amanhã, estabelecer os meios do seu desfecho prático.
>
> (...)
>
> Entretanto, como quer que seja, se o negócio for entregue à nossa deliberação, nós chegaremos a ele do seguinte modo:

1º Em respeito ao princípio da união federativa, cada província realizará a reforma de acordo com os seus interesses peculiares mais ou menos lentamente, conforme a maior ou menor facilidade na substituição do trabalho escravo pelo trabalho livre.

2º Em respeito aos direitos adquiridos, e para conciliar a propriedade de fato com o princípio da liberdade, a reforma se fará tendo por base a indenização e o resgate.

Fiel a esse princípio lampedusiano[204] de tudo mudar para que a situação permaneça imutável, oito anos depois, ao discursar na Câmara dos Deputados, o republicano paulista Prudente de Morais, futuro presidente da República, preferiu, em lugar de defender a introdução do regime republicano, propor a federalização do império, segundo o modelo alemão da época. Uma adequada distribuição de competências às províncias, argumentou, excluiria o perigo, que ele pressentia iminente, de que uma maioria de deputados, eleitos pelas províncias já desembaraçadas de escravos, impusesse a abolição da escravatura a todo o País.[205]

Quanto à Igreja Católica, a Lei de Ventre Livre suscitou o pronunciamento público de alguns bispos. D. Pedro Maria de Lacerda, no Rio de Janeiro, recomendou aos fiéis a sua aplicação, e pediu aos escravos que provassem doravante sua dedicação e obediência, "defendendo a vossos senhores e a tudo quanto lhes pertence". Mas o prelado insurgiu-se contra os que desejavam a abolição total da escravatura: "Os revolucionários que profanem o nome da liberdade, nós, porém, mostremos que por ela, quando justa, como em nosso caso, sabemos fazer algum sacrifício, principalmente sendo este compensado por bem de ordem mais elevada, sem exclusão dos mesmos materiais e pecuniários".[206]

---

[204] Alusão a Tomasi di Lampedusa, autor de *Il Gattopardo*, romance publicado na Itália em 1958.

[205] CONRAD, Robert. *Os Últimos Anos da Escravatura no Brasil*. 2ª ed. Rio de Janeiro: Civilização Brasileira, p. 267.

[206] *História da Igreja no Brasil:* segunda época. Século XIX. Petrópolis: Editora Vozes, 1980, pp. 276/277.

CAPÍTULO IV – O PODER OLIGÁRQUICO NO PERÍODO IMPERIAL

Já D. Macedo, bispo do Pará, dirigiu enérgico protesto ao presidente da província, por violar os direitos da Igreja, com uma medida que qualificou de "irregular e anticanônica".[207]

Vejamos agora as principais disposições da Lei n. 2040, de 1871, também chamada Lei Rio Branco.

O art. 1º determinou que "os filhos de mulher escrava que nascerem no Império desde a data desta lei serão considerados de condição livre". Anote-se a sutileza da redação: eles não são naturalmente livres, mas simplesmente considerados tais pela lei. O que não significava, obviamente, que tais pessoas, então designadas *ingênuas*, termo originário do direito romano, fossem publicamente consideradas livres. Em 1884, um integrante do Conselho de Estado[208] declarou publicamente que os filhos livres de mulheres escravas tinham sido mantidos "em quase sua totalidade, na mesma condição servil como os demais escravos, faltando-lhes com a indispensável e devida instrução e desamparados da proteção tutelar da autoridade pública".[209]

"Os ditos filhos menores", acrescentou o § 1º desse artigo, "ficarão em poder e sob a autoridade dos senhores de suas mães" – pois a mãe continuava escrava – "os quais [os senhores] terão a obrigação de criá-los e tratá-los até a idade de oito anos completos. Chegando o filho da escrava a esta idade, o senhor da mãe terá opção, ou de receber do Estado a indenização de 600$000 [seiscentos mil réis], ou de utilizar-se

---

[207] *História da Igreja no Brasil:* segunda época. Século XIX. Petrópolis: Editora Vozes, 1980, p. 278.

[208] "Os Conselheiros", dispôs o art. 142 da Constituição Imperial, "serão ouvidos em todos os negócios graves, e medidas gerais da pública Administração; principalmente sobre a declaração da guerra, ajuste de paz, negociações com as Nações Estrangeiras, assim como em todas as ocasiões em que o Imperador se proponha exercer qualquer das atribuições próprias do Poder Moderador", exceto a de nomear e demitir livremente os Ministros de Estado. Sobre o Conselho de Estado, veja-se monografia de José Reinaldo Lima Lopes, *O Oráculo de Delfos:* o Conselho de Estado no Brasil-Império. São Paulo: Saraiva, 2010.

[209] Citado por CONRAD, Robert. *Os Últimos Anos da Escravatura no Brasil.* 2ª ed. Rio de Janeiro: Civilização Brasileira, p. 141.

dos serviços do menor até a idade de 21 anos completos. No primeiro caso, o Governo receberá o menor e lhe dará destino, em conformidade da presente lei".

Dispôs o art. 3º que "serão anualmente libertados em cada província do Império tantos escravos quantos corresponderem à quota anualmente disponível para a emancipação". Sucedeu, porém, como era de se esperar que foi somente em 1876, ou seja, quase cinco anos depois de promulgada a lei, que os primeiros 1.503 escravos – o que significava cerca de 1 em cada mil registrados – foram emancipados. Nos anos seguintes, houve o mesmo resultado irrisório. Isto, sem falar dos inúmeros abusos cometidos, com fundamento no direito de os proprietários escolherem os escravos a serem emancipadas pelo fundo; o que significava, na realidade, serem em geral escolhidos tão-só os doentes, os inúteis, os rebeldes e os que já haviam morrido...

Em conclusão, os escravos libertados gratuita ou condicionalmente, depois da promulgação da lei, foram em muito maior número que os emancipados pelo fundo.

O art. 4º da Lei Rio Branco dispôs ser "permitido ao escravo a formação de um pecúlio com o que lhe provier de doações, legados e heranças, e com o que, por consentimento do senhor, obtiver do seu trabalho e economias"; sendo que o governo deveria providenciar "sobre a colocação e segurança do mesmo pecúlio". Foi afinal tal pecúlio que ensejou, sobretudo aos escravos urbanos, pagar pela sua libertação.

O art. 6º da lei determinou que seriam declarados libertos: 1) "Os escravos pertencentes à nação; 2) os escravos dados em usufruto à Coroa; 3) Os escravos das heranças vagas; 4) Os escravos abandonados por seus senhores. Se estes os abandonarem por inválidos, serão obrigados a alimentá-los, salvo o caso de penúria, sendo os alimentos taxados pelo juiz de órfãos". O § 5º do mesmo art. 6º da lei dispôs que "em geral [note-se a precisão das palavras...], os escravos libertados em virtude desta lei ficam durante 5 anos sob a inspeção do governo. Eles são obrigados a contratar seus serviços (sic) sob pena de serem constrangidos, se viverem vadios, a trabalhar nos estabelecimentos públicos. Cessará, porém, o

CAPÍTULO IV – O PODER OLIGÁRQUICO NO PERÍODO IMPERIAL

constrangimento do trabalho, sempre que o liberto exigir contrato de serviço". Exigir de quem, seria o caso de indagar...

Finalmente, a Lei Rio Branco, com enorme atraso – pois essa providência deveria ter sido tomada já com a promulgação da Lei de 1831 sobre a proibição do tráfico de escravos – determinou em seu art. 8º que o governo imperial procedesse "à matrícula de todos os escravos existentes do Império, com declaração do nome, sexo, estado, aptidão para o trabalho, filiação de cada um, se for conhecida".

Escusa dizer que a Lei do Ventre Livre foi largamente inaplicada, como os próprios partidários da escravidão reconheceram. Pior: segundo interpretação geralmente acolhida, ela teria revogado todas as leis anteriores sobre o tráfico negreiro, anistiando, por conseguinte, todos os crimes definidos por essas leis, como denunciou Joaquim Nabuco.[210]

A amarga ironia é que a Lei do Ventre Livre, duramente atacada pelos senhores de escravos antes de sua promulgação, passou depois desta a ser por eles utilizada como dispensadora da abolição definitiva da escravatura; o que ensejou o aumento do número de escravos nas fazendas de café até meados da década de 80.

A MARCHA LENTA RUMO À ABOLIÇÃO

O estopim da grande mudança foi um discurso proferido em 5 de março de 1879, na Câmara dos Deputados, pelo deputado Jerônimo Sodré. Logo depois de qualificar a Lei do Ventre Livre como uma reforma vergonhosa e mutilada, o representante baiano declarou que a sociedade brasileira encontrava-se sobre um vulcão. Para que ele não entrasse em erupção, era indispensável que os liberais fossem além do trabalho efetuado pelos conservadores, e decretassem que todos os brasileiros, como cidadãos, eram pessoas livres.

Como era de se esperar, o discurso do deputado baiano mereceu desde logo uma resposta do deputado por São Paulo, Martim Francisco

---

[210] NABUCO, Joaquim. *O Abolicionismo*. Petrópolis: Editora Vozes, 1988, p. 69.

Ribeiro de Andrada. Ele declarou textualmente que os cafeicultores preferiam desmembrar o Império a ver o sistema de trabalho destruído por uma legislatura dominada pelos deputados de outras regiões. E concluiu: "Nós, os representantes das províncias do sul do Império, apreciamos a integridade deste vasto país, mas não tanto que, para conservá-la, queiramos tolerar a liquidação geral das fortunas e a destruição violenta da propriedade escrava, para que tanto têm concorrido as grandes remessas, que nos têm feito as províncias do Norte, de escravos, que nos vendem por avultada soma".

O fato é que, por força ou não da Lei do Ventre Livre, o número de escravos matriculados em todo o território brasileiro diminuiu significativamente. A primeira matrícula, efetuada em 1872, logo após a promulgação da lei, registrou um total de 1.600.000 escravos em todo o território nacional. Por ocasião da última matrícula, realizada em 1887, esse número havia caído para 720.000.

De qualquer modo, a partir da Lei Eusébio de Queiroz de 1850 o tráfico interior de escravos, das províncias do norte do país para a região de cafeicultura, substituiu em grande parte o tráfico negreiro transatlântico. Estimou-se, assim, que o tráfico dentro de nossas fronteiras teria alcançado a cifra de mais de 300.000 escravos.[211] Mas há uma estimativa maior, ou seja, 400.000 escravos.[212]

No ano seguinte ao discurso de Jerônimo Sodré na Câmara dos Deputados, surgiram no Rio de Janeiro três organizações abolicionistas, contando com o apoio de um jornal influente, *Gazeta da Tarde*. Nessas organizações militavam quatro descendentes de escravos – Ferreira de Menezes, André Rebouças, Luiz Gama e José do Patrocínio – e um membro de família ilustre, Joaquim Nabuco.

Sem dúvida, a Lei do Ventre Livre representou a primeira brecha na fortaleza escravista, mas a oligarquia soube mantê-la vedada durante

---

[211] A estimativa é de GORENDER, Jacob. *O Escravismo Colonial*. São Paulo: Editora Ática, 1992, p. 325.

[212] CONRAD, Robert Edgard. *The World of Sorrow*: the African Slave Trade to Brazil. Louisiana State University Press, 1986, p. 179.

CAPÍTULO IV – O PODER OLIGÁRQUICO NO PERÍODO IMPERIAL

quase duas décadas. Utilizou-se para tanto, com grande eficiência, da técnica da dissimulação e do combate na sombra. Enquanto nos Estados Unidos a extinção da escravatura provocou a mais sangrenta guerra civil do século XIX, entre nós ela praticamente extinguiu-se com comemorações e belos discursos.

O que mais impressiona nessa extinção morosa da nossa escravatura é a total falta de previdência, por parte das autoridades governamentais, no que se refere ao futuro da população negra que obtinha a liberdade. Os grandes fazendeiros do Sudeste procuraram, desde antes da abolição, substituir a mão de obra cativa pelos trabalhadores braçais vindos da Europa, notadamente da Itália.[213] Mas os governantes foram totalmente omissos em preparar a população escrava para o trabalho livre assalariado.

Entre os abolicionistas que se preocupavam com o futuro dos ex-escravos, destacou-se sobretudo André Rebouças, que era engenheiro e professor na Escola Politécnica no Rio de Janeiro. Durante vários anos, ele advertiu para o fato de que a simples abolição não recuperaria para a população negra a sua dignidade social, esmagada por séculos de escravismo. Pregava, para tanto, a instituição do que ele chamava "democracia rural", consistente em uma reforma agrária que distribuísse gratuitamente terras agrícolas aos ex-escravos, segundo o modelo dos *Homestead Acts* dos Estados Unidos, leis agrárias, a primeira das quais promulgada em 1862. Como era de se esperar, tal proposta nunca foi levada a sério pela oligarquia rural. Proclamada a República, Rebouças não hesitou em acompanhar a família real no exílio.

O fato é que a campanha abolicionista, iniciada em 1880, já no ano seguinte era travada pela reação escravista, permanecendo o grande público indiferente. O gabinete liberal do senador baiano José António Saraiva, empossado em 1881, preocupou-se exclusivamente com a reforma eleitoral, sustentando que a escravidão iria extinguir-se naturalmente, por força da Lei do Ventre Livre. Para piorar a situação, grande

---

[213] Segundo dados colhidos pelo IBGE, entre 1884 e 1893, ingressaram no Brasil 510.533 imigrantes italianos.

141

parte da imprensa deu início a uma campanha difamatória contra os líderes do movimento abolicionista. Na Câmara dos Deputados, Martinho Campos, tal como um certo deputado federal quase um século e meio depois, não hesitou em declarar: "A esse grito de abolição, respondam os fazendeiros de revolver em punho".

Ao mesmo tempo, os fazendeiros criaram, em várias partes do território nacional, associações agrícolas para barrar a abolição, a mais importante das quais no Rio de Janeiro: o Centro da Lavoura e do Comércio, que contou com sucursais regionais nas três principais províncias do café.

O resultado político não se fez esperar. Nas eleições de novembro de 1881, quase todos os candidatos abolicionistas foram derrotados, inclusive Joaquim Nabuco, que partiu imediatamente para o exterior.

O que ninguém previa, porém, acabou por acontecer: a escravidão extinguiu-se pela formidável massa de cativos que passou a ser transferida das províncias do Norte para a zona de cafeicultora no Sudeste. Como advertira em setembro de 1880 o jornal *A Província de São Paulo*, "a desproporção, sempre crescente, entre o número de escravos das províncias do Sul e o das do Norte, cada vez mais determina a necessidade d'uma medida proibitiva, a fim de conservar homogêneo o interesse de todo o país". Se não se puser um termo à transferência interprovincial de escravos, concluiu o artigo, "os deputados do Norte, que formam a maioria da Câmara, poderão decretar a emancipação sem comprometer nem afetar os interesses de suas respectivas províncias".[214]

Em consequência, já no início de 1881, as três províncias cafeicultoras – Rio de Janeiro, Minas Gerais e São Paulo – promulgaram leis que estabeleciam impostos sobre escravos que nelas ingressassem, provenientes de outras províncias.

A grande novidade é que os municípios da província do Ceará iniciaram em 1883 a libertação dos escravos e em 25 de março de 1884,

---

[214] Citado por CONRAD, Robert Edgard. *The World of Sorrow:* the African Slave Trade to Brazil. Louisiana State University Press, 1986, pp. 209/210.

CAPÍTULO IV – O PODER OLIGÁRQUICO NO PERÍODO IMPERIAL

aniversário da Constituição Imperial, os abolicionistas proclamaram a extinção da escravatura no âmbito provincial. Sabe-se, no entanto, que em fevereiro de 1886 ainda havia escravos naquela província.

No plano nacional, verificava-se a incapacidade do imperador em apressar o término da escravidão, sobretudo numa época de grave declínio da produção agrícola. Não bastaram as comendas e os títulos de nobreza, distribuídos então liberalmente aos grandes senhores de escravos, para estimulá-los a abrir mão dessa propriedade, que era muitas vezes o bem mais valioso do seu patrimônio. Para se ter uma ideia aproximada dessa realidade, basta considerar que no balanço geral de 31 de dezembro de 1887 da Fábrica de Tecidos da família Mascarenhas, na Fazenda São Sebastião, Município de Curvelo, na província de Minas Gerais, os escravos foram escriturados por 50 contos de réis, enquanto a totalidade dos demais bens, incluindo cerca de 6.000 hectares de terras, não ultrapassava 68 contos.

Seguindo na linha da libertação gradual dos escravos, o Ministério Dantas, sem dúvida por pressão de D. Pedro II, apresentou à Câmara um projeto de lei que, entre outras disposições estabelecia a libertação dos escravos com 60 anos de idade.[215] Os escravocratas reagiram furiosamente, qualificando o projeto de inconstitucional e os impostos a serem aplicados aos fazendeiros para ampliação do fundo de emancipação como "uma loucura financeira". Na Câmara, a apresentação do Projeto Dantas provocou a imediata renúncia do presidente da Casa, um deputado por São Paulo. Um integrante da comissão da Câmara, encarregada de dar parecer sobre o projeto, caracterizou-o como fruto de "puro sentimentalismo, vã popularidade, pretexto para agitação, revolução e subversão social"; para ele, a emancipação dos sexagenários obedecia a "um princípio comunista".

Posto em votação, foi o projeto rejeitado, sendo denegada confiança ao ministério. Dantas pediu então formalmente ao imperador que

---

[215] Sobre toda essa matéria, veja-se a exposição detalhada de CONRAD, Robert Edgard. *The World of Sorrow:* the African Slave Trade to Brazil. Louisiana State University Press, 1986, p. 263 ss.

dissolvesse a Câmara e convocasse novas eleições, o que foi feito. O resultado foi que a nova Câmara tinha composição pouco diferente daquela que fora dissolvida. E a razão é simples: para uma população total de doze milhões de pessoas, menos de duzentas mil eram elegíveis para votar.

Empossados os novos deputados, o projeto Dantas foi reapresentado, tendo havido no final empate na votação. Nova resolução de falta de confiança derrubou afinal o Ministério Dantas.

Saraiva, o novo presidente do Conselho de Ministros, apresentou novo projeto de lei com disposições muito mais favoráveis aos interesses dos fazendeiros. O projeto foi aprovado, sendo a Lei Saraiva-Cotegipe, vulgarmente conhecida como Lei dos Sexagenários, promulgada em 28 de setembro de 1885.

Sua principal disposição, com efeito, foi declarar libertos os escravos de 60 anos de idade, "ficando, porém, obrigados, a título de indenização pela sua alforria, a prestar serviços a seus ex-senhores pelo espaço de três anos". Escusa dizer que, àquela época, eram raros os sexagenários capazes de trabalhar na lavoura, não sendo, portanto, a sua libertação uma grande perda para os fazendeiros. Mas, em compensação, não se deve esquecer que grande número de africanos, para cá trazidos como escravos depois da lei de 7 de novembro de 1831, haviam sido registrados fraudulentamente com idades mais avançadas, a fim de evitar as punições previstas naquele diploma legal.

Outra norma da lei que suscitou acerbas críticas dos abolicionistas foi a equiparação ao crime de furto, tal como previsto no Código Criminal do Império (art. 260), do ato de acoitar ou dar refúgio ao escravo fugido de seu senhor.[216] Como se vê da leitura do dispositivo do Código, a equiparação do ato de dar abrigo a um escravo fugitivo ao crime de furto bem mostrava como os cativos não eram considerados pessoas,

---

[216] "Art. 260. Mais se julgará furto a achada de cousa alheia perdida, quando se não manifestar ao juiz de paz do distrito, ou oficial de quarteirão, dentro de quinze dias depois que for achada".

CAPÍTULO IV – O PODER OLIGÁRQUICO NO PERÍODO IMPERIAL

mas bens semoventes. No Regulamento da lei, publicado em 12 de junho de 1886, que os abolicionistas denominaram "Regulamento Negro", determinou-se que seria sujeito à pena do citado artigo do Código Penal, "qualquer pessoa que, conscientemente, escondesse, empregasse ou aceitasse em sua casa ou estabelecimento um escravo pertencente a outra pessoa".

Na verdade, a partir da Lei Saraiva-Cotegipe aumentou significativamente o número de escravos que fugiam, por iniciativa própria ou incitados por abolicionistas bem organizados, como Antônio Bento em São Paulo. O governo imperial não encontrou melhor remédio para isso, do que convocar os militares para perseguir os fugitivos, diante da ineficiência da Guarda Nacional. Mas os oficiais do Exército não aceitaram representar o papel de capitães-do-mato. Em 25 de outubro de 1887, o Marechal Deodoro da Fonseca, presidente do Club Militar, apresentou ao General Comandante do Exército para ser encaminhada à Princesa Isabel, então atuando como Regente, uma petição na qual solicitava que os soldados ficassem dispensados da "captura de pobres negros que fogem à escravidão". O General Comandante recusou-se a entregar a petição, mas ela foi amplamente divulgada. Logo após, no início de 1888, o comandante de uma unidade do Exército enviada a uma comunidade da província de São Paulo, onde surgira uma rebelião de escravos, concordou em restabelecer a ordem, mas recusou-se a capturar os rebelados.

A essa altura, porém, os fazendeiros de São Paulo haviam perdido o temor da abolição da escravatura, pois a partir de meados da década de 80 já se haviam organizado para promover a imigração de um bom contingente de trabalhadores europeus.

A escravidão estava, assim, com seus dias contados. O gabinete Cotegipe tentava desesperadamente evitá-la, tendo como único apoio na sociedade civil os fazendeiros da província do Rio de Janeiro. Em março de 1888, o desacreditado ministério demitiu-se e a Princesa Isabel nomeou como Primeiro Ministro, João Alfredo Correia de Oliveira, que em 7 de maio apresentou à Câmara um projeto de lei, elaborado por André Rebouças, que abolia a escravidão de modo incondicional e

145

imediato. O projeto foi aprovado na Câmara no dia seguinte à sua apresentação e no Senado no dia 13 de maio, sob intenso apoio popular.

O ENCERRAMENTO DO REGIME MONÁRQUICO

Com a abolição da escravatura, o regime imperial chegou ao seu término. Os dois componentes da oligarquia – os grandes fazendeiros e os principais agentes estatais – deram-se conta de que a Coroa já não contava com o prestígio político do passado, além de representar a única exceção no contexto republicano de todo o continente americano. Quanto às duas grandes aliadas do poder oligárquico – a Igreja Católica e a corporação militar – elas já haviam entrado em aberto conflito com a monarquia: a primeira, pela estreita ligação das sucessivas equipes governamentais com a maçonaria; a segunda, ao tomar consciência de sua condição de subalternidade no conjunto dos órgãos estatais, em comparação com as forças armadas dos demais países latino-americanos; realidade que se tornou evidente com a Guerra do Paraguai.

Um novo modelo político já se afirmara em toda a América: a república presidencialista.

Capítulo V

A OLIGARQUIA REPUBLICANA

A – A ADOÇÃO DE UM FALSO REGIME REPUBLICANO

Instauração de uma república privatista e de uma democracia sem povo

Seguindo à risca o modelo norte-americano, uma facção política empenhou-se, na segunda metade do século XIX, em tornar o Brasil uma república. Mas não, obviamente, no original sentido romano de um regime político no qual o bem comum do povo – que os romanos denominavam justamente *res publica* – está sempre acima de interesse privado; lembrando-se de que o adjetivo *privatus* origina-se de *privus, -a, -privum*, ou seja, o que é próprio (de onde o substantivo *proprietas*), em contraposição ao que é comum. A república almejada pelos nossos intelectuais positivistas, e que acabou sendo aceita pelos grandes proprietários rurais senhores de escravos, era simplesmente um regime político não-monárquico, mantendo-se como é óbvio o espírito privatista, que sempre predominou entre os nossos oligarcas.

Já no que se refere à democracia, enquanto vigorou o regime monárquico, ela foi tida corretamente, entre nós, como a antítese da autocracia. Por isso mesmo, a elite dirigente do País, a começar – escusa dizê-lo – pelo próprio monarca, considerava o regime democrático como uma clara subversão da ordem política.

147

FÁBIO KONDER COMPARATO

A partir da segunda metade do século XIX, porém, com a crescente prosperidade da cultura do café na região sudeste, os oligarcas rurais passaram a contestar o poder central e a reivindicar maior autonomia de atuação local, no terreno econômico e político.

A partir desse momento, a ideia de democracia, ou de república democrática, foi recuperada como fórmula política e purgada de suas conotações negativas. Passou-se a apregoar que, em vez de favorecer a anarquia, ela asseguraria o estabelecimento da ordem e daria mais eficiência à ação dos poderes públicos no plano local.

O que, todavia, os próceres republicanos entendiam por democracia não era de forma alguma o regime da soberania popular, expressão substituída, no Manifesto Republicano, por *soberania nacional*, que nada tem a ver com o regime democrático, pois diz respeito às relações do país com as potências estrangeiras. O que os nossos republicanos designavam como *democracia* era, na verdade, a federação, tomado este conceito em sentido diametralmente oposto àquele com que fora empregado pelos constituintes de Filadélfia em 1787. Com efeito, federação, para os republicanos brasileiros, não queria dizer reunião (*foederatio*) de unidades políticas anteriormente soberanas, mas sim a descentralização de poderes num Estado unitário. O Manifesto, aliás, encerra-se, segundo o estilo farfalhante da época, "arvorando resolutamente a bandeira do partido republicano federativo", e não a bandeira do partido republicano democrático.

A razão de ser desse movimento descentralizador, o Manifesto Republicano de 1870 fez questão de deixar na sombra: nenhuma palavra disse sobre aquilo que os nossos oligarcas denominavam, eufemisticamente, "a questão do estado servil". É que naquela época, como já foi assinalado, bom número de províncias do Nordeste e do Norte do país aceitavam claramente a abolição da escravatura.

A grande contradição política da época foi exatamente esta: enquanto os escravistas declaravam-se favoráveis ao que denominavam *democracia* e *república*, os anti-escravistas manifestavam-se contra ambos esses regimes. Na verdade, o que estava em causa era o centralismo ou

CAPÍTULO V – A OLIGARQUIA REPULICANA

o descentralismo governamental; pois naqueles anos o governo imperial procurava, mal e mal, pôr fim à escravidão, o que contrariava os interesses vitais do senhorio rural, longamente acostumado a exercer em seus territórios locais um poder absoluto.

Já na sessão legislativa de 1880, de resto, o Primeiro-Ministro Saraiva concentrou seus esforços de persuasão no resgate da ideia democrática. Em sessão da legislatura de 1880, declarou:

> Gozamos de plena democracia no Brasil. (...) Convivemos com qualquer pessoa; pomos os libertos à nossa mesa e confiamos mais nos libertos dignos de confiança do que em muitos cidadãos brasileiros.[217]

Faltou apenas dizer que, uma vez abolida a escravidão, criaríamos aqui uma sociedade perfeitamente igualitária... O que não demorou muito a ser oficialmente proclamado. Em Mensagem ao Congresso Legislativo de São Paulo, no quadriênio 1912 – 1916, Francisco de Paula Rodrigues Alves, que havia sido Presidente da República de 1902 a 1906, pôde declarar *en passant*, como se se tratasse de verdade evidente por si mesma: "Entre nós, em um regime de franca democracia e completa ausência de classes sociais..."[218] Ou seja, o político republicano procurava repudiar, ao que parece, a perigosa teoria socialista e marxista da luta de classes.

Tal declaração de Rodrigues Alves deixava na sombra o fato incômodo de que nas últimas eleições do Império, em 1886, o número de votantes representou menos de 1% da população total do país, e que na eleição do sucessor de Rodrigues Alves à presidência da República essa percentagem mal alcançara 1,4%. Afinal, apesar do ínfimo eleitorado e das consolidadas práticas de fraude, tínhamos eleições. Logo, tínhamos

---

[217] *Apud* GRAHAM, Richard. *Clientelismo e Política no Brasil do Século XIX*. Rio de Janeiro: Editora da UFRJ, 1997, p. 32. Observe-se que os libertos da escravidão não gozavam de plena cidadania.

[218] *Galeria dos Presidentes de São Paulo:* Período Republicano 1889 – 1920. São Paulo: Publicação Oficial do Estado de S. Paulo, 1927.

FÁBIO KONDER COMPARATO

democracia. "Uma democracia à brasileira", como disse o General que mandou prender o grande advogado Sobral Pinto em 1968. Ao que este retrucou: "General, eu só conheço peru à brasileira".

Os bestializados

Como era de se esperar, o povo, que permanecera ausente das tratativas da Independência, voltou a ser mero espectador em 15 de novembro de 1889, quando a insurreição do Marechal Deodoro e sua tropa — não contra o Imperador e o regime monárquico, e sim contra o Gabinete do Primeiro-Ministro Ouro Preto — provocou o fim da monarquia. "O povo assistiu àquilo bestializado, atônito, surpreso, sem conhecer o que significava", lê-se na carta, tantas vezes citada, de Aristides Lobo a um amigo.[219] "Muitos acreditavam sinceramente estar vendo uma parada". Tudo isso não impediu que a proclamação da república pelos membros do governo provisório principiasse pela invocação do povo;[220] o que levou o representante diplomático norte-americano no Rio de Janeiro, embora francamente favorável ao novo regime, a deplorar, em despacho endereçado em 17 de dezembro de 1889 ao Secretário de Estado, em Washington, o pouco caso que assim se fazia da vontade popular.[221]

O fato é que quase quatro séculos de escravidão legal fizeram com que, aos olhos dos oligarcas, de ontem e de hoje, o povo apareça sempre como massa incapaz de qualquer iniciativa política útil, e que deve, por isso mesmo, ser submetida da camada supostamente competente e

---

[219] Publicada no *Diário Popular* de São Paulo, em 18 de novembro de 1889.

[220] Eis como se inicia a Proclamação dos membros do Governo Provisório em 15 de novembro de 1889: "Concidadãos! — O Povo, o Exército e a Armada Nacional, em perfeita comunhão de sentimentos com os nossos concidadãos residentes nas províncias [ou seja, sinal de que o Povo aí designado só compreendia os concidadãos que habitavam no Rio de Janeiro], acabam de decretar a deposição da dinastia imperial e consequentemente a extinção do sistema monárquico representativo".

[221] *Apud* HOLANDA, Sérgio Buarque de. *História Geral da Civilização Brasileira:* II — O Brasil Monárquico. tomo 5: do Império à República. Rio de Janeiro: Difusão Europeia do Livro, 1972, p. 347.

150

CAPÍTULO V – A OLIGARQUIA REPUBLICANA

ilustrada da população, aquela que costumamos designar, com evidente abuso de linguagem, pelo nome de *elite*.

Sucedeu, porém, que os pobres e negros, sobretudo no Rio de Janeiro, não fizeram parte dos "bestializados". Como salientou o historiador José Murilo de Carvalho, "a Monarquia caiu quando atingia seu ponto mais alto de popularidade entre esta gente, em parte como consequência da abolição da escravidão".[222]

Derrubada a monarquia, o Governo Provisório, em seu primeiro decreto, datado de 15 de novembro de 1889, declarou proclamada "como forma de governo da Nação Brasileira a República Federativa", omitindo toda e qualquer referência à democracia.

Ora, ao mesmo tempo em que o povo, como de costume, era posto à margem do processo de mudança de regime político, as oligarquias locais, aparentemente vitoriosas no seu primeiro apelo aos quartéis, tiveram que atravessar cinco anos de grave incerteza e apreensão, diante do caráter centralizador e autoritário dos primeiros governos militares. O episódio repetir-se-ia, três quartos de século depois, com a derrubada do governo João Goulart. Com a diferença de que, nessa última quadra política, o regime militar não durou apenas cinco, mas 20 anos.

Influência do positivismo[223]

A influência do positivismo no processo de substituição do governo monárquico pelo republicano não foi tão relevante como se costumava afirmar. Na verdade, com exceção do Rio Grande do Sul e do Rio de Janeiro, tal influência foi mínima.

Sem dúvida, Benjamin Constant formou vários discípulos na Escola Militar do Rio de Janeiro e, uma vez instaurada a República,

---

[222] Vejam-se, a esse respeito, as informações dadas por CARVALHO, José Murilo de. *Os Bestializados:* o Rio de Janeiro e a República que não foi. 3ª ed. São Paulo: Companhia das Letras, pp. 29 ss.

[223] COSTA, João Cruz. *O Positivismo na República:* notas sobre a História do Positivismo no Brasil. São Paulo: Cia. Ed. Nacional, 1956.

ocupou por alguns meses o Ministério da Guerra e foi, depois, titular da Secretaria de Estado de Instrução Pública, Correios e Telégrafos. Neste último cargo, introduziu algumas reformas, como o fim da obrigatoriedade do ensino religioso, a criação de escolas normais estaduais e escolas públicas secundárias federais. Mas, no conjunto, os próceres positivistas atuaram sobretudo no meio intelectual de classe média, totalmente afastado da maioria pobre da população, e pouco influente entre os oligarcas. Isso, sem contar o fato de que o positivismo no Brasil, desde o final do Império, cindiu-se em duas correntes, uma de orientação predominantemente científica, segundo o pensamento original de Augusto Comte, e outra de cunho religioso, seguindo a derradeira orientação daquele pensador.

A bem dizer, a única mudança permanente, introduzida pelo positivismo na sociedade brasileira, foi a separação entre a Igreja Católica e o Estado, quebrando uma tradição de vários séculos, anterior mesmo ao início da colonização portuguesa em nosso território. Tal separação foi editada logo após a proclamação da República, por um decreto datado de 7 de janeiro de 1890.

Curiosamente, a instauração de um Estado laico não foi mal acolhida pela Igreja. A Pastoral Coletiva do episcopado nacional, de 19 de março de 1890, assim se pronunciou: "Se no decreto há cláusulas que podem facilmente abrir a porta a restrições odiosas desta liberdade [a eclesiástica], é preciso reconhecer que, tal qual está redigido, o decreto assegura à Igreja Católica no Brasil uma certa liberdade que ela jamais logrou no tempo da monarquia". Segundo o episcopado, a pretensa proteção, fundada no regime do padroado, "abafava" a Igreja.

E, efetivamente, já no início da República Velha, deu-se a visita do Presidente Campos Sales a Leão XIII, a escolha do Brasil como sede do primeiro cardinalato da América do Sul, bem como a indicação de Dom Aquino Correia para a presidência do Estado de Mato Grosso.

No tocante à influência dos líderes positivistas sobre o povo em geral, ela se deu sobretudo com a Revolta da Vacina, ocorrida no Rio

CAPÍTULO V - A OLIGARQUIA REPULICANA

de Janeiro em 1904,[224] insuflada inicialmente pelos membros ortodoxos do Apostolado Positivista, influenciados pelo cientificismo da primeira fase do pensamento de Augusto Comte. A obrigatoriedade da vacinação contra a febre amarela, que já existia nos anos finais da monarquia, foi ampliada com a promulgação da Lei de 31 de outubro de 1904, segundo a recomendação de Osvaldo Cruz, permitindo-se que brigadas militares entrassem nas casas para aplicar a vacina à força; o que acabou suscitando uma rebelião popular. O grosso da população, com efeito, não admitia que funcionários do governo desrespeitassem a intimidade do lar e, sobretudo, das mulheres, ingressando forçadamente nas habitações para fazer a vacina por meio de picadas no corpo.

Pela primeira vez entre nós, a participação operária nas manifestações de protesto foi importante, com o apoio de várias associações da classe trabalhadora. Para se ter uma ideia do relevo de tais manifestações, considere-se o fato de que o desfile operário de maio de 1904 mobilizou 20 mil pessoas, segundo o chefe de polícia do Rio de Janeiro; e em agosto do mesmo ano, realizou-se a primeira greve geral da história da cidade. A insurreição generalizou-se no final do ano, levando o governo federal a decretar o estado de sítio em 16 de novembro.

No Rio Grande do Sul, o predomínio do positivismo no meio político – centralizado nas pessoas de Júlio de Castilhos, Borges de Medeiros e Getúlio Vargas – foi dominante desde o final do Império. Ele se manifestou não somente no campo da ética, mas também em matéria institucional.

O ideal ético positivista, central no pensamento de Augusto Comte, foi o *altruísmo*, palavra que ele próprio criou por volta de 1830, em oposição a egoísmo.

Já em matéria de instituições políticas, a tônica foi posta por Comte na figura do Chefe de Estado, que deveria acumular os poderes necessários para atuar em benefício do povo, sem a ação de intermediários. Eis por que ele era designado como *ditador*.

---

[224] Veja-se, a respeito, o texto de José Murilo de Carvalho em *Os Bestializados:* o Rio de Janeiro e a República que não foi. 3ª ed. São Paulo: Companhia das Letras, capítulo IV.

Não se podia, porém, ocultar a incompatibilidade dessa denominação com o espírito republicano. Eis por que o projeto castilhista da Constituição da República Riograndense (anote-se o cunho separatista), aprovado pelo Congresso Constituinte local em 14 de julho de 1891, e que vigorou até 1934, em lugar de *ditador* adotou o termo *Presidente*, de acordo com a Constituição Federal aprovada em 24 de fevereiro do mesmo ano.

A concentração de poderes no titular da chefia do Executivo foi, no entanto, muito mais intensa do que no plano federal. O Presidente da República Riograndense tinha competência para elaborar leis, tendo a *Assembleia de Representantes* uma função puramente orçamentária de aprovação de receitas e despesas. Mas em contraposição a essa hipertrofia do cargo de Chefe de Estado, a Constituição da República Riograndense (art. 39) criou o *recall*, ou revogação popular de mandatos eletivos, instituição da democracia direta nunca mais adotada em nosso país.

Tais inovações radicais não foram, porém, acolhidas pela oligarquia gaúcha, profundamente dividida. Entre a queda do Império e a segunda posse de Júlio de Castilhos como Presidente do Estado, em janeiro de 1893, a chefia do governo estadual mudou de mãos nada menos do que 18 vezes. E sobretudo, em 1893 eclodiu a guerra civil entre partidários de Castilhos, ditos ximangos, que defendiam a introdução de um governo forte e centralizado, e os adeptos de Gaspar Silveira Martins, ditos maragatos, que pregavam o federalismo. O conflito armado só foi encerrado em 1895, com um balanço trágico: dez mil mortos, sendo a maior parte deles degolados, depois de presos.

Turbulência militar, encilhamento e agitações operárias no início da República Velha

Os primeiros anos do novo regime transcorreram sob a forma de um verdadeiro consulado militar, com Deodoro da Fonseca e Floriano Peixoto na chefia do Estado. Para se ter uma ideia do ambiente de insegurança e temor que então predominou, ressalte-se que em março de 1890, como reação a um simples cartaz afixado em certos pontos do Rio

CAPÍTULO V – A OLIGARQUIA REPULICANA

de Janeiro, conclamando o povo a pôr abaixo a ditadura, três civis foram presos e submetidos, pela primeira vez desde 1825, a julgamento pela Justiça Militar, que os condenou a penas de prisão.

Sob a chefia de Floriano, a situação de turbulência latente acabou por explodir em duas revoltas da Armada, ou seja, das forças militares navais, contra o Exército, em 1891 e 1893; neste último ano, coincidindo com o deflagrar da Revolução Federalista no Rio Grande do Sul, em oposição à ditadura positivista de Borges de Medeiros.

De qualquer maneira, para os grandes fazendeiros do sudeste do país, os militares já haviam feito o que deles se esperava; ou seja, derrubar a monarquia. Eles deviam, doravante, voltar à caserna e entregar o comando do Estado aos civis; o que foi feito, afinal, em 15 de novembro de 1894, com a assunção da presidência da República por Prudente de Morais, legítimo representante da oligarquia cafeeira.

Mas o início do governo republicano contou com mais uma turbulência; esta, de natureza financeira: o chamado *encilhamento*.[225] Machado de Assis pintou-a com cores vivas em *Esaú e Jacó* (Capítulo LXXIII – *Um Eldorado*):

> Quem não viu aquilo não viu nada. Cascatas de ideias, de invenções, de concessões rolavam todos os dias, sonoras e vistosas para se fazerem contos de réis, centenas de contos, milhares, milhares de milhares, milhares de milhares de milhares de contos de réis. Todos os papéis, aliás ações, saíam frescos e eternos do prelo. Eram estradas de ferro, bancos, fábricas, minas, estaleiros, navegação, edificação, exportação, importação, ensaques, empréstimos, todas as uniões, todas as regiões, tudo o que esses nomes comportam e mais o que esqueceram.

Na verdade, a abolição da escravatura desencadeou um grande movimento especulativo de capitais, que foi estimulado pela edição, em

---

[225] CARVALHO, Ney. *O Encilhamento:* anatomia de uma bolha brasileira. São Paulo: Bovespa, 2004.

janeiro de 1890, por iniciativa de Rui Barbosa, então Ministro da Fazenda, de uma nova Lei Bancária. Consta que tal lei foi assinada por Rui sem consulta ao Presidente da República, o Marechal Deodoro da Fonseca; o que provocou a manifestação de protesto de três outros Ministros, entre eles o Ministro da Justiça e futuro Presidente da República, Campos Salles. O objetivo alegado de tal lei era propiciar a expansão da indústria, da agricultura e do comércio, criando-se um sistema de emissão monetária com lastro não em ouro, mas em apólices da dívida pública. A descontrolada emissão de moeda, com a multiplicação de bancos emissores que agiam sem controle, provocou gigantesca inflação e um enorme surto especulativo na Bolsa de Valores do Rio de Janeiro. A nova lei vinculava a negociação de valores mobiliários ao seu valor nominal, fora da realidade do mercado.

Se essa febre de ganhos tomou conta da burguesia rica, ela também se transmitiu à classe média, que sempre tendeu a copiá-la. Raul Pompéia assim caracterizou a mentalidade dominante à época, em artigo publicado no *Jornal do Commercio* em 4 de janeiro de 1892: "Desaprendeu-se a arte honesta de fazer a vida com o natural e firme concurso do tempo, do trabalho. Era preciso melhorar, mas de pronto: ao jogo pois!"

É de se assinalar que o desastre econômico do encilhamento ocorreu durante o período de depressão internacional, entre 1888 e 1902, correspondendo, como se veio a saber recentemente, a um forte período de seca, provocado pelo fenômeno ecológico chamado *El Niño*, que afetou todos os países localizados na latitude tropical.

Em janeiro de 1891, com a multiplicação de falências, o aumento descontrolado da dívida pública e a generalizada estagnação econômica, Rui Barbosa deixou o cargo de Ministro da Fazenda. Ele foi, na verdade, apenas um dos 16 ministros dessa pasta, que se sucederam entre 1889 e 1892.

O fato é que a turbulência econômica do encilhamento somente foi controlada na presidência de Campos Sales entre 1898 e 1902, mediante o acordo concluído com os ingleses para pagamento da nossa dívida externa (*funding loan*) no prazo de 63 anos (!), e as medidas de

CAPÍTULO V – A OLIGARQUIA REPULICANA

saneamento financeiro adotadas por decreto da Presidência da República, como a suspensão da emissão de moeda e a retirada de circulação de uma parte da moeda já emitida, assim como a eliminação dos déficits orçamentários.

Em 23 de novembro de 1891, o próprio Presidente da República, o Marechal Deodoro da Fonseca, sob ameaça de deposição, renunciou ao cargo, sendo sucedido pelo Vice-Presidente, Marechal Floriano Peixoto.

Um novo período de turbulência veio irromper na década de 20, com o chamado movimento tenentista. Era a revolta da jovem oficialidade do Exército contra a falsidade de uma representação política subordinada ao poder latifundiário. Em 1922, um grupo de tenentes revoltou-se no forte de Copacabana. Em 1924, em São Paulo, a capital ficou três semanas em mãos de jovens militares, chefiados pelo general reformado Isidoro Dias Lopes. Ainda em 1924, graças à junção de um contingente militar, que se retirava vencido de São Paulo, com outro grupo de soldados rebeldes, chefiado pelo capitão Luís Carlos Prestes, futuro líder do Partido Comunista, teve início a façanha da Coluna Prestes, que percorreu cerca de 25.000 quilômetros no território nacional, protestando contra o regime político fraudulento da *República Velha,* designação pejorativa dada pelos líderes da Revolução de 1930.

Os primeiros decênios do regime republicano foram também tumultuados por agitações operárias.

A Constituição de 1891 tinha um caráter nitidamente elitista e abstrato. Ela não só deixou de lado, em matéria de direitos humanos, as reivindicações ligadas à assim chamada "questão social", como nem chegou a mencionar, ao estatuir sobre as funções dos Poderes Legislativo e Executivo, as políticas públicas ou programas de atuação governamental indispensáveis, como a educação fundamental, inteiramente negligenciada durante o Império. Já em 1869, Silveira Lobo assinalava, em discurso no Senado, que na própria Corte havia apenas 4.800 alunos na escola primária, para uma população total estimada em 400.000 ou meio milhão de habitantes.[226] Ora, tal situação em nada mudou com a instauração da chamada *República Velha*.

O elitismo, de resto, manifestara-se antes mesmo de ser promulgada a nova Constituição, com a disposição dos artigos 205 e 206 do Código Penal de 1890, os quais pela primeira vez no Brasil tipificaram os crimes de abandono do trabalho e de greve operária, cominando-lhes pena de prisão. Tais disposições penais foram afinal atenuadas, por força das manifestações desencadeadas no Rio de Janeiro, sede do governo federal, pelos operários que trabalhavam para o Poder Público.

Deve-se salientar, a propósito, que os trabalhadores contratados pelos governos constituíam a parte mais importante do nosso operariado, já desde o final do Império.[227] Havia então vários jornais por eles mantidos e que defendiam seus direitos. Proclamada a República, houve duas tentativas principais de criação de um Partido Operário: a do operário França e Silva, preconizando que o partido fosse controlado pelos próprios trabalhadores, e a do tenente da Marinha José Augusto Vinhaes, que organizou um partido sob a sua liderança. Vinhaes chegou a ser eleito para a Constituinte, depois transformada em primeira legislatura republicana, e foi autor do primeiro projeto transformado em lei de proteção do trabalho do menor, em 1891. Ele chegou mesmo a organizar um Banco Operário, a exemplo do *Penny-Bank* de Londres. Além disso, liderou várias greves de natureza política, como a dos ferroviários de 1891, que ajudou a derrubar Deodoro, e a greve dos estivadores, ferroviários e carroceiros de 1900, desencadeada para derrubar o Presidente Campos Sales.

Já em 1899, todavia, tais manifestações de trabalhadores foram severamente coarctadas pelo governo federal, o que levou o Centro

---

[226] HOLANDA, Sérgio Buarque de. *História Geral da Civilização Brasileira:* II – O Brasil Monárquico. tomo 5: do Império à República. Rio de Janeiro: Difusão Europeia do Livro, 1972, p. 188.

[227] Segundo CARVALHO, José Murilo de. *Os Bestializados:* o Rio de Janeiro e a República que não foi. 3ª ed. São Paulo: Companhia das Letras, p. 52 ss. Tais operários trabalhavam nos arsenais do Exército e da Marinha; na Estrada de Ferro D. Pedro II, depois Central do Brasil; na Imprensa Nacional; na Casa da Moeda; e em vários setores portuários.

CAPÍTULO V – A OLIGARQUIA REPULICANA

Socialista a lançar um Manifesto aos Operários e Proletários, no qual se declarava que enquanto o Império vivera sob a dominação dos senhores de escravos, a República "vai vivendo à custa dos mais repugnantes sindicatos políticos e industriais, geradores de uma perigosa oligarquia plutocrática, tão perniciosa como a oligarquia aristocrática".[228]

As primeiras leis sobre o trabalho assalariado surgiram na primeira metade do século XIX, em razão da vinda de colonos europeus para trabalhar no campo: a Lei de 13 de setembro de 1830, que regulou "os contratos de serviços de Brasileiros e Estrangeiros", e a Lei n. 108, de 11 de outubro de 1837, que deu "providências sobre os contratos de locação de serviços de colonos".

Mas foi somente a partir do início do século XX, com o rápido aumento do número de trabalhadores europeus – sobretudo italianos e espanhóis, importados para substituir a mão de obra escrava – que a condição dos assalariados começou a ser levada a sério. Para tanto, muito contribuíram as greves gerais operárias de 1907 e 1917; esta última iniciada em São Paulo e rapidamente propagada para o Rio de Janeiro e o Rio Grande do Sul. Inútil dizer que em tais rebeliões operárias – dado que a greve, à época, ainda era considerada uma autêntica rebelião, a ser violentamente reprimida pelas forças militares, privadas ou públicas – os operários imigrados da Europa Meridional, onde as greves operárias já sucediam com frequência, exerceram papel de destaque.

Para se ter uma ideia das condições de semi-escravidão em que se desenvolvia à época o trabalho assalariado, basta considerar o fato de que, entre as reivindicações dos grevistas de 1917 constavam as seguintes: abolição do caráter criminal das associações sindicais; extinção do trabalho de menores de 14 anos nas fábricas e oficinas; vedação do trabalho noturno para as mulheres e os trabalhadores menores de 18 anos; jornada de oito horas, quando ela era na generalidade de mais de 13 horas; aumento em 50% do salário por trabalho extraordinário.

---

[228] *Apud* por CARVALHO, José Murilo de. *Os Bestializados:* o Rio de Janeiro e a República que não foi. 3ª ed. São Paulo: Companhia das Letras, p. 56.

O repúdio às reivindicações por melhores condições de trabalho perdurou até o final da República Velha. O seu último Presidente, Washington Luiz Pereira de Souza, costumava dizer, como sabido, que "a questão social é uma questão de polícia".

O caráter dissimulatório das instituições políticas

A Constituição de 1891 organizou o Estado segundo o molde federativo, como queriam os republicanos históricos. Já no tocante à forma de governo, porém, em lugar de seguir o alvitre parlamentarista do Manifesto de 1870,[229] os constituintes preferiram instituir, segundo o modelo norte-americano, o sistema presidencial de governo.

Ora, aquilo que parecia, a princípio, mera reprodução da fórmula ianque, acabou por revelar-se, com o tempo, o regresso à velha tradição luso-brasileira de concentração de poderes na pessoa do chefe de Estado.

O retorno à macrocefalia estatal não se deu, porém, de um só golpe, e sim em duas etapas.

Durante a primeira delas, que perdurou até 1930, o presidente da República atuou como árbitro supremo das rivalidades entre os Estados federados; da mesma forma que cada chefe do Poder Executivo estadual incumbia-se de arbitrar os conflitos entre os senhores locais. A chamada "política dos governadores" no plano nacional desdobrava-se, pois, num pacto coronelista em cada unidade da federação. Em ambas as situações, estabelecia-se uma espécie de contrato político bilateral. No âmbito geral da federação, o Presidente da República se comprometia a dar mão forte aos governos estaduais, desde que estes sufragassem o candidato à sucessão presidencial indicado por ele próprio, Presidente. No plano estadual, os senhores rurais, atuando ou não, oficialmente, como coronéis da Guarda Nacional, faziam sempre dos candidatos governistas os

---

[229] "A soberania nacional só pode existir, só pode ser reconhecida e praticada em uma nação cujo parlamento, eleito pela participação de todos os cidadãos, tenha a suprema direção e pronuncie a última palavra nos públicos negócios".

CAPÍTULO V – A OLIGARQUIA REPULICANA

vencedores dos pleitos eleitorais; obrigando-se os governadores, em contrapartida, a garantir, mediante o concurso da Polícia, da Magistratura e do Ministério Público, a soberania de cada senhor no território de sua propriedade.[230]

Nesse contexto político, as eleições permaneceram um logro, como durante todo o Império.

Um decênio após a proclamação da República, Raul Pompeia, um republicano de primeira hora, assim descreve o ambiente político na Capital da nova República:

> Desenganem-se os idealistas: o povo fluminense não existe. (...) Dirão que o povo fluminense fez a agitação abolicionista e a agitação republicana (...). O povo não fez nada disso. Um grupo de homens denodados, bastante ativo é certo para parecer a multidão, fez o movimento abolicionista e o movimento republicano do Rio de Janeiro. Em volta desses campeões devotados acercavam-se curiosos; e foi só.[231]

Por sua vez, o Barão de Paranapiacaba, analisando a primeira década republicana, assim concluiu:

> Vêm ao Congresso os designados da polícia e dos mandões locais. Não vota a décima parte do eleitorado. Quando nas atas se atesta concorrência numerosa, ficai certos que o excesso de voto é forgicado a bico-de-pena.[232]

Analisada, assim, em toda a sua crueza, é preciso reconhecer que a "democracia federativa" estabelecida pela *República Velha* estava longe de ser o "lamentável mal-entendido" de que falou Sérgio Buarque de

---

[230] Veja-se a monografia, ainda insuperada, de Victor Nunes Leal, *Coronelismo, Enxada e Voto*. Editora Alfa Ômega, 1949.

[231] *Apud* CARVALHO, José Murilo de. *Os Bestializados:* o Rio de Janeiro e a República que não foi. 3ª ed. São Paulo: Companhia das Letras, p. 69.

[232] CARVALHO, José Murilo de. *Os Bestializados:* o Rio de Janeiro e a República que não foi. 3ª ed. São Paulo: Companhia das Letras, p. 87.

Holanda.[233] A oligarquia da época jamais se deixou iludir sobre o sentido real dos conceitos de soberania popular ou de direitos de cidadania. Em seus escritos e discursos, a retórica democrática não passava de um grosseiro disfarce ideológico; o que não impediu, porém, que esse período inicial de governos republicanos fosse marcado por grande agitação popular e vários levantes militares.

B – A "ERA VARGAS": PRIMEIRA FASE

A supremacia da burocracia estatal sobre o poder empresarial

Sucedeu que o equilíbrio sinalagmático entre as oligarquias locais e o poder central, à revelia do povo, foi afinal vencido, não de dentro, mas de fora, com o advento da depressão econômica mundial, desencadeada pela quebra da Bolsa de Nova York em 1929. O setor de exportação de produtos primários, no campo e nas cidades, duramente golpeado pela crise, retirou seu apoio a ambos os pactos, o estadual e o federal, e o sistema político veio abaixo.

Vejamos alguns dos avatares suscitados pela Revolução de 1930.

A marginalização, que não se supunha definitiva, das classes dominantes ligadas à agricultura de exportação, deixou a burocracia estatal como poder dominante na cena política; vale dizer, o equilíbrio entre os dois grupos componentes de nossa oligarquia foi rompido em favor do Estado.

Sucedeu que, após a Revolução de 1930, o aparelho estatal submeteu-se ao poder incontrastável do chefe do governo provisório, rapidamente transformado em Presidente da República. Investido nessa posição, Getúlio Vargas, inspirando-se na tradição positivista do Rio Grande do Sul, pôs desde logo em marcha um processo de dirigismo estatal.

Assim foi que, graças à política de industrialização substitutiva de importações, procedeu-se a uma reestruturação das posições de poder social, ao se criar uma nova classe dominante: o grupo dos empresários

---

[233] *Raízes do Brasil.* 5ª edição revista. Rio de Janeiro: José Olímpio, 1969, p. 119.

CAPÍTULO V – A OLIGARQUIA REPULICANA

industriais, no qual despontou bom número de imigrantes. Essa política veio beneficiar indiretamente os setores agrários regionais que produziam para o consumo interno, e que apoiaram com vigor os principais líderes políticos da Revolução de 1930. Com efeito, tais setores, já bem desenvolvidos na região sul do país, tinham necessidade de indústrias para produzir os bens indispensáveis ao seu desenvolvimento: tais como frigoríficos, para a agropecuária; moinhos, para os produtores de trigo; ou fábricas, para a produção de bolacha, macarrão, salsichas, banha ou salame.

No campo político, fiel à orientação castilhista, por ele seguida, Getúlio Vargas reforçou consideravelmente o seu poder como Chefe de Estado, além estruturar uma nova burocracia estatal, incumbida de dirigir a economia do país no sentido nacionalista. [234]

A centralização de poder na pessoa do Presidente da República teve início desde logo, com a nomeação de Interventores Federais em todos os Estados. Em agosto de 1931, Getúlio baixou o Decreto n. 20.348, que estabeleceu normas de subordinação dos governos estaduais ao poder central, impondo severa disciplina orçamentária aos Estados e Municípios, com a proibição de que contraíssem empréstimos externos sem a autorização do governo federal; o que contribuiu para reduzir substancialmente o poder dos grupos oligárquicos privados. Tudo isso prenunciava o autoritarismo oficial, a ser instalado com a instituição do Estado Novo em 1937.

Ao mesmo tempo, foram criados vários órgãos de controle da atividade econômica, com a estruturação de um poderoso estamento burocrático. Tudo começou já em 1930, com a criação da Comissão Permanente de Padronização, e prosseguiu com a Comissão Central de Compras em 1931, o Conselho Federal do Serviço Público em 1936 e, finalmente, com a instituição do DASP – Departamento Administrativo do Serviço Público em 1938. Para se ter uma ideia do poder deste último órgão, basta assinalar que, entre as nada menos de nove de suas atribuições, constava a de organizar "o estado pormenorizado das repartições, departamentos e estabelecimentos públicos, com o fim de determinar,

---

[234] Conforme a monografia de Dalva Rausch, *Vargas – A Burocracia de Estado*, s/d.

do ponto de vista da economia e eficiência, as modificações a serem feitas na organização dos serviços públicos, sua distribuição e agrupamentos, dotações orçamentárias, condições e processos de trabalho, relações de uns com os outros e com o público".

No campo das atividades extrativas e agrícolas, o governo Vargas criou o Conselho Nacional do Café em 1931, depois transformado em Departamento Nacional do Café. Entre 1931 e 1944, a fim impedir a queda na cotação do produto no mercado internacional, foram queimadas 80 milhões de sacas de café. Além disso, o governo criou em 1933 o Instituto do Açúcar e do Álcool; em 1938 o Instituto do Mate; em 1940 o Instituto do Sal; em 1941 o Instituto do Pinho.

No setor financeiro, assinale-se a criação do primeiro banco central brasileiro, em 1939.

No novo setor industrial, foram criados vários outros órgãos estatais de regulação e incentivo, como a Comissão de Similares em 1934; o Conselho Técnico de Economia e Finanças do Ministério da Fazenda em 1937; o Conselho Nacional do Petróleo em 1938; o Conselho de Águas e Energia em 1939; a Comissão Executiva do Plano Siderúrgico Nacional em 1940; a Comissão de Combustíveis e Lubrificantes em 1941 e o Conselho Nacional de Ferrovias no mesmo ano; e a Comissão do Vale do Rio Doce em 1942.

Já nos setores considerados básicos para a economia nacional, o governo central criou a Companhia Siderúrgica Nacional em 1941, graças a um financiamento dado pelo governo norte-americano, como compensação para que o país entrasse na Segunda Guerra Mundial ao lado das potências que combatiam a Alemanha, a Itália e o Japão. Foi também criada em 1943 a Companhia Nacional de Álcalis.

Em 1944, finalmente, quando o término da guerra já se prenunciava, consolidou-se a política estatal de dirigismo econômico, com a criação da Comissão de Planejamento Econômico, subordinada ao Conselho de Segurança Nacional.

Essa primeira fase da chamada "Era Vargas", entre 1930 e 1945, deu assim nascimento a um capitalismo de Estado, no qual os grupos

CAPÍTULO V – A OLIGARQUIA REPULICANA

empresariais privados tinham sua atividade estimulada e controlada pelo governo central.[235] O objetivo final, como declarou Getúlio em várias ocasiões, era lutar contra a situação de *dependência* na qual sempre permaneceu o país, como simples produtor de matérias-primas. Foi graças a esse dirigismo estatal que o Brasil pôde enfrentar com relativo êxito a depressão econômica mundial, desencadeada com a quebra da Bolsa de Nova Iorque em 1929.

O populismo getulista

Getúlio Vargas, de certa forma também inspirado pelo positivismo de Augusto Comte, introduziu uma grande novidade na política brasileira: a prática populista, no sentido da ligação das camadas mais desfavorecidas da população com um líder carismático, que lhes dá diretamente benefícios, dispensando a intermediação tradicional dos partidos políticos. No caso de Getúlio, essa ligação pessoal do líder com a massa do povo dispensou até mesmo o ritual democrático da legitimação eleitoral, preferindo-se a utilização em larga escala da propaganda radiofônica.

Com efeito, em 1935 passou a ser transmitido obrigatoriamente, por todas as emissoras de rádio do país, o programa intitulado *Hora do Brasil*. Nele, Getúlio falava diariamente ao povo durante uma hora, anunciando as realizações do seu governo. A criação desse programa radiofônico não apenas reforçou a popularidade do Chefe de Estado, como também representou um marco no exercício do poder ideológico da oligarquia em nosso país, na passagem histórica de uma sociedade parcelada em grupos locais, para uma sociedade de massas.

De qualquer modo, apesar dos aspectos demagógicos desse populismo, é mister reconhecer que os benefícios concedidos por Getúlio à população de baixa renda corresponderam a direitos humanos de caráter social. Com efeito, cuidou-se de introduzir em nossa legislação um

---

[235] Veja-se a esse respeito o estudo de FONSECA, Pedro Cezar Dutra. *Vargas:* o capitalismo em construção. Rio de Janeiro: Editora Brasiliense, 1989.

conjunto de direitos trabalhistas, reunidos em 1943 na Consolidação das Leis do Trabalho. Ademais, já em 1930 Getúlio criou o Ministério do Trabalho, e no ano seguinte regulamentou por decreto a sindicalização das classes patronais e operárias. Criou a seguir a Justiça do Trabalho, com a instituição das Juntas de Conciliação e Julgamento. Seguindo, porém, o exemplo do fascismo italiano, estabeleceu a unicidade sindical e determinou que os sindicatos tivessem a natureza de organizações paraestatais; além de estabelecer a proibição das greves e criar o imposto sindical.

Por outro lado, a fim de tranquilizar os grupos empresariais oligárquicos, naturalmente preocupados com essa redução substancial de seus poderes de comando nas empresas, Getúlio, com sua sagacidade habitual, convocou-os a colaborar com o Ministério do Trabalho, e restringiu a vigência dos novos direitos trabalhistas ao operariado urbano. Evitou, com isso, causar maior prejuízo àquela oligarquia rural, que desde o início se posicionou como sua adversária, sobretudo no Estado de São Paulo.

O Estado Novo

A Europa conheceu, após a Primeira Guerra Mundial, a ascensão de vários regimes autoritários que exploraram, com o apoio militar, empresarial e religioso, o sofrimento das massas populares, empobrecidas pela guerra, e em seguida fortemente vitimadas pela depressão econômica causada pela quebra da Bolsa de Nova Iorque em 1929. Tais regimes foram dirigidos por ditadores carismáticos: Miklós Horthy na Hungria, que se tornou regente do reino em 1920; Mussolini na Itália, que havia sido nomeado primeiro-ministro em 1922; Salazar em Portugal, igualmente designado como primeiro-ministro em 1926; Adolf Hitler na Alemanha, que assumiu o poder em 1933; Engelbert Dollfuss na Áustria, nomeado primeiro-ministro no mesmo ano; Metaxas na Grécia, em 1936; Franco na Espanha, ditador em 1939, após o término da guerra civil iniciada em 1936.

Logo após o golpe de Estado que em 1937 pôs abaixo o fraco regime político instaurado com a Constituição de 1934, Getúlio Vargas,

CAPÍTULO V – A OLIGARQUIA REPULICANA

inspirado no regime salazarista, tomou emprestadas as características e a própria denominação do regime truculento, instaurado pelo ditador português: Estado Novo. Seguindo o velho costume oligárquico da dissimulação, decidiu adornar essa ditadura com vestes constitucionais. Mas, curiosamente, o embuste jurídico, pelo menos dessa vez, não funcionou. Aliás, a falsa Constituição de 1937 em grande parte nunca entrou em vigor.

O que importa notar é que a instauração do Estado Novo getulista, que contou com o apoio incondicional das Forças Armadas, do empresariado nacional, e com as bênçãos episcopais[236] – ou seja, os principais oligarcas e seus agentes auxiliares – foi, em certo sentido, o modelo no qual se inspiraram os criadores do regime empresarial-militar com o golpe de 1964; a começar pela alardeada ameaça comunista, que sempre arregimentou a nossa oligarquia moderna. No preâmbulo da Carta de 1937, declarou-se como uma das razões da mudança de regime político "o estado de apreensão criado no País pela infiltração comunista, que se torna dia a dia mais extensa e mais profunda, exigindo remédios de caráter radical e permanente".

O Estado Novo fechou o Congresso Nacional, as assembleias estaduais e as câmaras de vereadores, além de extinguir os partidos políticos; sem, no entanto, criar o partido único como nos regimes autoritários europeus acima indicados. Getúlio preferiu perseverar no modelo populista, que vinha aplicando com sucesso desde 1930. Foi instituída a censura à imprensa e criado, em 1939, o DIP – Departamento de Imprensa e Propaganda, através do qual era feita a propaganda governamental.

Quanto ao Judiciário, o único Poder da República que continuou a funcionar a par do Executivo após o golpe de 37, sua autonomia foi fundamente cerceada. Já em 1931, foram aposentados compulsoriamente seis Ministros do Supremo Tribunal Federal. A Carta de 1937, ademais, vedou ao Poder Judiciário conhecer de "questões exclusivamente políticas",

---

[236] A esse respeito, *História da Igreja no Brasil:* terceira época – 1930-1964. Petrópolis: Editora Vozes, 2008, pp. 233/234.

expressão vaga que deu margem a interpretações arbitrárias. Da mesma forma, excluiu-se da competência do tribunal o julgamento de questões relativas à constitucionalidade das intervenções do governo federal nos Estados. Aliás, pela Carta de 1937, ficou restringida a jurisdição do Supremo Tribunal em matéria de controle da constitucionalidade das leis e atos normativos. Assim é que, uma vez pronunciado o juízo de inconstitucionalidade de uma lei, o Presidente da República poderia declará-la como necessária ao "bem-estar do povo" ou à proteção do "interesse nacional", submetendo-a novamente à decisão do Congresso Nacional. Ora, como este jamais funcionou durante o Estado Novo, tal significava atribuir ao Presidente da República a prerrogativa de descumprir decisões, não de qualquer magistrado, mas do mais alto tribunal do regime.

Inútil dizer que essa *razia* no Poder Judiciário agravou terrivelmente a política de desrespeito aos direitos e liberdades fundamentais, que fora posta em prática mesmo antes do Estado Novo.

Já em 1935, logo após a denominada Intentona Comunista, foi promulgada nossa primeira Lei de Segurança Nacional, que criou novas figuras delituosas e estabeleceu punições severas para vários atos, antes considerados crimes de menor gravidade. O julgamento dessas infrações criminais passou a ser da competência de um tribunal de exceção, o Tribunal de Segurança Nacional, criado em 1936 e subordinado à Justiça Militar.

Em novembro de 1938, foi editada uma lei de crimes contra a economia popular, crimes esses consistentes na destruição de matérias -primas ou produtos necessários ao consumo popular; na venda de mercadorias por preço abaixo do custo, com o fim de impedir a concorrência; além de outras infrações, como fraudes no peso, divulgação de notícias falsas para provocar altas ou baixas de preços, bem como a cobrança de juros superiores à taxa permitida em lei.

Por outro lado, a Carta de 1937, em uma de suas disposições transitórias, declarou o estado de emergência em todo o país, o qual foi mantido durante toda a existência do Estado Novo. O estado de emergência autorizava a detenção de pessoas em edifício ou local não

CAPÍTULO V – A OLIGARQUIA REPULICANA

destinado a réus de crimes comuns; a residência forçada ou o desterro para outros locais do território nacional; a privação da liberdade de locomoção; a censura da correspondência e de todas as comunicações orais e escritas; a suspensão da liberdade de reunião; a busca e apreensão em domicílio. Escusa dizer que nenhum desses atos estava sujeito ao controle judiciário.

Com isso, instaurou-se em todo o país um sistema de repressão abusiva, com prisões arbitrárias, torturas e execuções sumárias, até mesmo de presos.

Sem dúvida, o Estado Novo jamais chegou a se aproximar do totalitarismo, mas foi, indubitavelmente, um regime autoritário. Aliás, a distinção entre essas duas formas de Estado foi feita em doutrina, pela primeira vez, por um autor alemão radicado nos Estados Unidos, Karl Loewenstein, ao analisar no Brasil o funcionamento da ditadura getulista.[237] Ele salientou que no Estado autoritário, não obstante a supressão da liberdade política, a vida privada conserva uma certa autonomia. No Estado totalitário, diversamente, desaparece a distinção entre a esfera pública e a privada: tudo é submetido à regulação estatal.

Até o início da Segunda Guerra Mundial, o Estado Novo manteve e mesmo aprofundou a política de dirigismo econômico, no sentido nacionalista. Um decreto de 1938 nacionalizou a refinação de petróleo, importado ou nacional, além de criar o Conselho Nacional do Petróleo. No ano seguinte, foi localizada pela primeira vez, na Bahia, uma reserva do óleo. O cartel internacional do petróleo, com forte apoio norte-americano, desenvolveu desde logo forte pressão sobre o governo brasileiro para impedir a exploração do combustível, o que realmente aconteceu.

Em 1940 entrou em vigor o Código de Minas, que proibia a participação de estrangeiros na mineração e na metalurgia.

Esse capitalismo de Estado, no entanto, foi incapaz de evitar as graves consequências provocadas pela Segunda Guerra Mundial para a

---

[237] *Brazil under Vargas*. Nova York: The MacMillan Company, 1942.

economia brasileira. A fim de controlar a inflação monetária, o governo mudou a moeda nacional do mil-réis para o cruzeiro em 1942, e no ano seguinte estabeleceu o tabelamento do preço do pão, do açúcar e da carne. Tais medidas foram, porém, incapazes de proteger as camadas menos favorecidas da população, o que levou o governo a baixar em 1944 o decreto do salário mínimo obrigatório. Esse decreto, concomitante à tributação de lucros das empresas, provocou, como era de se esperar, uma reação negativa do empresariado urbano, que desde 1930 apoiava Getúlio.

Fortalecia-se, dessa forma, o processo já iniciado, que em pouco tempo acabaria por derrubar o Estado Novo e seu chefe.

As transformações provocadas pela Segunda Guerra Mundial

Com o início da Segunda Guerra Mundial, houve uma mudança drástica na política internacional do país. Até então, enquanto se aproximava da Alemanha nazista, o governo brasileiro procurava renegociar com os Estados Unidos os acordos comerciais que favoreciam essa potência. O ponto alto dessa tendência de aproximação com países nazifascistas ocorreu em 11 de junho de 1940, quando Getúlio pronunciou um discurso pró-Eixo a bordo do encouraçado Minas Gerais, em presença da alta hierarquia militar. Logo após esse discurso, recebeu um telegrama de congratulações de Mussolini. No governo Vargas, porém, as tendências políticas estavam divididas. Assim, enquanto os ministros Eurico Gaspar Dutra, Góis Monteiro e Gustavo Capanema eram manifestamente simpáticos aos países do Eixo, Osvaldo Aranha sempre apoiou explicitamente os Estados Unidos.

Iniciada a guerra, tornava-se evidente que Getúlio já não poderia manter essa política de ambiguidade. Em julho de 1941, foi assinado um pacto secreto com o governo ianque para a construção de bases aéreas e navais no extremo oriental do Nordeste brasileiro, como trampolim para o transporte de tropas e armamentos norte-americanos em território africano, onde já operava a *Wehrmacht*. Em compensação, o governo americano liberou um empréstimo de 20 bilhões de dólares para a

CAPÍTULO V – A OLIGARQUIA REPULICANA

fundação da Companhia Siderúrgica Nacional, em Volta Redonda, o primeiro complexo de siderurgia criado na América Latina.

Em agosto de 1942 após o torpedeamento de 21 navios mercantes brasileiros que navegavam em nosso mar territorial, o governo declarou o estado de beligerância e, logo após, a declaração de guerra contra a Alemanha e a Itália. Um ano depois, em 9 de agosto de 1943, foi criada a FEB – Força Expedicionária Brasileira, enviada em 1944 a combater na Itália.

A influência norte-americana fez-se presente também no plano da política interna, envolvendo os militares. Em 1943, o General Manuel Rabelo criou a *Sociedade Amigos da América*, que contava com o apoio dos Generais Horta Barbosa e Candido Rondon. Em 1944, Oswaldo Aranha, desde há muito amigo dos americanos, desligou-se do Ministério das Relações Exteriores e passou a apoiar a instauração de um regime democrático.

Tal como ocorreu após a Guerra do Paraguai, nossos militares da FEB, ao retornarem da Europa, onde foram sacrificadas 443 vidas, sentiram-se inconformados com sua posição subordinada na estrutura da máquina governamental. Acresça-se a isto o fato de que o governo norte-americano, servindo-se da recente ligação de seus generais com os comandantes das tropas da FEB na Itália, passou a pressionar Getúlio a deixar o poder, alegando que a guerra contra as potências do Eixo Roma-Berlim-Tóquio fora desenvolvida em nome dos ideais democráticos.

No meio intelectual, aliás, esses ideais já eram majoritários. Em 24 de outubro de 1943, no aniversário da vitória da Revolução de 1930, veio à luz uma carta aberta subscrita por 92 advogados e juristas de Minas Gerais, em defesa da redemocratização do país, com a rejeição do Estado Novo e o retorno ao sistema político da República Velha. A carta, que circulou no país de forma clandestina, ficou conhecida como o *Manifesto dos Mineiros*. Ao ser finalmente publicada em jornal, provocou prisões e demissões do serviço público. Mas ela serviu de base para o pronunciamento final do Primeiro Congresso Brasileiro de Escritores em janeiro de 1945, reivindicando um governo eleito por "sufrágio universal, direto e secreto".

Um mês depois, ao retornar da Conferência de Ialta, onde se reuniram Churchill, Roosevelt e Stalin para decidir as medidas a serem tomadas com o próximo fim da guerra, um representante do governo norte-americano fez escala no Brasil para advogar a necessidade de uma abertura política.

A União Soviética, que resistira bravamente à invasão nazista, conseguiu mudar o curso da guerra com a rendição do 6º Exército alemão em Stalingrado, no dia 2 de fevereiro de 1943. Com isso, o movimento comunista, no mundo todo, perdia, pelo menos durante algum tempo, a conotação de inimigo mortal da democracia.

Desautorizado assim pela oligarquia interna e pela maior potência internacional, Getúlio Vargas convenceu-se de que deveria preparar sua saída pacífica do poder. Foi restabelecida então a liberdade de imprensa, e concedida anistia "a todos quantos tenham cometido crimes políticos desde 16 de julho de 1934" – data da promulgação da Constituição anterior – precisando-se que "não se compreendem nesta anistia os crimes comuns não conexos com os políticos".

Inútil dizer que todas as autoridades civis e militares, que haviam torturado e matado opositores políticos durante o Estado Novo, saíram deste incólumes. A mesma vergonhosa solução foi aplicada trinta e quatro anos depois, com a promulgação da Lei n. 6.683, de 28 de agosto de 1979, pela qual a corporação militar preparou sua saída do poder, só ocorrida, entretanto, três anos após.

Apesar de tudo, o ditador conseguiu adiar a mudança política interna até o início de 1945. Em 28 de fevereiro desse ano, ele tenta uma última cartada para manter em funcionamento o Estado Novo, e assina a Lei Constitucional n. 9. Ela altera fundamente a Carta de 1937 e determina que dentro em noventa dias sejam fixadas em lei "as datas das eleições para o segundo período presidencial e Governadores dos Estados, assim como das primeiras eleições para o Parlamento e as Assembleias Legislativas".

CAPÍTULO V – A OLIGARQUIA REPULICANA

A expressão "segundo período presidencial" era bastante sutil. Ela pressupunha que o ditador exercia legitimamente, até então, a presidência da República, e ao mesmo tempo nada dispunha com respeito à sua eventual "reeleição", uma vez terminado o "primeiro período presidencial".

Em 2 de abril 1945 pouco mais de um mês antes da rendição da Alemanha nazista, Getúlio preparou-se para enfrentar a nova distribuição de cartas do jogo político, aproximando-se dos comunistas. Atendendo ao apelo feito por um enviado do governo norte-americano após a Conferência de Ialta em fevereiro, foram estabelecidas relações diplomáticas com a União Soviética e decretou-se a anistia de todos os que haviam cometido crimes políticos desde julho de 1934. Com isso, Luiz Carlos Prestes, o grande líder comunista, pôde deixar a prisão, e passou a apoiar a permanência do ditador no poder. Enquanto isso, Getúlio fugia, como o diabo da cruz, de qualquer aproximação com os integralistas, herdeiros do fascismo.

Os Estados Unidos, por intermédio do embaixador Adolph Berle Jr.,[238] voltaram a fazer pressão em favor da reconstitucionalização do país, o que acabou ocorrendo em maio, com a edição do Decreto n. 7.586. Ele fixou as eleições do Presidente da República e dos membros da Assembleia Nacional Constituinte para o dia 2 de dezembro de 1945.

Iniciou-se, então, em todo o país, o chamado "queremismo", movimento de comunistas e líderes sindicais em defesa da "Constituinte com Getúlio"; vale dizer, da eleição de Vargas para o "segundo período presidencial".

Dessa vez, porém, o grande feiticeiro não logrou paralisar seus adversários com hábeis passes de mágica. Em 29 de outubro, um grupo de generais, liderado por Góis Monteiro, congregou a maior parte das Forças Armadas e depôs Getúlio Vargas.

---

[238] Tratava-se de reputado *scholar*, autor, juntamente com Gardiner Means, do ensaio clássico *Modern Corporation and Private Property*, em 1932.

C – A RECONSTITUCIONALIZAÇÃO DO ESTADO E O INTERREGNO DO GOVERNO DUTRA

Com a deposição de Vargas, instaurou-se uma inversão de posições no quadro oligárquico: doravante, os grandes proprietários e empresários passaram a predominar sobre o conjunto dos agentes estatais. Concomitantemente, o encerramento da Segunda Guerra Mundial abriu uma nova era no setor das relações internacionais, com a sua divisão em dois campos distintos: o do conjunto de países submetidos à liderança política ou ao poder econômico dos Estados Unidos, que a propaganda ideológica passou a denominar *mundo livre*, e o campo dos países sob a dominação da União das Repúblicas Socialistas Soviéticas. Como era de se esperar, o Brasil entrou desde logo para o primeiro grupo de países, com o governo do Marechal Dutra.

Acontece que nem este último, nem o governo norte-americano lograram afastar Getúlio da vida política, onde ele mantinha considerável apoio popular; o que lhe permitiu exercer uma influência decisiva sobre as eleições de 2 de dezembro de 1945.

Em primeiro lugar, Getúlio apoiou abertamente a candidatura do seu ex-ministro da guerra, General Eurico Gaspar Dutra, que acabou sendo eleito Presidente da República. Em segundo lugar, criou dois dos três partidos que dominaram a cena política até 1964: um claramente à direita, o PSD – Partido Social Democrático, e outro aparentemente à esquerda, o PTB – Partido Trabalhista Brasileiro. O PSD era o partido dos antigos interventores nos Estados e reunia os latifundiários, bem como os empresários que presidiam as federações das indústrias em Estados importantes, como Roberto Simonsen em São Paulo, Euvaldo Lodi no Rio de Janeiro e Américo Giannetti em Minas Gerais. Já o PTB era o partido dos sindicatos operários, que sempre viveram atrelados ao Ministério do Trabalho. Ou seja, como disse ferinamente Carlos Lacerda, o grande líder antigetulista da época, enquanto o PSD criava a miséria, o PTB explorava suas consequências.

Aproveitando-se das disposições da lei eleitoral então vigente, que permitia candidaturas individuais em mais de um Estado, Getúlio Vargas

CAPÍTULO V – A OLIGARQUIA REPULICANA

foi eleito, na legenda do PSD, deputado federal por 6 Estados e senador por São Paulo e Rio Grande do Sul. Optou pela cadeira de senador do Estado gaúcho.

A oposição a Getúlio organizou-se sob a bandeira da UDN – União Democrática Nacional, que representou na origem uma frente ampla contra o Estado Novo, composta principalmente de intelectuais liberais e da esquerda, de advogados (os "leguleios em férias", como os classificou Getúlio), de militares favoráveis à liderança mundial dos Estados Unidos, de banqueiros e alguns setores da classe média. Em pouco tempo, porém, os políticos da esquerda abandonaram o partido, que desde logo passou a cortejar abertamente os chefes militares golpistas.[239]

Apurados os votos para a eleição dos deputados constituintes, verificou-se que os dois partidos criados por Getúlio, o PSD e o PTB, eram majoritários. Diante disso, esperava-se que esses partidos se unissem, dispensando qualquer negociação com a UDN. Não foi isto, porém, o que ocorreu durante os trabalhos constituintes: os parlamentares conservadores, tanto do PSD quanto da UDN, passaram a atuar sem grandes divergências entre si, e a minoria da esquerda ficou reduzida à impotência.

Reproduzia-se, assim, uma vez mais, no seio da oligarquia, a política de conciliação entre conservadores e liberais, a qual foi dominante no Império durante todo o segundo reinado. Essa inesperada harmonia entre aparentes adversários políticos prosseguiu, uma vez encerrados os trabalhos constituintes, durante todo o governo do General Dutra.

A Constituinte trabalhou sob a pressão explícita do governo norte-americano, que manteve junto ao Presidente Dutra dois assessores, os advogados Herbert Hoover Jr. e Arthur Curlice. O objetivo imediato era dar prioridade ao funcionamento no Brasil de dois trustes internacionais: a *Standard Oil of New Jersey*, interessada na exploração do petróleo brasileiro, e a *International Telephone and Telegraph*, que pleiteava

---

[239] Veja-se, a esse respeito, a monografia ainda insuperada de BENEVIDES, Maria Victoria de Mesquita. *A UDN e o Udenismo*: ambigüidades do liberalismo brasileiro (1945 – 1965). Rio de Janeiro: Paz e Terra, 1981.

a concessão de serviços de telegrafia e radiocomunicação. Em consequência, o art. 153 da nova Constituição determinou que as autorizações ou concessões para aproveitamento dos recursos minerais e de energia hidráulica seriam conferidas "exclusivamente a brasileiros ou a sociedades organizadas no país"; o que abriu a porta à exploração de tais recursos ao capital estrangeiro, pois segundo a lei brasileira qualquer sociedade aqui organizada poderia estar submetida ao poder de controle estrangeiro.

Duas grandes discussões dominaram os trabalhos constituintes, iniciados em 31 de janeiro de 1946: a liberdade de funcionamento dos partidos políticos e a autonomia dos sindicatos.[240] Sobre ambas, pairava o espectro comunista. Eis por que em ambas as questões houve manifesta intervenção do governo norte-americano. É que o mundo todo já havia entrado, então, no período da chamada Guerra Fria, que opunha os Estados Unidos e seus aliados à União Soviética e seus satélites.

O Código Eleitoral de 1945 dispunha, em seu art. 114, que o Tribunal Superior Eleitoral poderia negar registro a qualquer partido cujo programa fosse contrário aos princípios democráticos ou aos direitos fundamentais do homem, como definidos na Constituição.

O Partido Comunista Brasileiro havia obtido o seu registro em maio de 1945. Mas já em março do ano seguinte, portanto com os trabalhos constituintes apenas iniciados, dois deputados[241] ajuizaram uma ação de cassação desse registro partidário na Justiça Eleitoral. A ação foi julgada procedente, por acórdão do Tribunal Superior Eleitoral de 7 de maio de 1947, com base no disposto no art. 141, § 13 da Constituição de 1946: "É vedada a organização, o registro ou o funcionamento de qualquer partido político ou associação, cujo programa ou ação contrarie

---

[240] Sobre o assunto, ALMINO, João. *Os Democratas Autoritários:* liberdades individuais, de associação política e sindical na constituinte de 1946. São Paulo: Brasiliense, 1980.

[241] Tratava-se de Barreto Pinto e de Himalaia Virgulino. O primeiro perdeu o mandato, pouco tempo depois, por procedimento declarado incompatível com o decoro parlamentar: havia posado de cuecas para uma revista semanal de grande circulação. O segundo foi procurador junto ao infame Tribunal de Segurança Nacional, instituído por Getúlio Vargas após a frustrada revolta comunista de 1935.

CAPÍTULO V – A OLIGARQUIA REPULICANA

o regime democrático, baseado na pluralidade dos partidos e na garantia dos direitos fundamentais do homem". Como era de se esperar, o objetivo visado pela nossa oligarquia com tal disposição constitucional era um só: tirar da legalidade o Partido Comunista Brasileiro, o que acabou acontecendo pouco tempo após promulgada a nova Constituição. Ninguém jamais pensou em usar essa proibição constitucional contra partidos da extrema direita, não só porque o prestígio destes afundara depois da Segunda Guerra Mundial, mas também porque grande parte de nossos oligarcas mantinha com seus dirigentes boas relações.

A segunda questão a suscitar grandes debates, durante os trabalhos de elaboração da Constituição de 1946, foi a da autonomia sindical. A ela ligou-se, indissociavelmente, o reconhecimento, pleno ou não, da greve como um direito fundamental dos trabalhadores.

O início dos trabalhos constituintes coincidiu com o aumento substancial do número de greves e o notável incremento da sindicalização de trabalhadores. Em janeiro e fevereiro de 1946, registraram-se em todo o país mais de 60 movimentos paredistas, e no dia 20 de fevereiro, só em São Paulo, havia cerca de 100.000 operários em greve. O aumento no número de trabalhadores sindicalizados cresceu substancialmente, passando de um total de 474.943 em 1945, para 797.691 em 1946.

O governo Dutra não esperou a conclusão dos trabalhos constituintes para intervir no campo das relações de trabalho. Aproveitando-se do fato de continuar em vigor a Constituição de 1937, o Presidente da República editou, em 15 de março de 1946, o Decreto-lei n. 9.070, que dispôs "sobre a suspensão ou abandono coletivo no trabalho", estabelecendo, a esse respeito, a distinção entre atividades profissionais fundamentais e acessórias. Na categoria das primeiras, onde a greve era proibida, o Decreto-lei incluiu várias atividades profissionais. Como se isso não bastasse, o Decreto-lei determinou ainda que o Ministro do Trabalho, Indústria e Comércio teria o poder de, mediante simples portaria, incluir outras atividades entre as consideradas fundamentais.

A Constituinte deparou-se, assim, com o fato consumado: a greve deixava, praticamente, de existir como remédio legal. Os debates parlamentares a esse respeito foram, portanto, meramente retóricos, prevalecendo afinal a seguinte norma: "É reconhecido o direito de greve, cujo exercício a lei regulará". A fórmula foi desde logo aceita com alívio pelos conservadores, pois a lei já existia: era o Decreto-lei n. 9.070, que ninguém mais pensou em revogar.

O mesmo quiproquó repetiu-se em matéria de liberdade sindical.

A proposta apresentada ao plenário pela Comissão encarregada de elaborar o projeto de Constituição afirmava o princípio da liberdade sindical, atribuindo à lei competência para regular "a forma de constituição, a representação legal nos contratos coletivos de trabalho e o exercício de funções delegadas pelo poder público".

Os deputados comunistas imediatamente propuseram que o artigo se limitasse a declarar a liberdade de associação profissional ou sindical. Essa posição contou com o apoio da UDN, cujos deputados queriam, a todo custo, desvincular os sindicatos do governo e desfazer, portanto, nesse particular, o modelo fascista adotado por Getúlio Vargas.

Após acalorados debates, as forças getulistas do PSD e do PTB acabaram por se impor, sendo finalmente aprovado o art. 159, com redação idêntica à da proposta inicial da Comissão elaboradora do projeto de Constituição. Os sindicatos brasileiros continuariam, pois, controlados pelo governo federal; mas, doravante, não mais com a finalidade de proteção aos trabalhadores.

Nesse capítulo, porém, a obsessão anticomunista do governo Dutra fez-se valer. Proibiu-se o aluguel das sedes dos sindicatos para atividades político-partidárias, e interditou-se a propaganda de ideias "incompatíveis com as instituições e os interesses da nação", assim como a filiação a organizações internacionais, sem licença prévia do Congresso Nacional. Ninguém tinha dúvidas sobre a entidade sindical visada por essas disposições.

Por fim, o governo Dutra reforçou consideravelmente duas tendências já esboçadas ao final do Estado Novo: a substituição da burocracia estatal pelo empresariado e os grandes proprietários rurais no

CAPÍTULO V – A OLIGARQUIA REPULICANA

comando da oligarquia, e a submissão incondicional aos Estados Unidos, tanto no plano da política interna quanto internacional.

Sob esse último aspecto, foram rompidas, em outubro de 1947, as relações com a União Soviética, a pretexto de um incidente ocorrido com o embaixador brasileiro. No campo das relações econômicas internacionais, o governo Dutra submeteu o nosso país aos interesses norte-americanos, efetivando a venda de ouro para os Estados Unidos a preços abaixo da cotação do mercado internacional, incrementando as importações de produtos norte-americanos e estabelecendo a flexibilidade cambial, de modo a facilitar a remessa de lucros para o estrangeiro; o que provocou em pouco tempo o esgotamento de nossas reservas em moeda estrangeira.

Quanto à Igreja Católica, ela manteve sua tradição de agente auxiliar da oligarquia, sem deixar, porém, de defender intransigentemente sua tradição dogmática durante os trabalhos constituintes e o governo Dutra. Salvaguardou, assim, a indissolubilidade do matrimônio, contra a proposta de adoção do divórcio, apresentada por vários deputados constituintes. O mesmo aconteceu com a proibição do aborto.

Em 1949, D. Jaime de Barros Câmara, arcebispo do Rio de Janeiro, representou ao Presidente Dutra contra a Igreja Católica Brasileira e o seu dirigente, D. Carlos Duarte Costa, ex-bispo de Botucatu, no Estado de São Paulo, de onde fora removido pelo Papa e em seguida nomeado bispo de Maura, antiga diocese africana. O governo federal mandou desde logo a Polícia fechar as dependências da organização religiosa: uma igreja e uma escola, o que levou o bispo de Maura a impetrar mandado de segurança perante o Supremo Tribunal Federal, invocando o princípio do Estado laico, instituído desde a primeira Constituição republicana, bem como o da liberdade fundamental de consciência e crença religiosa. O Supremo Tribunal, porém, sem coragem de enfrentar a Igreja Católica Romana, negou a segurança.

D – O NOVO GOVERNO VARGAS

Nas eleições presidenciais de 1950, Getúlio Vargas foi eleito com 48% dos votos apurados. Desde logo, os partidários do Brigadeiro

Eduardo Gomes, da UDN, seu opositor no pleito eleitoral, contestaram o direito de Vargas tomar posse do cargo, alegando que ele não alcançara mais da metade dos votos; alegação que não tinha nenhuma base constitucional e foi afinal recusada na Justiça.

Tal decisão judicial só fez, no entanto, acirrar os ânimos dos adversários de Getúlio, que passou a ser constantemente hostilizado no exercício de seu mandato. Os antigetulistas eram não só civis, quanto militares, e contavam com o apoio dos principais jornais da época: o Correio da Manhã e O Globo, no Rio de Janeiro; o Diário de São Paulo e o Estado de São Paulo. Organizava-se, assim, como instrumento do poder ideológico da oligarquia, o conglomerado empresarial dos meios de comunicação de massa, que só fez aumentar sua influência sobre a opinião pública nos anos posteriores. Quanto ao grupo de militares que se opôs a Getúlio, eles eram manipulados na sombra por agentes norte-americanos.

Três foram, basicamente, as políticas públicas adotadas pelo Governo Vargas, contra as quais lutaram seus adversários: o dirigismo econômico nacionalista, a proteção dos direitos trabalhistas e a política externa independente.

Tal como durante o Estado Novo, o dirigismo estatal da economia concentrou-se na produção industrial. Em outubro de 1951 foi criada a Comissão de Desenvolvimento Industrial – CDI, presidida pelo Ministro da Fazenda, com quatro objetivos: maior produção de energia, melhoramento e expansão dos meios de transporte e comunicações, intensificação da corrente de capitais e melhoramento do sistema de crédito, formação de técnicos e aperfeiçoamento dos métodos de trabalho. Graças a essa competente direção do Estado, a capacidade de produção industrial brasileira aumentou em 98% no período de 1948 a 1954, intensificando-se sobremaneira entre 1951 e 1954.

Logo após a sua posse, Getúlio criou, junto à Secretaria da Presidência, uma Assessoria Econômica, composta de competentes administradores públicos de orientação nacionalista. Esse órgão exerceu na prática, pela primeira vez em nosso país, as funções de planejamento

CAPÍTULO V – A OLIGARQUIA REPULICANA

governamental, dando especial atenção à política de investimentos na infraestrutura econômica. Da Assessoria Econômica presidencial saíram, entre outros, os projetos de criação da Petrobras, do Banco Nacional de Desenvolvimento Econômico, do Fundo Rodoviário Nacional e da Eletrobras.

O projeto de lei referente à Petrobras tinha por objeto a criação de uma empresa de capital misto, mas sob controle da União Federal. Enviado ao Congresso Nacional em dezembro de 1951, foi afinal aprovado em outubro de 1953, após acaloradas discussões, no Congresso e fora dele, entre esquerdistas e representantes do grande empresariado.

Em abril do ano seguinte, Getúlio enviou ao Congresso Nacional novo projeto de lei, agora para a criação de uma sociedade *holding*, também sob controle da União Federal, e destinada a atuar na geração, transmissão e distribuição de energia elétrica em todo o território nacional: a Eletrobras – Centrais Elétricas Brasileiras S.A. Dessa vez, porém, o projeto de lei tramitou sete anos no Congresso, somente sendo aprovado sob o governo de João Goulart.

Pressionado pelo Banco Mundial e pelo *Export-Import Bank of the United States*, o Governo Vargas adotou em 1953 a política de câmbio flexível. Mas em compensação, introduziu o confisco cambial, permitindo a apropriação de uma parcela dos dólares pagos aos exportadores de produtos nacionais, a fim de investir esses valores no setor industrial. Ao mesmo tempo, foi mantida a política de preços altos do café, provocando críticas dos Estados Unidos.

Em 5 de janeiro de 1954, Vargas assinou um decreto para coibir a evasão de capitais, fixando em 10% o limite máximo de remessas anuais de lucros e dividendos, além de determinar o registro das empresas na Superintendência da Moeda e do Crédito. Tais medidas provocaram imediato protesto das autoridades de Washington, com a retração do fluxo de investimentos norte-americanos no país. O Conselho Americano das Câmaras de Comércio chegou mesmo a propor a suspensão de todos os empréstimos ao Brasil.

O fato é que a situação econômica do país se deteriorava a olhos vistos, prejudicando, como de costume, sobretudo os mais pobres. O

181

poder aquisitivo da classe operária havia sido reduzido a quase metade durante o Governo Dutra; o que levou Getúlio a conceder um aumento salarial por decreto. Essa medida, porém, mal chegou a cobrir as perdas resultantes da inflação, que crescera de 12,9% em 1952, a 20,8% em 1953.

No mesmo sentido de proteção dos trabalhadores, Getúlio decidiu eliminar as medidas anti-trabalhistas, impostas pelo Governo Dutra; a saber, a proibição da greve, o atestado ideológico a ser apresentado pelos líderes sindicais, e a proibição de os sindicatos filiarem-se a organizações estrangeiras.

Nada disso, porém, acalmou os ânimos da classe operária, que sempre fora grande força de apoio a Vargas. Em abril de 1953, uma greve em São Paulo contou com a adesão de 300.000 trabalhadores.

Enquanto isso, ampliava-se a turbulência militar. Ela principiou logo no primeiro ano do mandato de Getúlio, quando ele se opôs à participação do Brasil na Guerra da Coreia, juntamente com os Estados Unidos. A Revista do Clube Militar, o qual desde 1949 era controlado por oficiais nacionalistas, atacou a invasão daquele país asiático, a ocupação das Filipinas e a política agressiva do governo norte-americano em outras regiões da Ásia. Nos meses seguintes à publicação do artigo, numerosos oficiais enviaram protestos, acusando a revista de tendências russófilas. Diante disso, os editores decidiram suspender temporariamente sua publicação.

O episódio suscitou entre os militares favoráveis à participação do Brasil na Guerra da Coreia a criação da Cruzada Democrática, sob a liderança do Brigadeiro Eduardo Gomes e do General Juarez Távora, entre outros. Em maio de 1952, esse grupo de militares ganhou por grande maioria a eleição para o Clube Militar, tendo início desde então as perseguições aos militares nacionalistas e intensificando-se os ataques contra o governo.

Este, com o fito de demonstrar que não adotava uma política de hostilidade aos Estados Unidos, estimulou negociações secretas com o governo americano para a assinatura de um Acordo Militar, afinal concluído em 1953.

CAPÍTULO V – A OLIGARQUIA REPULICANA

A turbulência militar, no entanto, se intensificava. Em fevereiro de 1954, o chamado "manifesto dos coronéis", reivindicando uma ampliação dos recursos orçamentários destinados ao Exército e protestando contra o aumento do salário mínimo em 100%, forçou Getúlio Vargas a exonerar João Goulart, Ministro do Trabalho, e o General Ciro Espírito Santo Cardoso, Ministro da Guerra.

Ao mesmo tempo, inaugurando uma tática que seria aplicada com sucesso para desestabilizar nos anos posteriores todos os governos não apoiados pela oligarquia, ou para impedir a eleição de candidatos por ela considerados "perigosos" em razão de sua popularidade, o conglomerado dos meios de comunicação de massa passou a denunciar sistematicamente a corrupção do governo Vargas, o "mar de lama" como passou a constar da campanha partidária e jornalística do udenista Carlos Lacerda. Hoje, não subsistem dúvidas de que tal campanha foi estimulada na sombra pelo serviço secreto norte-americano, como a forma mais eficaz de desmoralizar Getúlio e justificar a sua derrubada do poder.

Na madrugada do dia 5 de agosto, em frente à sua residência, Carlos Lacerda sofreu um atentado, que o feriu e matou o Major da Aeronáutica Rubens Florentino Vaz, encarregado de sua guarda pessoal. Imediatamente, os oficiais mais graduados daquela Arma reuniram-se em comissão de inquérito no aeroporto do Galeão (a chamada "República do Galeão"), e poucos dias depois obtiveram a confissão de membros da guarda pessoal do Presidente Getúlio Vargas de que o atentado fora por eles planejado e executado. A partir de então, os oficiais superiores do Exército e da Marinha manifestaram-se solidários com a Aeronáutica e passaram a exigir a renúncia de Getúlio. Buscou-se, sem êxito, até o dia 23, uma fórmula de conciliação. No dia seguinte, pela manhã, recebendo do irmão, Benjamin Vargas, a informação de que o oficialato das três Armas exigia sua renúncia imediata da presidência da República, Getúlio redigiu uma carta-testamento e suicidou-se, provocando desde logo vasta revolta popular em todo o país.

O suicídio de Getúlio foi, na verdade, um golpe de mestre, que adiou por dez anos a mudança do regime político.

O Vice-Presidente, João Fernandes Café Filho, ao assumir a presidência, nomeou um ministério de tendências americanófilas, composto em sua maioria por políticos da UDN, sendo por isso saudado pelo *New York Times*. Como uma de suas primeiras medidas, o novo governo baixou a Instrução 113 da SUMOC – Superintendência da Moeda e do Crédito, que conferia vantagens cambiais a empresas estrangeiras. Concomitantemente, entregou as ações da companhia de aviação Panair do Brasil a um consórcio internacional. Finalmente, em agosto de 1955, o governo de Café Filho assinou o Tratado Atômico com os Estados Unidos.

As eleições presidenciais de outubro de 1955 deram a vitória ao governador de Minas Gerais, Juscelino Kubitschek de Oliveira, da ala varguista do PSD, sendo derrotado o candidato da UDN, Juarez Távora. Na época, votava-se separadamente em presidente e vice, tendo sido eleito vice-presidente o petebista João Goulart. Essa aliança PSD-PTB, apesar de estimular a oposição anti-getulista até os lances de golpismo explícito foi muito importante para garantir certa "governabilidade" (como se fala hoje) a JK.

Com esse resultado eleitoral, a agitação militar recrudesceu. A corporação estava fundamente dividida entre nacionalistas e partidários da aliança com os Estados Unidos. Estes últimos haviam criado em 1949 a Escola Superior de Guerra, um centro de estudos para militares e civis, organizado em torno da doutrina da segurança nacional, criada no seio das Forças Armadas norte-americanas.

Em 11 de novembro de 1955, o então Ministro da Guerra, General Henrique Teixeira Lott, declarando-se preocupado com a iminência de um golpe de Estado em preparação para impedir a posse de Juscelino, tomou a iniciativa de depor o presidente em exercício, Carlos Luz, e impedir que o Vice-Presidente Café Filho, que se afastara da presidência por razões de saúde, voltasse ao exercício do cargo.

E – O GOVERNO DE JUSCELINO KUBITSCHEK, PONTO ALTO DA EFICIÊNCIA OLIGÁRQUICA

No contexto do regime oligárquico, que sempre vigorou em nosso país, o Governo de Juscelino Kubitschek representou o ponto

CAPÍTULO V – A OLIGARQUIA REPULICANA

culminante da eficiência, pois consolidou a aliança do estamento estatal com o empresariado privado, com o apoio da classe trabalhadora. Dir-se-á que tal se deu durante o mandato presidencial de cinco anos, vigente à época, mas Juscelino tinha tanta consciência dessa restrição temporal que decidiu adotar como lema de sua presidência *cinquenta anos em cinco*.

No desempenho da tradicional aliança dos potentados privados com os grandes agentes estatais, a liderança foi claramente atribuída a estes últimos, a quem Juscelino incumbiu não só da fixação dos objetivos das políticas públicas – o *Programa de Metas* – como também do controle de sua realização, através da chamada *administração paralela*.

O Programa foi organizado à luz da noção de desenvolvimento nacional, difundida na América Latina pela CEPAL – Comissão Econômica para a América Latina e o Caribe, criada em 1948 no seio das Nações Unidas. Ela era dirigida, nos anos 50 do século XX, por Raúl Prebisch e contou com a colaboração de Celso Furtado, grande líder intelectual daquela época. A concepção desenvolvimentista da CEPAL reunia, em uma mesma política pública, o crescimento econômico e a promoção da igualdade social.

No contexto do programa de desenvolvimento de Juscelino foram previstas 31 metas, distribuídas em seis grandes grupos: energia, transportes, alimentação, indústrias de base, educação e construção de Brasília; esta última considerada a meta-síntese.[242] Tal como na época de Vargas, tratava-se de uma política de capitalismo de Estado, mas com a grande diferença de que, com Juscelino, o Executivo não dava ordens, mas estabelecia incentivos.

Já no que tange à implementação de tais objetivos, o Governo Kubitschek, consciente dos obstáculos que teria que enfrentar com os órgãos oficiais da Administração Pública, tais como entraves burocráticos e a política de clientela, tomou a sábia decisão de criar a chamada *administração paralela*.

---

[242] Sobre o assunto, veja-se BENEVIDES, Maria Victoria de Mesquita. *A UDN e o Udenismo:* ambigüidades do liberalismo brasileiro (1945 – 1965). Rio de Janeiro: Paz e Terra, 1981, p. 210 ss.

Ela era constituída por órgãos já existentes de boa competência técnica, como a CACEX (Carteira de Comércio Exterior do Banco do Brasil), o BNDE – Banco Nacional de Desenvolvimento Econômico e a SUMOC – Superintendência da Moeda e do Crédito, depois transformada em Banco Central do Brasil.

Faziam também parte da *administração paralela* órgãos novos, como o Conselho de Desenvolvimento, criado por Kubitschek como primeira tentativa de centralizar o processo de formulação da política econômica; os Grupos Executivos, criados por decreto, e compostos por representantes do setor público e do setor privado; os Grupos de Trabalho, formados por grupos de estudo já existentes dentro do Conselho de Desenvolvimento; o CPA – Conselho de Política Aduaneira, criado por lei em 1957, com poderes para aplicar tarifas de modo flexível, e em cuja direção havia funcionários do BNDE, da CACEX e da SUMOC, além de representantes do comércio, da indústria, da agricultura e dos sindicatos; além da criação da SUDENE – Superintendência de Desenvolvimento do Nordeste.

Como se vê, a *administração paralela* representava a colaboração eficaz do setor empresarial com a Administração Pública, sem prejudicar os interesses partidários e a política de clientela. Tratava-se de evitar o imobilismo do sistema, sem contestá-lo. Nesse quadro de colaboração entre o Estado e o empresariado, a medida mais contestada pelos setores de esquerda foi a preferência governamental pela industrialização mediante investimentos do capital estrangeiro. Entre 1955 e 1961, foram investidos no país 2.180 milhões de dólares, sendo apenas 5% fora das prioridades governamentais, entre as quais sobressaía o desenvolvimento da indústria automotora, o que incentivou extraordinariamente o setor industrial de autopeças, este totalmente controlado pelo capital nacional.

Na verdade, todos esses êxitos governamentais foram obtidos por Juscelino graças ao espírito conciliador que sempre o animou.

Juscelino assumiu a presidência da República, consciente de que seu principal desafio era superar a divisão de forças, tanto no seio da oligarquia empresarial, quanto das Forças Armadas.

186

CAPÍTULO V – A OLIGARQUIA REPULICANA

Em relação aos militares, tomou desde logo a resolução de organizar o seu apoio ao governo. Como resumiu Maria Victoria de Mesquita Benevides,[243] esse apoio fez-se de três maneiras: 1) a atribuição ao ministro da guerra, General Lott, de um papel preponderante na manutenção da ordem interna e da disciplina militar; 2) o atendimento das reivindicações dos militares, quanto a vencimentos, equipamentos e promoções, aliado ao apoio das Forças Armadas à política desenvolvimentista do governo; 3) a crescente participação dos militares no exercício das funções governamentais.

Apesar desse empenho em articular seu governo com os interesses das Forças Armadas, o governo Kubitschek não logrou suprimir a hostilidade da corporação militar. Em 1956 e 1959, por exemplo, oficiais da Aeronáutica declararam-se em estado de insurreição contra o presidente, respectivamente em Jacareacanga (PA) e Aragarças (GO). Depois de dominá-los, Juscelino, fiel ao seu espírito de conciliação, decidiu anistiá-los.

Mas o extraordinário êxito político do seu governo resultou da formidável habilidade em lograr o apoio constante do empresariado, nacional e estrangeiro, bem como de construir no Congresso Nacional uma aliança entre dois grandes partidos de tendências diversas: o PSD de ampla base rural e o PTB, intimamente ligado ao operariado urbano. Isto, sem falar na forte ligação de Juscelino com a Igreja Católica, que iniciava nessa época o desenvolvimento de uma pastoral de apoio às classes pobres. Juscelino compareceu em 1956 e 1959 aos Encontros dos Bispos do Nordeste, e manteve uma aproximação ostensiva com D. Hélder Câmara, então arcebispo de Olinda e Recife.

O que, na verdade, animou o governo JK desde o começo e contribuiu para o esvaziamento de toda oposição foi o espírito de esperança e otimismo no futuro do país, que tomou conta de toda a população.

---

[243] *A UDN e o Udenismo:* ambigüidades do liberalismo brasileiro (1945 – 1965). Rio de Janeiro: Paz e Terra, 1981, p. 149. Conferir igualmente da mesma autora, "O governo Kubitschek: a esperança como fator de desenvolvimento", no livro *O Brasil de JK*, de GOMES, Angela de Castro. Rio de Janeiro: Editora da Fundação Getúlio Vargas – CPDOC, 1991, p. 9 ss.

O grande exemplo do êxito da política juscelinista de sempre buscar a conciliação entre forças opostas foi intervenção nas constantes manifestações reivindicatórias e greves operárias do eixo Rio – São Paulo, através da carta branca dada ao Vice-Presidente João Goulart para reunir lideranças sindicais e patronais até se chegar a um acordo.

Pode-se dizer que o Governo Kubitschek, com o Programa de Metas, contentou de modo geral ambos os componentes do nosso grupo oligárquico – potentados econômicos privados e alta burocracia estatal –, além de dar satisfação à classe trabalhadora, sobretudo urbana, com o aumento das oportunidades de emprego. Entre 1954 e 1958, o crescimento anual do PIB foi em média de 10%, e nos dois últimos anos do mandato de Juscelino, de 6,3%.

Mas a política de industrialização e a construção de Brasília não tiveram apenas efeitos positivos. A deterioração dos termos de intercâmbio, devida à queda dos valores das exportações e ao aumento dos preços médios dos produtos importados, afetou duramente as finanças públicas e a balança de pagamentos. O déficit fiscal passou de 1% do PIB em 1955 para 4% em 1957. Por outro lado, a taxa de inflação chegou a 39% ao ano, fazendo com que o salário mínimo em termos monetários reais começasse a declinar, chegando em São Paulo e no Rio de Janeiro, no último ano do Governo Kubitschek, quase ao nível de 1944.

De qualquer maneira, Juscelino procurava, mal e mal, superar tais dificuldades quando, em janeiro de 1959, um fato relevante provocou grande perturbação em toda a América Latina: um grupo de revolucionários cubanos, sob a liderança de Fidel Castro, tomou o poder na ilha, instaurando um regime comunista.

Tal fato repercutiu diretamente nas eleições para a sucessão de Juscelino Kubitschek na presidência da República, as quais voltaram a trazer grande insatisfação no seio das Forças Armadas. Candidato da coligação partidária governista PSD-PTB, o já então Marechal Lott foi derrotado por Janio Quadros, político dotado de grande popularidade pelo seu carisma histriônico. Ele recebeu, por isso mesmo, expressiva votação das classes pobres, e foi ostensivamente apoiado pela oligarquia

CAPÍTULO V – A OLIGARQUIA REPULICANA

empresarial e um amplo setor das Forças Armadas, que não perdoavam Lott por ter se colocado do lado de Juscelino na crise política de 1955.

F – OS GOVERNOS IMEDIATAMENTE POSTERIORES AO DE JUSCELINO KUBITSCHEK

Em flagrante oposição à política juscelinista, o Governo Janio Quadros realizou a proeza de contrariar os interesses de ambos os grupos componentes da nossa oligarquia, além de decepcionar a classe média e os estratos mais pobres da população, que haviam aderido com entusiasmo aos clichês demagógicos de uma luta sem tréguas contra a corrupção na esfera pública: o símbolo da vassoura e o estribilho de "o tostão contra o milhão".

O sucesso populista de Janio foi sem dúvida devido ao seu caráter carismático; mas um carisma de índole nitidamente histriônica, mais adequado a um comediante do que a um político. Na verdade, ambos os lados políticos deixaram-se iludir pelas atitudes e declarações do histrião: a direita, pela promessa de uma "modernização conservadora", através das políticas de estabilização monetária e da "verdade cambial" (a famosa Instrução 204 da SUMOC); a esquerda, pelos projetos de lei antitruste e de limitação da remessa de lucros para o estrangeiro, sem contar a abertura do nosso comércio exterior aos países comunistas e a condecoração de Ernesto *Che* Guevara, grande líder da Revolução Cubana.

Afinal, o governo de Janio durou menos de sete meses (31 de janeiro de 1961 a 25 de agosto do mesmo ano). Ainda hoje se discute sobre o objetivo da inesperada renúncia ao cargo de Presidente da República. Não parece fora de propósito supor que o inesperado gesto foi uma medíocre tentativa de imitação do final do segundo Governo Vargas, abstraindo-se o suicídio, evidentemente. Veja-se, para tanto, o texto da declaração de renúncia:

> Fui vencido pela reação e, assim, deixo o governo (...). Sinto-me, porém, esmagado. Forças terríveis levantam-se contra mim e me intrigam ou me infamam, até com a desculpa da colaboração. Se

189

permanecesse não manteria a confiança e a tranquilidade, ora quebradas, indispensáveis ao exercício da minha autoridade. Creio, mesmo, que não manteria a própria paz pública.

Não é, aliás, de se desprezar o fato de que tal ato foi praticado em 25 de agosto, Dia do Soldado, e um dia após a data do suicídio de Getúlio Vargas. Durante os poucos meses de seu governo, Janio criou subchefias militares do gabinete presidencial em várias regiões do país, além de nomear sistematicamente oficiais militares para presidir as Comissões de Inquérito e várias sindicâncias instaladas. Imaginaria, porventura, Janio que seu ato dramático de afastamento da presidência da República deixaria as Forças Armadas indiferentes?

A reação da caserna foi justamente o contrário da indiferença. Logo após a inesperada renúncia, os ministros militares, Marechal Odílio Denis, Almirante Sílvio Heck e Brigadeiro Gabriel Grün Moss, declararam-se contrários à posse do Vice-Presidente João Goulart, que se encontrava ausente do país em viagem oficial. Imediatamente, o Governador do Rio Grande do Sul, Leonel Brizola, levantou-se contra os ministros militares, obtendo o apoio do comando do III Exército, sediado em Porto Alegre.

O confronto acabou sendo resolvido por meio de uma transação conciliatória: os ministros militares aceitaram a investidura de João Goulart como Presidente da República, contanto que se adotasse o sistema parlamentar de governo; o que foi feito pelo Congresso Nacional ao votar a emenda constitucional n. 4, de 2 de setembro de 1961. Dita emenda previa, em seu art. 25, que a lei "poderá dispor sobre a realização de plebiscito que decida da manutenção do sistema parlamentar ou volta ao sistema presidencial, devendo, em tal hipótese, fazer-se a consulta plebiscitária nove meses antes do termo do atual período presidencial". Realizado o plebiscito, uma ampla maioria optou pelo retorno ao sistema presidencial de governo. O Congresso Nacional, dando cumprimento à vontade popular, aprovou a emenda constitucional n. 6, de 23 de janeiro de 1963.

Entrementes, no curso de 1962, o Governo João Goulart divulgou o Plano Trienal, elaborado pelo economista Celso Furtado para combater

CAPÍTULO V – A OLIGARQUIA REPULICANA

a inflação e promover o desenvolvimento econômico. O plano incluía as chamadas *reformas de base*, a saber:

- Reforma agrária, incluindo a desapropriação das áreas rurais inexploradas ou exploradas contrariamente ao princípio da função social da propriedade, notadamente aquelas situadas às margens dos grandes eixos rodoviários e ferroviários, recebendo os proprietários expropriados, a título de indenização, títulos da dívida pública;

- Reforma educacional, visando a valorização do ensino público em todos os níveis e do combate ao analfabetismo, com aplicação do método idealizado por Paulo Freire;

- Reforma fiscal, com fundamento no princípio da tributação proporcional ao valor da base de cálculo; além da limitação da remessa de lucros ao exterior;

- Reforma eleitoral, mediante extensão do direito de voto aos analfabetos e aos militares de baixa patente;

- Reforma política, compreendendo a legalização do Partido Comunista Brasileiro;

- Reforma urbana, "visando à justa utilização do solo urbano, à ordenação e ao equipamento das aglomerações urbanas e ao fornecimento de habitação condigna a todas as famílias";

- Reforma bancária, mediante ampliação do acesso ao crédito em favor dos produtores de bens;

- Nacionalização dos setores industriais de energia elétrica e químico-farmacêutico, bem como do refino de petróleo.

A defesa das reformas de base tornou-se o objetivo principal do efervescente movimento estudantil, secundário e universitário, e das Ligas Camponesas no Nordeste, bem como do movimento sindical urbano, com apoio do Partido Trabalhista Brasileiro, o partido de Jango e o que mais crescia nas eleições em todo o país. Cabe salientar a importância desses movimentos, da militância dos comunistas (o partido da semi-clandestinidade), em aliança com a esquerda católica e socialista.

Escusa dizer que a implementação de tais reformas pressupunha uma autêntica revolução na sociedade brasileira, pois elas eram radicalmente contrárias à manutenção do poder oligárquico, desde sempre em vigor no país. Não era de surpreender, portanto, que a proposta dessas reformas suscitasse a mais viva oposição, não só entre nós, como no seio da potência internacional que exercia, e ainda exerce, a dominação imperialista na América Latina: os Estados Unidos. A partir de então, a propaganda ideológica norte-americana arregimentou não só nossos grandes empresários e latifundiários, mas também boa parte de nossa classe média e da classe pobre, duramente atingidas à época por uma acelerada inflação monetária; sem falar no oficialato militar e no episcopado da Igreja Católica, impressionados com o "perigo comunista".

Em 12 setembro de 1963, centenas de sargentos, fuzileiros e soldados da Aeronáutica e da Marinha de Guerra sublevaram-se em Brasília, ocupando na madrugada importantes centros administrativos. O motivo do levante foi a decisão tomada pelo Supremo Tribunal Federal, que confirmava a inelegibilidade das pessoas enumeradas no art. 132, parágrafo único da Constituição de 1946 (praças de pré, suboficiais, subtenentes, sargentos e alunos das escolas militares de ensino superior).

Chegamos, assim, seis meses depois, ao golpe de Estado que pôs fim ao regime constitucional, e instaurou a dominação militar-empresarial durante mais de vinte anos.

G – O GOLPE DE ESTADO DE 1964 E A INSTAURAÇÃO DO REGIME EMPRESARIAL-MILITAR

Origens do golpe

Na gênese do golpe de Estado de 31 de março de 1964, encontramos a profunda cisão lavrada entre os dois grupos que sempre compuseram a oligarquia brasileira: os agentes políticos e a classe dos grandes proprietários e empresários.

Até então, os conflitos entre ambos eram sempre resolvidos por meio de arranjos conciliatórios, segundo a velha tradição política

CAPÍTULO V – A OLIGARQUIA REPULICANA

brasileira. Nos últimos anos do regime constitucional de 1946, porém, essa possibilidade de conciliação tornou-se cada vez mais reduzida. A principal razão para tanto foi o agravamento do confronto político entre esquerda e direita no mundo todo, no contexto da Guerra Fria e em especial, na América Latina, com a Revolução Cubana.

Era natural, nessas circunstâncias, que os grandes proprietários e empresários, nacionais e estrangeiros, temessem pelo seu futuro em nosso país e se voltassem, agora decididamente, para o lado das Forças Armadas, a fim de que estas depusessem os governantes em exercício, substituindo-os por outros, associados aos potentados privados, segundo a velha herança histórica. Uma vez perpetrado o golpe de estado, manifestaram-se desde logo a favor dele a Igreja Católica[244] e várias entidades de prestígio da sociedade civil, como a Ordem dos Advogados do Brasil.

O que o empresariado não levou em conta, todavia, era o fato de que a corporação militar amargurava, desde a proclamação da República, uma série de tentativas mal sucedidas para livrar-se da subordinação ao poder civil. Não seria justamente naquele momento, quando chamadas a salvar o empresariado do perigo esquerdista, que as Forças Armadas iriam depor os governantes em exercício, para voltar em seguida à caserna.

Na preparação do golpe, o governo norte-americano teve uma atuação decisiva. Já em 1949, um grupo de altos oficiais do Exército Brasileiro, entre os quais o general Cordeiro de Farias, influenciados pelos Estados Unidos, criou, nos moldes do *National War College* norte-americano, o Instituto de Altos Estudos de Política, Defesa e Estratégia, a seguir denominado Escola Superior de Guerra. Com o aprofundamento da chamada Guerra Fria e, sobretudo, logo após a tomada do poder em

---

[244] Em declaração de 29 de maio de 1964, os bispos brasileiros afirmaram que, vendo "a marcha acelerada do comunismo para a conquista do poder, as forças armadas acudiram em tempo, e evitaram que se consumasse a implantação do regime bolchevista em nossa terra". Atendendo, no entanto, à preocupação da minoria episcopal quanto ao viés autoritário do regime castrense, a declaração advertiu: "Que os acusados tenham o sagrado direito de defesa e não se transformem em objeto de ódio ou de vindita".

Cuba por Fidel Castro, esse instituto de ensino passou a formar a oficialidade brasileira para impedir a assunção do poder pelos comunistas; assim compreendidos todos os agentes políticos que, embora não filiados ao PCB, manifestassem, de alguma forma, oposição aos Estados Unidos. Pode-se afirmar que todos os oficiais militares que participaram do golpe de 1964 foram alunos da Escola Superior de Guerra. Os cursos lá administrados, aliás, não eram reservados apenas aos militares, mas abertos também a políticos e empresários de destaque.

De 1961 a 1966, atuou como embaixador norte-americano no Brasil Lincoln Gordon, que já em 1960 havia colaborado na implantação da *Aliança para o Progresso*, programa de ajuda oferecido pelos Estados Unidos aos países da América Latina, a fim de evitar que eles seguissem o caminho revolucionário de Cuba. Na preparação do golpe, Gordon coordenou a criação no Brasil de entidades de propaganda política, como o IBAD – Instituto Brasileiro de Ação Democrática e o IPES – Instituto de Pesquisas e Estudos Sociais. Sabe-se, aliás, por uma gravação depois divulgada, que já em 30 de julho de 1962 Lincoln Gordon discutiu com o presidente Kennedy, na Casa Branca, o gasto de US$ 8 milhões para "expulsar do poder, se necessário", o presidente João Goulart.

Como arma decisiva, o governo norte-americano – ao que parece a pedido dos militares brasileiros golpistas – desencadeou em março de 1964 a *Operação Brother Sam*, consistente em uma força-tarefa naval composta de um porta-aviões, quatro destróiers e navios-tanques para exercícios ostensivos na costa sul do Brasil, além de cento e dez toneladas de munição.

Nada disso, entretanto, impediu os chefes militares, para justificar o golpe de Estado, em se declararem, como por ocasião do chamado ato institucional n. 1, de 9 de abril de 1964, representantes do povo brasileiro, para exercer o poder constituinte em seu nome. Seis meses depois, no ato institucional n. 2, o Marechal Castello Branco e seus ministros fizeram questão de dizer que a "ordem revolucionária (...) procura colocar o povo na prática e na disciplina do exercício democrático".

A invocação retórica da democracia para encobrir todos os crimes do regime empresarial-militar atingiu seu ponto culminante com o

CAPÍTULO V – A OLIGARQUIA REPULICANA

infame ato institucional n. 5, de 13 de dezembro de 1968. O formidável ucasse abriu as portas ao terrorismo de Estado, a fim de assegurar *ipsis verbis* "autêntica ordem democrática, baseada na liberdade, no respeito à dignidade da pessoa humana".

A aliança das Forças Armadas com os detentores do poder econômico privado

Ao assumirem o comando do Estado, os chefes militares não hesitaram, ao longo dos anos, em mutilar o Congresso Nacional e o Judiciário: 281 parlamentares foram cassados e três ministros do Supremo Tribunal Federal aposentados compulsoriamente. Os governantes militares fizeram questão de submeter à sua dominação absoluta, durante as duas décadas do regime de exceção, o conjunto dos integrantes do poder civil, como uma espécie de desforra pela longa série de frustrações políticas por eles, homens de farda, sofridas desde o final do século XIX. É preciso reconhecer que a grande maioria dos agentes públicos, poupados pela repressão instaurada após o golpe, colaborou desonrosamente no funcionamento deste.

O novo regime político fundou-se na aliança das Forças Armadas com os latifundiários e os grandes empresários, nacionais e estrangeiros. Esse consórcio político engendrou duas experiências pioneiras na América Latina: o terrorismo de Estado e o neoliberalismo capitalista. A partir do exemplo brasileiro, vários outros países latino-americanos adotaram nos anos seguintes, com explícito apoio dos Estados Unidos, regimes políticos semelhantes ao nosso.

Um dos setores em que a colaboração do empresariado com a corporação militar mais se destacou foi o das comunicações de massa. As Forças Armadas e o grande empresariado necessitavam dispor de uma organização capaz de desenvolver, em todo o território nacional, a propaganda ideológica do regime autoritário, com a constante denúncia do perigo comunista e a difusão sistemática, embora sempre encoberta, dos méritos do sistema capitalista.

Os chefes militares decidiram, para tanto, fixar sua escolha no Sistema Globo de Comunicações. Em 1969, ele possuía três emissoras

195

(Rio de Janeiro, São Paulo e Belo Horizonte). Quatro anos depois, em 1973, já contava com nada menos do que onze.

A dominação empresarial do sistema de comunicações de massa continuou a subsistir, uma vez encerrado o regime autoritário, e persiste até hoje. A Constituição Federal de 1988 dispõe em seu art. 220, § 5º que "os meios de comunicação social não podem, direta ou indiretamente, ser objeto de monopólio ou oligopólio". Mas até o momento em que escrevo estas linhas – mais de um quarto de século após promulgada a Constituição em vigor – esse dispositivo constitucional, como vários outros do mesmo capítulo, permanece ineficaz por falta de regulamentação legal.[245]

O casamento entre a corporação militar e o empresariado continuou inabalado, enquanto subsistiram grupos de oposição decididos a desenvolver, com ou sem apoio cubano, a luta armada contra o regime autoritário.

No Brasil, os grandes empresários não hesitaram em financiar a instalação de aparelhos de terror estatal. No segundo semestre de 1969, por exemplo, o II Exército, com sede em São Paulo, lançou a *Operação Bandeirante* – embrião do futuro DOI-CODI (Destacamento de Operações Internas e Centro de Operações de Defesa Interna) – destinada a dizimar os principais opositores ao regime.[246] Reunido com banqueiros paulistas no segundo semestre daquele ano, o então ministro da economia Delfim Neto pediu e obteve sua contribuição financeira, alegando que as Forças Armadas não tinham equipamento nem verbas para enfrentar a "subversão". Ao mesmo tempo, a Federação das Indústrias de São

---

[245] Inconformado com essa vergonhosa submissão do Poder Legislativo aos potentados privados do setor de comunicação social, consegui convencer em 2011 um partido político (PSOL) e a Confederação Nacional dos Trabalhadores em Comunicação e Publicidade – Contcop a ingressarem com ações diretas de inconstitucionalidade por omissão no Supremo Tribunal Federal (ADO n. 10 e 11). Encerrada a instrução de tais ações em 2013, a Ministra Rosa Weber, relatora no Supremo Tribunal Federal, até o momento em que escrevo estas linhas, não as pôs em julgamento.

[246] GASPARI, Elio. *A Ditadura Escancarada*. São Paulo: Companhia das Letras, p. 59 ss.

CAPÍTULO V – A OLIGARQUIA REPULICANA

Paulo – FIESP convidou as empresas que a integravam a colaborar no empreendimento. Assim, enquanto a Ford e a Volkswagen forneciam automóveis, a Ultragás emprestava caminhões e a Supergel abastecia a carceragem militar com refeições congeladas.

A expansão econômica na primeira fase do regime de exceção

A reorganização da burocracia estatal, com o apoio da potência imperial norte-americana, provocou o que se veio a chamar *milagre econômico brasileiro*, logo no início do regime empresarial-militar. Entre 1969 e 1973, a taxa de crescimento do PIB passou de 9,8% para 14%. No entanto, a inflação monetária também se expandiu concomitantemente, de 19,46% em 1968, a 34,55% em 1974.

Nessa primeira fase do processo de reorganização econômica, o empresariado nacional beneficiou-se sobremaneira da expansão da indústria de base (siderurgia, energia, petroquímica) e do relançamento da política de substituição de importações. As empresas estatais, sobretudo no setor da indústria pesada, foram recapitalizadas mediante a chamada política da *verdade tarifária*. Ao mesmo tempo, o governo militar implementou vários programas nas áreas de transportes, energia e estratégia militar; como a construção da usina nuclear de Angra 1 e da Usina Hidrelétrica de Itaipu. Teve início igualmente a política de integração econômica da Região Norte, com a criação da Zona Franca de Manaus.

A contrapartida dessa política de expansão econômica foi a concentração de renda, que beneficiou enormemente a oligarquia empresarial. Ela foi acompanhada de uma política salarial das mais restritivas. Para se ter uma ideia desse "arrocho salarial", basta dizer que o salário mínimo em termos reais e não nominais, que já havia caído 25% entre 1964 e 1966, baixou mais 15% entre 1967 e 1973; ou seja, durante os anos de mais acentuado crescimento econômico do regime militar. A justificativa para tanto, alardeada várias vezes na televisão pelo então Ministro da Fazenda, foi que "era preciso em primeiro lugar aumentar o bolo, para depois reparti-lo". É claro que o bolo foi sistematicamente aumentado, mas sua repartição nunca chegou a ser feita.

197

FÁBIO KONDER COMPARATO

Eis que em junho de 1971, após alta anormal nas bolsas de valores de São Paulo e Rio de Janeiro, chegando a 400% em certos papéis, sucedeu um súbito *crash* que perdurou até 1973.

A quebra de confiança do empresariado no poder militar

A lua de mel entre os grandes empresários e as Forças Armadas não durou muito tempo, na verdade. Já em 12 de dezembro de 1968, exatamente na véspera do lançamento do Ato Institucional n. 5, que suspendeu o habeas-corpus nos casos de crimes políticos e contra a segurança nacional, o chefe da Polícia Federal impediu a publicação, no jornal superconservador *O Estado de São Paulo,* do editorial em que o diretor Júlio de Mesquita Filho condenava o "artificialismo institucional, que pela pressão das armas foi o País obrigado a aceitar".

Alguns anos mais tarde, quando se verificou que todos os grupos engajados na luta armada contra o regime haviam sido exterminados, os empresários começaram a manifestar sua irritação com a permanência dos militares no comando do Estado Brasileiro. Tanto mais que os homens de farda deixaram-se seduzir pelas vantagens econômicas particulares desfrutadas no comando do Estado, tais como o exercício de cargos de administração altamente remunerados em empresas estatais, várias delas criadas a partir do golpe de 1964.[247]

Em 1974, um dos grandes sacerdotes do credo liberal, Eugênio Gudin, declarou publicamente que "o capitalismo brasileiro é mais controlado pelo Estado do que o de qualquer outro país, com exceção

---

[247] Confiram-se os dados referidos por Elio Gaspari (*A Ditadura Encurralada*. São Paulo: Companhia das Letras, 2004, p. 54): "Em 1962 só doze das trinta maiores empresas pertenciam ao Estado. Em 1971 elas eram dezessete. No final do delfinato [período de atuação de Antonio Delfim Neto como ministro dos governos militares] o Estado detinha 45,8% do patrimônio líquido das 5257 principais empresas não agrícolas. Em 1972, durante as grandes festas do Milagre [o período de crescimento médio anual de 10% da economia brasileira], o Estado era dono de 46 das cem maiores empresas não financeiras do Brasil, e de nove das cem maiores empresas manufatureiras (contra sete em 66). No delfinato a participação do setor público na indústria passara de 8% em 1966 para 15% em 72".

198

CAPÍTULO V – A OLIGARQUIA REPULICANA

dos comunistas". A seguir, em fevereiro de 1975, o jornal *O Estado de São Paulo* publicou uma série de nada menos do que onze reportagens sob o título *Os Caminhos da Estatização*, enquanto a Federação das Indústrias do Estado de São Paulo divulgava um documento, intitulado *O Processo de Estatização da Economia Brasileira: O Problema do Acesso aos Recursos para Investimentos.*[248]

A classe empresarial entendia, assim, haver chegado o momento de voltar a instalar no país o tradicional regime da falsa democracia representativa, em cuja fachada aparece o poder oficial atribuído a agentes políticos eleitos, enquanto por trás dela tem livre curso a dominação econômica, exercida pelos potentados privados.

A pressão empresarial contra as Forças Armadas no comando do Estado coincidiu com a eleição à presidência dos Estados Unidos de Jimmy Carter, crítico das violações de direitos humanos cometidas pelo regime militar brasileiro. Em entrevista a um periódico norte-americano, ele chegou a afirmar:

> Quando Kissinger [Secretário de Estado no governo Richard Nixon] diz, como fez há pouco, que o Brasil tem um tipo de governo compatível com o nosso, bem, aí está o tipo de coisa que nós queremos mudar. O Brasil não tem um governo democrático. É uma ditadura militar. Em muitos aspectos é altamente repressiva para os presos políticos.[249]

Por sua vez, no seio do episcopado brasileiro – embora vinculado, como de costume, aos detentores do poder supremo – destacaram-se as figuras exponenciais de D. Helder Câmara e de D. Paulo Evaristo Arns, para denunciar sem eufemismos, tanto aqui como no exterior, as atrocidades praticadas contra presos políticos.

---

[248] *Apud* GASPARI, Elio. *A Ditadura Escancarada*. São Paulo: Companhia das Letras, p. 59 ss.

[249] Citado por GASPARI, Elio. *A Ditadura Escancarada*. São Paulo: Companhia das Letras, p. 373.

O regime militar entrava, assim, em sua fase de declínio inelutável, havendo perdido o apoio dos grupos que, tradicionalmente, compõem a estrutura do poder entre nós.

A fase final do regime autocrático

Tudo parecia encaminhar-se para a "distensão lenta, gradual e segura", como pregava o General Golbery do Couto e Silva, não fora o fato de restar irresolvida a questão das atrocidades cometidas pelos agentes militares e policiais, no quadro do terrorismo de Estado.

Conforme dados oficiais da Comissão Nacional da Verdade, criada pela Lei n. 12.528, de 2011, e instituída em 16 de maio de 2012, houve 435 (quatrocentos e trinta e cinco) casos de mortos e desaparecidos políticos durante o regime militar.

Calcula-se, ademais, que 50.000 pessoas foram presas por razões políticas, sendo a maior parte delas torturadas, algumas até a morte. O governo militar chegou mesmo a aparelhar, em Petrópolis, uma casa onde pelo menos 19 pessoas foram executadas, sendo seus corpos incinerados a fim de não deixar vestígios.[250]

Raramente em nossa vida de país independente, os governantes, quer no Império, quer na República, chegaram a cometer tão repugnantes atrocidades.

A pressão do empresariado para que os chefes militares deixassem o poder foi reforçada com a redução significativa da taxa de crescimento econômico do país, a partir do final do governo Geisel. Mas a corporação fardada hesitava em deixar o comando do Estado, procurando a todo custo uma garantia de que, quando isso ocorresse, os agentes policiais e militares responsáveis pelos atos de criminalidade violenta

---

[250] Tive a honra de ser advogado da única sobrevivente da Casa da Morte de Petrópolis, Inês Etienne Romeu, em ação declaratória proposta contra a União Federal em 1999, pelo sequestro, cárcere privado e torturas, cometidos contra ela. A ação foi julgada procedente.

CAPÍTULO V – A OLIGARQUIA REPULICANA

contra opositores ao regime não seriam punidos. Essa solução contava com o apoio decidido do grande empresariado, quando mais não fosse porque alguns de seus líderes tinham sido coautores dos crimes de terrorismo de Estado, havendo financiado a atuação do sistema repressivo.

Por sugestão dos políticos colaboradores do regime, os chefes militares decidiram afinal embarcar no movimento já iniciado de anistia aos presos e exilados políticos, de modo a estendê-la aos autores de crimes de terrorismo de Estado.

Em junho de 1979, o general-presidente Figueiredo apresentou ao Congresso Nacional um projeto, convertido em 28 de agosto na Lei n. 6.683. Ela concedeu anistia "a todos quantos (...) cometeram crimes políticos ou conexos com estes"; assim considerados "os crimes de qualquer natureza relacionados com crimes políticos ou praticados por motivação política". Lançando mão de cavilosa astúcia, os redatores da lei, ao invés de designarem precisamente os demais crimes abrangidos pela anistia, além dos delitos políticos propriamente ditos, preferiram utilizar a expressão técnica "crimes conexos". Ora, ela era totalmente inepta no caso; pois são considerados como tais tão-só os delitos com comunhão de intuitos ou objetivos; e ninguém em são juízo podia afirmar que os opositores ao regime militar e os agentes estatais que os torturaram e mataram tivessem agido com objetivos comuns.

Em 2008 o Conselho Federal da Ordem dos Advogados do Brasil, por proposta minha, ingressou com uma Ação de Descumprimento de Preceito Fundamental junto ao Supremo Tribunal Federal, com o pedido de que o Tribunal interpretasse o texto legal de acordo com a Constituição que entrou em vigor em 1988, em cujo art. 5º, inciso LXIII dispõe-se que o crime de tortura é insuscetível de graça ou anistia; sendo incontroverso que toda lei contrária ao texto ou ao espírito de uma Constituição nova considera-se tacitamente revogada por esta. Pediu-se, ademais, que a lei de anistia fosse interpretada à luz dos princípios e normas do sistema internacional de direitos humanos, que penaliza tais delitos como crimes contra a humanidade e, portanto, insuscetíveis de anistia pelos órgãos do Estado onde tais crimes foram cometidos.

FÁBIO KONDER COMPARATO

A sessão de julgamento iniciou-se em 28 de abril de 2010, havendo eu atuado como advogado do Conselho Federal da OAB. No intervalo da sessão, um dos Ministros do Supremo Tribunal chamou-me de lado, para dizer que, na noite anterior, ele e todos os demais Ministros haviam jantado no Palácio do Planalto, a convite do Presidente da República Luiz Inácio Lula da Silva, com a presença do Ministro de Estado das Forças Armadas Nelson Jobim, tendo pedido aos magistrados que a ação fosse julgada improcedente.

E efetivamente, em 29 de abril de 2010, o Supremo Tribunal Federal julgou por maioria improcedente a ação proposta pela OAB. Desse acórdão foi interposto recurso de embargos declaratórios, pois o tribunal deixou de considerar o fato de que vários dos crimes ditos conexos, cometidos por agentes do regime militar – como, por exemplo, o sequestro ou a ocultação de cadáver – são qualificados como permanentes ou continuados; o que significa que ainda não se consideram consumados e, portanto, não foram abrangidos pela lei de anistia, dado que esta declarou não se aplicar aos crimes cuja consumação é posterior a 15 de agosto de 1979. Até o momento em que escrevo estas linhas, o relator de tais embargos, o Ministro Luiz Fux, recusa-se a pôr o recurso em julgamento.

Seis meses depois do acórdão do Supremo Tribunal Federal, mais exatamente em 24 de novembro de 2010, a Corte Interamericana de Direitos Humanos, por unanimidade, condenou o Estado Brasileiro, ao julgar o Caso *Gomes Lund e outros v. Brasil ("Guerrilha do Araguaia").* Nessa decisão, declarou a Corte:

> As disposições da Lei de Anistia brasileira que impedem a investigação e sanção de graves violações de direitos humanos são incompatíveis com a Convenção Americana [sobre Direitos Humanos], carecem de efeitos jurídicos e não podem seguir representando um obstáculo para a investigação dos fatos do presente caso, nem para a identificação e punição dos responsáveis, e tampouco podem ter igual ou semelhante impacto a respeito de outros casos de graves violações de direitos humanos consagrados na Convenção Americana ocorridos no Brasil.

CAPÍTULO V – A OLIGARQUIA REPULICANA

Dois foram os fundamentos para tal decisão.

Em primeiro lugar, o fato de que as gravíssimas violações de direitos humanos, praticadas durante o terrorismo de Estado do nosso regime empresarial-militar, constituíram crimes contra a humanidade; ou seja, crimes nos quais é negada às vítimas a condição de ser humano.

Em duas Resoluções formuladas em 1946, a Assembleia Geral das Nações Unidas considerou que a conceituação tipológica de tais delitos representa um princípio de direito internacional.

Essa mesma qualificação foi dada pela Corte Internacional de Justiça às disposições da Declaração Universal dos Direitos do Homem de 1948, cujos artigos III e V estatuem que "todo homem tem direito à vida, à liberdade e à segurança pessoal", e que "ninguém será submetido à tortura, nem a tratamento ou castigo cruel, desumano ou degradante".

Ora, os princípios, como assinalado pela doutrina contemporânea, situam-se no mais elevado grau do sistema normativo. Eles podem, por isso mesmo, deixar de ser expressos em textos de direito positivo, como as Constituições, as leis ou os tratados internacionais.

O segundo fundamento da decisão condenatória do Estado Brasileiro no processo *Gomes Lund e outros v. Brasil ("Guerrilha do Araguaia")*, foi o fato de que a Lei n. 6.683, de 1979, representou, na verdade, uma auto-anistia, inadmissível no sistema internacional de direitos humanos. Como salientou a referida Sentença da Corte Interamericana de Direitos Humanos, a responsabilidade pelo cometimento de graves violações de direitos humanos não pode ser reduzida ou suprimida por nenhum Estado, menos ainda mediante o procedimento de uma auto-anistia decretada pelos governantes responsáveis, pois trata-se de matéria que transcende a soberania estatal.

Pois bem, no julgamento pelo Supremo Tribunal Federal da arguição de descumprimento de preceito fundamental n. 153, proposta pelo Conselho Federal da OAB, o ministro relator e outro que o acompanhou afirmaram que a Lei n. 6.683 não poderia ser concebida como auto-anistia, mas sim como uma anistia bilateral entre governantes e governados. Ou seja, segundo essa original interpretação, torturadores e torturados, reunidos em uma espécie de contrato particular de intercâmbio de prestações, teriam resolvido anistiar-se reciprocamente...

Frise-se, desde logo, a repulsiva imoralidade de um pacto dessa natureza, se é que ele realmente existiu: o respeito mais elementar à dignidade humana impede que a impunidade dos autores de crimes hediondos ou contra a humanidade seja objeto de negociação pelos próprios interessados.

Na verdade, o propalado "acordo de anistia" dos crimes contra a humanidade, praticados pelos agentes da repressão, não passou de uma encoberta conciliação oligárquica, na linha de nossa mais longeva tradição. A validade de qualquer pacto ou acordo supõe a existência de partes legitimadas a conclui-lo. Se havia à época, de um lado, chefes militares detentores do poder supremo, quem estaria do outro lado? Porventura, as vítimas ainda vivas e os familiares de mortos pela repressão militar foram chamados a negociar esse acordo? O povo brasileiro, declarado solenemente como titular da soberania, foi convocado a referendá-lo?

O mais escandaloso de toda essa tese do acordo político é que, após a promulgação da lei de anistia, certos agentes militares continuaram a desenvolver impunemente sua atividade terrorista. O Ministério Público Militar apurou que, entre 1979 e 1981, houve 40 atentados a bomba, praticados por um grupo de oficiais militares reunidos em uma organização terrorista. Foi preciso, no entanto, aguardar até fevereiro de 2014, ou seja, trinta e três anos depois do último atentado, para que fosse apresentada denúncia criminal contra os integrantes dessa quadrilha por homicídio doloso, associação criminosa armada e transporte de explosivos.

É deplorável constatar que o nosso país é o único na América Latina a continuar sustentando a validade de uma auto-anistia decretada pelos militares que deixaram o poder. Na Argentina, no Chile, no Uruguai, no Peru, na Colômbia e recentemente na Guatemala, o Poder Judiciário decidiu pela flagrante inconstitucionalidade desse remendo institucional.

CAPÍTULO V – A OLIGARQUIA REPULICANA

O caso do regime pós-militar argentino é paradigmático a esse respeito e nos cobre de vergonha. A Suprema Corte de Justiça do país julgou inconstitucional, em 2005, a anistia dos crimes cometidos pelos agentes estatais contra os opositores políticos aos governos militares, iniciando-se desde então os consequentes processos penais contra centenas de réus, inclusive dois ex-Presidentes da República, considerados coautores de tais crimes.

No Brasil, bem ao contrário, até hoje nem um só autor de crime praticado no quadro do terrorismo de Estado do regime empresarial-militar foi condenado pela Justiça. Em 17 de outubro de 2014, Corte Interamericana de Direitos Humanos baixou uma Resolução, declarando que o Estado Brasileiro ainda não havia cumprido nenhum dos doze pontos conclusivos da Sentença de 24 de novembro de 2010, que condenou o Brasil no caso *Gomes Lund e outros v. Brasil (Guerrilha do Araguaia)*, reafirmando a incompatibilidade da Lei de Anistia de 1979 com a Convenção Americana de Direitos Humanos.

H – O PERÍODO POSTERIOR AO REGIME EMPRESARIAL-MILITAR

A reconstitucionalização do Estado em 1988

Com a morte inesperada do Presidente eleito Tancredo Neves, em 21 de abril de 1985, assumiu a presidência o Vice-Presidente José Sarney.

Sua preocupação praticamente única foi a de repor em funcionamento o sistema político em vigor antes do golpe militar de 1964, ou seja, oligárquico em substância e democrático na aparência.

No texto da nova Constituição, promulgada em 5 de outubro de 1988, foram declarados os princípios fundamentais a regê-la; a saber, a República, a Democracia e o Estado de Direito. De acordo, porém, com a inveterada tradição brasileira, tais princípios servem apenas de bela fachada do edifício constitucional, encobrindo a realidade efetivamente vigente, na qual eles são desconsiderados.

Assim é com o princípio republicano que, desde a mudança de regime político em 1889, é confundido com o sistema de governo não-monárquico. Na nova Constituição, declara-se que um dos objetivos fundamentais da República Federativa do Brasil consiste em "promover o bem de todos, sem preconceitos de origem, raça, sexo, cor, idade e quaisquer outras formas de discriminação" (art. 3º, IV). Na realidade, porém, como já advertira Frei Vicente do Salvador no início do período colonial, "nem um homem nesta terra é republico nem zela e trata do bem comum, senão cada um do bem particular".

O desconhecimento do que é um regime autenticamente republicano fica evidente, quando se verifica que a Constituição de 1988 não reconhece que o verdadeiro titular dos bens públicos é o povo – como bem exprimiu Cícero, com a concisão latina, *res publica, res Populi* – e que a União, os Estados, os Municípios e o Distrito Federal nada mais são do que agentes que atuam em nome do povo; ou, como dizem os alemães, simples portadores do poder público (*Machtträgern*).

Da mesma sorte, em relação ao princípio democrático. A partir de 1934, as Constituições aqui promulgadas vêm repetindo, sem descontinuar, que "todo poder emana do povo". Na atual, precisou-se que ele exerce essa soberania, não apenas por meio de representantes eleitos, mas também diretamente (art. 1º, parágrafo único), por intermédio de plebiscitos e referendos. Ao se analisar, porém, semanticamente o verbo *emanar* nessa declaração constitucional, tem-se a impressão de que ele foi empregado mais no sentido de evolar-se, do que no de originar-se.

Com efeito, a Assembleia Constituinte convocada pelo Presidente José Sarney em junho de 1985 nada mais era do que o então Congresso Nacional revestido de poderes constituintes. Quando o povo elegeu os membros desse Congresso, não tinha a menor consciência de que aos eleitos caberia a função maior de redigir a nova Constituição. Ademais, esta última, como todas as que a precederam, não foi aprovada pelo povo. Pior: os redatores da atual Constituição, como sucedeu com todas as demais editadas no período pós-monárquico, arrogaram-se o poder exclusivo de modificá-la, sem consulta ao representado. Até o momento em que escrevo estas linhas, a Constituição de 1988 tem sido emendada (ou remendada) em média cinco por ano. Em nenhuma dessas ocasiões, pensou-se, não já em pedir a aprovação direta daquele

CAPÍTULO V – A OLIGARQUIA REPULICANA

que a Constituição declara soberano, isto é, o povo, mas em pelo menos consultá-lo para saber sua opinião acerca das emendas propostas.

Pode-se mesmo sustentar que a Constituição de 1988 ainda não entrou definitivamente em vigor sob o aspecto puramente formal, pois ela continua recebendo "emendas transitórias". Ou seja, continuamos na fase de transição de uma Constituição a outra... A norma constitucional transitória mais importante foi a que determinou a definição, por meio de plebiscito, da forma (república ou monarquia) e do sistema de governo (parlamentarismo ou presidencialismo) a vigorar no país; entendendo-se aqui por república, como foi dito no início deste capítulo, não o princípio fundamental da absoluta prevalência do bem comum do povo – que os romanos denominaram *res publica* – sobre todo e qualquer interesse privado, mas sim a atribuição da chefia do Estado a uma pessoa escolhida pelo povo. Tal plebiscito, realizado no dia 7 de setembro de 1993, optou pela república (no sentido que acaba de ser exposto) e pelo presidencialismo.

Já quanto ao princípio político fundamental da democracia, a inovação da Constituição de 1988 foi a de explicitar, como formas de exercício da soberania popular, não só o sufrágio universal, mas também o referendo e o plebiscito. A Lei n. 9.709, de 1998, especificou que o plebiscito "é convocado com anterioridade a ato legislativo ou administrativo, cabendo ao povo, pelo voto, aprovar ou denegar o que lhe tenha sido submetido"; ao passo que o referendo "é convocado com posterioridade a ato legislativo ou administrativo, cumprindo ao povo a respectiva ratificação ou rejeição".

Acontece que em seu art. 49, inciso XV a mesma Constituição determinou ser da competência exclusiva do Congresso Nacional "autorizar referendo e convocar plebiscito". Em outras palavras, o povo soberano fica impedido de manifestar sua vontade, a não ser com autorização prévia de seus mandatários no Congresso Nacional. Trata-se, como se vê, de original criação do espírito jurídico brasileiro!

Já quanto ao terceiro princípio político fundamental do Estado moderno, qual seja, a submissão de todo órgão de poder ao controle jurídico de outro órgão, como mecanismo para se evitar o abuso – o que se denomina em doutrina Estado de Direito –, no regime da Constituição de 1988 tal princípio foi afastado em relação ao Supremo Tribunal Federal e o Presidente da República.

Em relação ao Supremo Tribunal Federal, ao se aplicar a nova Constituição ficou explícito que ele não está sujeito a controle algum no exercício de suas atribuições. Em outras palavras, trata-se de um órgão irresponsável, pois ele próprio e cada um dos seus Ministros não respondem de suas decisões, atos e omissões perante ninguém. Com a criação, por efeito da Emenda Constitucional n. 61, de 2009, do Conselho Nacional de Justiça (Constituição, art. 103-B), encarregado do "controle da atuação administrativa e financeira do Poder Judiciário e do cumprimento dos deveres funcionais dos juízes", supôs-se que o Supremo Tribunal Federal estaria submetido ao controle desse Conselho, pelo menos no que se refere à sua atuação administrativa e financeira. Doce ilusão: ao julgar em 2006 a ação direta de inconstitucionalidade n. 3.367, o Supremo Tribunal decidiu peremptoriamente que "o Conselho Nacional de Justiça não tem nenhuma competência sobre o STF e seus ministros".

Tudo isso, sem falar na escandalosa recusa de nosso tribunal supremo em julgar pleitos em que se questiona a deliberada omissão do Poder Legislativo em regulamentar normas constitucionais contrárias aos interesses dos grupos que compõem o poder oligárquico; como, por exemplo, a determinação do art. 220, § 5º da Constituição Federal, que proíbe sejam os meios de comunicação social objeto, direta ou indiretamente, de monopólio ou oligopólio; ou a do art. 153, inciso VII, que atribui à União Federal a competência para instituir o imposto sobre grandes fortunas.

Já quanto ao controle judicial dos atos do Presidente da República, a Constituição de 1988 reproduziu a norma constante do arremedo de Constituição, baixado pelo poder militar em 1967, segundo a qual a denúncia oferecida pelo Ministério Público contra o Presidente pelo cometimento de infrações penais comuns, antes de ser apresentada ao Supremo Tribunal Federal deve ser submetida à aprovação de dois terços

CAPÍTULO V – A OLIGARQUIA REPULICANA

da Câmara dos Deputados. Tendo sido denunciado em 2017 pelo Procurador-Geral da República pela prática do crime de corrupção, o Presidente Michel Temer logrou impedir a abertura do processo-crime no Supremo Tribunal Federal, prodigalizando vantagens indevidas a grande número de deputados federais. Em outras palavras, o Chefe do Poder Executivo federal comprou os votos necessários para se safar da acusação.

O Governo de José Sarney

Em 1983, nos estertores do regime militar, o Deputado Dante de Oliveira apresentou no Congresso Nacional uma Proposta de Emenda Constitucional, tendo por objetivo o restabelecimento de eleições diretas para a Presidência da República. Não obstante o apoio de mais de 80% do povo brasileiro, a emenda não obteve a maioria especial de dois terços na Câmara dos Deputados, tendo sido por isso rejeitada. Realizaram-se então, em 15 de janeiro de 1985 as eleições indiretas para a chefia do Executivo no plano federal e nos Estados, conforme previsto. Só que dessa vez, pela primeira vez após mais de 20 anos de regime militar, foi eleito Presidente da República um civil, Tancredo Neves que não pôde, porém, tomar posse, tendo falecido em 21 de abril daquele ano. Com isso, foi empossado na Chefia do Executivo federal o Vice-Presidente escolhido pelo colégio eleitoral, José Sarney.

A disposição de ânimo otimista que tal eleição suscitou no conjunto da população foi, no entanto, rapidamente dissipada, quando a massa do povo deu-se conta de que suas condições de vida eram doravante submetidas aos malefícios da inflação monetária.

Em fevereiro de 1986, o governo de José Sarney lançou o Plano Cruzado, na esperança de conter a inflação e restaurar a confiança no desempenho econômico. Além da substituição da moeda oficial do país, o cruzeiro, pelo cruzado, estabeleceu-se o congelamento geral de preços por doze meses e a adoção o "gatilho salarial", isto é, o reajuste automático de salários sempre que a inflação atingisse o nível de 20%. Em contrapartida, atribuiu-se aos trabalhadores um abono de 12% sobre o valor real dos salários. O que os economistas do governo não souberam prever foi que o congelamento de preços acabou por distorcer as margens de lucro das empresas, provocando o desinvestimento, a queda de produção e uma ampla crise de abastecimento, com o recrudescimento da inflação, levando à generalizada cobrança de ágio em todos os preços.

Diante do fracasso das medidas anti-inflacionárias tomadas, o governo decidiu, ao final do mesmo ano de 1986, lançar o Plano Cruzado II, que tampouco logrou deter a inflação, o que levou à decretação de uma moratória unilateral em 20 de janeiro de 1987 e ao lançamento de mais dois novos programas anti-inflacionários: em abril daquele ano, pelo novo Ministro Bresser Pereira, e em janeiro de 1989 pelo Ministro Maílson da Nóbrega (o Plano Verão); ambos esses planos igualmente mal sucedidos.

Não obstante esse fracasso na política anti-inflacionária, ou talvez em razão dele, a moeda nacional não foi apreciada como nos anos posteriores, o que provocou bons resultados no comércio exterior. No governo Sarney o Brasil teve o 3º saldo exportador do mundo. A dívida externa caiu quase pela metade, e o déficit primário, que era equivalente a 2,5% do PIB em 1984, foi sucedido por um superávit de 0,8% em 1989.

Outro ponto a ser assinalado no governo Sarney foi a consolidação do oligopólio empresarial dos meios de comunicação. Sob o comando de Antônio Carlos Magalhães, Ministro das Comunicações, foram feitas sem licitação mais de mil concessões de rádio e televisão em troca de apoio político ao governo, notadamente para o aumento de um ano do mandato presidencial.

No campo da política externa, o governo desvinculou-se dos Estados Unidos, o que valeu o estabelecimento de sanções comerciais contra o nosso país.

O Governo Collor de Mello

Com a eleição à presidência da República de Fernando Collor de Mello em 1990, o Brasil entra de pleno vapor no campo do privatismo

CAPÍTULO V – A OLIGARQUIA REPULICANA

e do liberalismo econômico mais desbragados. Foram reduzidos os impostos de importação e incentivados os investimentos externos, inclusive com a privatização de empresas públicas ou o fim do monopólio estatal em setores estratégicos, como a exploração de petróleo, energia e mineração. Com a agravante de que as privatizações faziam-se com financiamento do BNDES, ou seja, com dinheiro público, e atingiam empresas estatais lucrativas e competitivas, como a Companhia Vale do Rio Doce e a Companhia Siderúrgica Nacional.

Embora toda essa política de privatização econômica tenha beneficiado o setor empresarial e rentista, que passou a liderar o grupo oligárquico no poder, grande parte do empresariado e dos capitalistas acabaram rompendo com o governo. Aparentemente, em razão das medidas descontroladas por este tomadas para debelar a inflação, como o congelamento pelo prazo de dezoito meses dos depósitos bancários superiores a Cr$50.000,00. Mas há quem sustente que a verdadeira razão do abandono do Presidente Collor pela oligarquia foi o fato de que este recusou-se a permitir a participação de grande parte dos oligarcas, sobretudo de membros do Congresso Nacional, no vultoso montante de propinas recebidas por Collor e o pequeno círculo de seus amigos, das empresas beneficiadas pela corrupção.

O caminho estava assim aberto para a destituição do Presidente por via do processo de impeachment, aberto no Congresso Nacional em 2 de setembro de 1992 e finalizado em 29 de dezembro do mesmo ano.

O Governo Itamar Franco

A grande preocupação do governo instaurado no apagar das luzes da presidência de José Sarney em 1992 foi a de repor o país nos eixos, recriando um mínimo de racionalidade na gestão da coisa pública.

Em abril de 1993, ou seja, quatro anos e meio após a promulgação da nova Constituição, as autoridades federais decidem lançar o plebiscito nela previsto, para deliberar sobre o regime político – república ou monarquia – e sobre o sistema de governo: presidencialismo e parlamentarismo. Quase um terço dos eleitores deixou de comparecer às urnas, o que demonstrou o desinteresse de grande parte dos cidadãos pelas escolhas políticas objeto da decisão popular. Em conclusão, 66% votaram a favor da república, contra 10% a favor da monarquia. Quanto ao sistema de governo, o presidencialismo recebeu 55% dos votos, enquanto o parlamentarismo, apoiado por Itamar Franco, 25%.

Quando o Vice-Presidente Itamar Franco assumiu a presidência, por efeito da destituição de Fernando Collor de Mello, a taxa anual da inflação monetária chegou a 1100% em 1992 e a 2708,55% no ano seguinte. Não obstante a frequente troca de Ministros da Fazenda, o descontrole monetário só terminou com o lançamento do Plano Real em fevereiro de 1994.

O plano foi elaborado por uma equipe econômica, da qual faziam parte Persio Arida, André Lara Resende, Francisco Lopes, Gustavo Franco, Pedro Malan, Edmar Bacha e Winston Fritsch. Era então Ministro da Fazenda Fernando Henrique Cardoso, mas ele deixou o Ministério em março daquele ano, ou seja, um mês após o lançamento do plano, para candidatar-se à presidência da República. Assumiu então o ministério o diplomata Rubens Ricúpero, o qual, segundo o presidente Itamar Franco, foi "o grande ministro do Plano Real".

O plano desenrolou-se em três etapas: 1) a fase de equilíbrio das contas públicas; 2) a criação da Unidade Real de Valor, com o objetivo de preservar o poder de compra, sobretudo da população de baixa renda, excluindo-se a adoção de medidas de choque, como o chamado confisco da poupança; 3) o lançamento do padrão monetário até hoje vigente: o real.

As principais medidas de estabilização econômica adotadas foram as seguintes:

- Desindexação da economia, com o ajuste de preços anualizado em função do custo de produção dos bens e serviços.
- Privatização das empresas públicas, cujo desenvolvimento é cerceado pela burocracia estatal e a escassez de recursos públicos. Como sabido, sob o governo de Fernando Henrique Cardoso a política de privatizações deixou de ser a exceção e tornou-se a regra.

CAPÍTULO V – A OLIGARQUIA REPULICANA

- Equilíbrio fiscal, mediante corte de despesas públicas dispensáveis e aumento em pelo menos 5% de todos os impostos federais.

- Abertura econômica, mediante a gradual redução das tarifas de importação e a facilitação da prestação de serviços internacionais.

- Manutenção de juros básicos elevados e câmbio artificialmente valorizado. Tais medidas, que na melhor das hipóteses deveriam ser temporárias, tornaram-se permanentes em razão do poder dominante das empresas financeiras, provocando apreciável redução no ritmo de crescimento da economia brasileira.

Seja como for, o Plano Real favoreceu o consumidor de baixa renda. Segundo estimou a Fundação Getúlio Vargas, em apenas dois anos, entre 1993 e 1995, a população pobre diminuiu em 18,47%.

O Governo de Fernando Henrique Cardoso

Encerrado o Governo Itamar Franco, os principais líderes da dominação oligárquica em nosso país resolveram embarcar, com armas e bagagens, no comboio que transportava a economia mundial para o paraíso da globalização capitalista. Durante todo o período em que Fernando Henrique Cardoso exerceu a presidência da República, o real foi mantido supervalorizado, a taxa básica de juros elevada, as despesas públicas reduzidas e foram criados incentivos à entrada de empresas estrangeiras em nosso país, inclusive mediante emendas constitucionais.

Concomitantemente, realizou-se a mais extensa política de privatizações de toda a nossa história, abrangendo rodovias federais, bancos estaduais, empresas de energia e telefonia. Logo no primeiro mandato de Fernando Henrique Cardoso, foram privatizadas nada menos do que oitenta empresas públicas, notadamente a Companhia Vale do Rio Doce, uma das maiores empresas mineradoras do mundo, a maior produtora mundial de minério de ferro, de pelotas e de níquel, além de produtora de manganês, ferroliga, cobre, bauxita, potássio, caulim e alumínio. A companhia opera também no setor de energia elétrica, com nove usinas no Brasil, no Canadá e na Indonésia.

Essa privatização, justificada à época pelo chamado Consenso de Washington – conjunto de dez recomendações do Fundo Monetário Internacional adotadas em 1990 – foi na verdade operada na bacia das almas. Os compradores da Companhia do Rio Doce, por exemplo, beneficiaram-se de financiamento subsidiado pelo BNDES, não tendo sido levado em conta, no preço de venda das ações de controle, o valor potencial das reservas de ferro por ela possuídas, as maiores do mundo. Contra essa operação de venda do controle público da Vale do Rio Doce foram intentadas mais de cem ações judiciais, nenhuma delas acolhida pelo Judiciário; o que bem demonstrou a submissão cabal dos magistrados à dominação da oligarquia empresarial, nacional e estrangeira.

Para completar esse quadro de completo abandono do princípio republicano e do Estado de Direito, logo no começo do seu mandato Fernando Henrique Cardoso iniciou tratativas junto ao Congresso Nacional para operar uma mudança constitucional, permitindo a sua própria reeleição como Presidente da República, incluindo nessas tratativas a compra de votos de vários deputados federais, que acabaram sendo judicialmente condenados. O Presidente, no entanto, saiu ileso de todo esse criminoso episódio, não tendo contra ele sido intentado em juízo procedimento algum.

O balanço da eficiência do governo foi dos mais negativos. No último ano do mandato presidencial ampliado, o desemprego atingiu um número recorde de trabalhadores, colocando o Brasil na segunda colocação no índice mundial de desempregados em termos absolutos. Ao mesmo tempo, o PIB *per capita* caiu de US$ 4,85 para US$ 2,86, registrando-se significativo aumento da desigualdade no seio da população.

Na verdade, teve-se a impressão de que Fernando Henrique Cardoso atuou como se fora o Chefe de Estado de um regime parlamentar, entregando praticamente todas as tarefas de governo aos seus ministros, que agiram sem controle de qualquer espécie.

Luiz Inácio Lula da Silva: um intruso no regime oligárquico

Lula foi, efetivamente, o único Chefe de Estado no Brasil, escolhido fora do esquema oligárquico. Foi esta a única vez em que a

CAPÍTULO V – A OLIGARQUIA REPULICANA

coligação oligárquica, notadamente o empresariado e os principais agentes políticos, utilizando-se largamente do seu oligopólio dos meios de comunicação de massa, não souberam manipular o processo eleitoral em favor do candidato que haviam escolhido.

Na verdade, a eleição de Lula em 2002, após três candidaturas frustradas, perturbou nossos oligarcas, pois o novo Presidente era o primeiro Chefe de Estado oriundo da classe operária, e cujo carisma pessoal teve sempre o dom de entusiasmar a maioria do povo.

Lula, porém, desde sua eleição – e mesmo antes, por meio da *Carta aos Brasileiros,* por exemplo – fez questão de não hostilizar os grupos dominantes, procurando estabelecer com eles, sobretudo com as grandes empreiteiras de obras públicas e empresas financeiras, uma aliança duradoura. Durante seus dois mandatos, o banqueiro Henrique Meirelles dirigiu o relacionamento do governo com o sistema bancário, a partir do Banco Central. Como não poderia deixar de ser, foi mantida em nível extremamente elevado a taxa Selic (abreviação de Sistema Especial de Liquidação e Custódia), que fixa os juros pagos pela União Federal às instituições financeiras compradoras dos títulos públicos emitidos pelo Tesouro Nacional. Tais títulos são depois revendidos pelas instituições financeiras compradoras aos rentistas no mercado.

Durante anos a fio o Estado Brasileiro, sob pretexto de combater a inflação, manteve essa taxa oficial de juros entre as mais elevadas do mundo, ensejando às instituições financeiras que revendem tais títulos e aos rentistas privados que neles aplicam ganhar somas fabulosas, sem nenhuma contrapartida. Para se ter uma ideia do esbulho público assim praticado, em 2003, quando Lula assumiu a presidência, a Selic foi fi-xada em 24,5 %, enquanto a taxa de inflação não superava 6%.

No Congresso Nacional, o novo governo aliou-se ao PMDB, o que já dá uma ideia dos limites que se auto-impôs em matéria de avanço legislativo.

Beneficiando-se do *boom* de *commodities* que marcou o início do novo século no mundo todo, o Governo Lula conseguiu manter duran-te seus dois mandatos uma balança comercial superavitária; e embora o

215

endividamento interno tenha crescido em números absolutos, diminuiu a proporção da dívida sobre o Produto Interno Bruto.

Ao mesmo tempo, houve incremento na geração de empregos: entre 2003 e 2006, a taxa de desemprego caiu, sendo que o total de pessoas ocupadas cresceu 8,6%.

No campo das políticas sociais, o grau de eficiência do Governo Lula foi bem grande. Assim é que o programa *Bolsa Família*, implantado logo no início do governo em 2003, pelos seus bons resultados no combate à fome e no fomento da educação popular, foi citado como exemplo pelo Secretário-Geral das Nações Unidas, no Relatório sobre a Erradicação da Pobreza, apresentado ao Conselho Econômico e Social da ONU; além de ter sido elogiado pelo Fundo Monetário Internacional. Por outro lado, o governo federal soube atuar em colaboração com Estados e Municípios, ao desenvolver o Plano Nacional de Direitos Humanos e o programa de Economia Solidária.

Ainda no campo das políticas sociais, o Governo Lula criou em 2005 o Programa Universidade para todos (Prouni), que passou a conceder bolsas de estudos, integrais e parciais, em cursos de graduação e sequenciais de formação específica, em instituições privadas de ensino superior. Ao mesmo tempo, durante os oito anos do duplo mandato foram criadas várias universidades federais e escolas técnicas de nível superior.

Todavia, enquanto esses bons resultados ocorriam em matéria de políticas sociais, o poder oligárquico financeiro não só impedia sistematicamente qualquer mudança institucional que viesse a enfraquecê-lo, como chegou a aprovar emendas constitucionais que o beneficiavam diretamente; como por exemplo a de n. 40, de 2003, que eliminou todas as restrições estabelecidas originariamente na Constituição para regular o sistema financeiro. Da mesma sorte, durante os dois mandatos governamentais, não obstante os redobrados esforços desenvolvidos para implementar um plano de democratização dos meios de comunicação de massa, bem como o Plano Nacional de Direitos Humanos III, os resultados foram nulos.

CAPÍTULO V – A OLIGARQUIA REPULICANA

Já em matéria de política externa, o Governo Lula pôde tomar várias iniciativas de mudança, que contrariaram diretamente os interesses político-econômicos das grandes potências internacionais. Assim foi com a adesão do Brasil ao grupo dos BRICS – acrônimo de Brasil, Rússia, Índia, China e África do Sul – países que representam cerca de 40% da população mundial e 22% do produto bruto mundial. Constante apoio foi também dado pelo governo ao relacionamento político, econômico e cultural com os países do continente africano, bem como à integração latino-americana, sobretudo com o fortalecimento do Mercosul.

Como era de se esperar, os bons resultados das políticas implementadas pelo Governo Lula não deixaram de inquietar o poder oligárquico. Aproveitando-se do controle oligopólico que exerce há décadas sobre os meios de comunicação de massa, ele centrou seus ataques nos casos de corrupção ou prevaricação envolvendo ministros, que foram obrigados a deixar seus cargos.

Malgrado tais percalços, no entanto, o apoio popular a Lula não cedeu durante ambos os mandatos. Ao final do primeiro deles, em dezembro de 2006, uma pesquisa do Instituto Datafolha indicou que 52% dos entrevistados consideravam o seu governo ótimo ou bom; e em março de 2010, no último ano do segundo mandato, essa percentagem havia aumentado para 76%. Tais fatos voltaram a inquietar sobremaneira nossos oligarcas.

A reação à popularidade do lulismo

Segundo todos os indícios, a reação da nossa oligarquia ao perigo contra ela representado pelo sucesso popular do Governo Lula foi habilmente orquestrada pelos Estados Unidos, desde o início da presidência de Dilma Rousseff. Para os nossos oligarcas, o objetivo consistia em romper o ciclo de ascensão política do lulismo, o que correspondia igualmente a favorecer os interesses político-econômicos da grande potência norte-americana.

Para a consecução desse propósito, a grande dificuldade prática consistia no fato de que toda a energia do movimento reacionário devia concentrar-se na oposição à própria pessoa de Lula. Assim, segundo a velha tradição de personalismo que sempre animou a política brasileira, e que corresponde a um dos traços marcantes de nossa mentalidade coletiva, não bastava desmoralizar politicamente o PT; era indispensável atacar a própria pessoa de Lula. Ora, como ninguém podia ignorar, esse ataque poderia provocar uma reação maciça do povo; sem contar o fato de que ele somente prosperaria, na medida em que se encontrasse na vida política de Lula a probabilidade do cometimento de algum ato delituoso, que o desmoralizasse publicamente.

Foi sem dúvida aí que se revelou toda a importância da união oligárquica dos potentados econômicos privados com os grandes agentes estatais, notadamente os magistrados, os membros do Ministério Público e da Polícia Judiciária. Segundo indicam todos os indícios, vários desses agentes estatais foram estrategicamente orientados a atuar, debaixo do pano, por técnicos norte-americanos.

Tudo começou oficialmente em 2013, com o lançamento pela Polícia Federal da Operação Miquéias, que no ano seguinte se transformaria na Operação Lava Jato, visando a apurar um esquema de lavagem de dinheiro de bilhões de reais para corrupção de agentes de empresas sob controle público, notadamente a Petrobras. Por curiosa circunstância, embora a Petrobras seja sediada no Rio de Janeiro, a atuação policial foi deflagrada no Paraná e o respectivo processo-crime distribuído à 13ª Vara da Justiça Federal onde atua o Juiz Sérgio Moro, que foi assessor da Ministra Rosa Weber no julgamento dos processos do chamado *mensalão*, abertos em 2005, sobre práticas de corrupção no Partido dos Trabalhadores. No âmbito do Ministério Público Federal, foi criada desde logo uma força-tarefa sob a direção do Procurador Deltan Dallagnol. Igualmente por curiosa coincidência, tanto um quanto outro são personalidades muito estimadas pelos norte-americanos. Sérgio Moro foi considerado pela revista *Fortune* em março de 2016 – exatamente no mês em que ocorreram os famosos protestos contra o governo de Dilma Rousseff – uma das 50 personalidades, tidas como líderes mundiais; foi, aliás, o único brasileiro incluído nessa lista. No mês seguinte, Moro foi designado pela revista *Time* uma das cem pessoas mais influentes do mundo, sendo mais uma vez o único brasileiro assim considerado.

CAPÍTULO V – A OLIGARQUIA REPULICANA

Quanto a Dallagnol, é mestre em direito pela Universidade de Harvard e mantém frequentes relações com os norte-americanos.

Tais circunstâncias, no entanto, não seriam suficientes para explicar a centralização de ações judiciais referentes à Petrobras na 13ª Vara da Justiça Federal em Curitiba; não fosse um fato da maior importância ocorrido alguns anos antes, como se passa a referir.

Em 2007, graças às técnicas que havia desenvolvido, a Petrobras realizou na camada do pré-sal a maior descoberta de campos de petróleo de todos os tempos. Pois bem, um ano depois dessa descoberta, equivalente a cerca de 80 bilhões de barris de petróleo, foram furtados 4 laptops e 2 HDS com informações sigilosas sobre a bacia de Santos, em cujas profundezas localiza-se uma parte da camada do pré-sal. Ou seja, dados de 30 anos de pesquisas da Petrobras, estimados em 2 bilhões de dólares passaram a ser disponibilizados pelos ladrões. Em 2013, uma semana após haver sido revelado que a Presidenta Dilma Rousseff fora espionada pela CIA, o ex-consultor dessa agência, Edward Snowden, revelou que a CIA espionava também a Petrobras.

Ao mesmo tempo, estabeleceu-se um pacto, não apenas informal como ilegal, entre o Ministério Público Federal brasileiro e o governo norte-americano, para a colaboração em matéria de investigação, inquérito e ação penal, acordo esse estreitamente ligado à Operação Lava Jato. Na verdade, ele feriu diretamente o Decreto n. 3.810, de 2 de maio de 2001, que promulgou o Acordo de Assistência Judiciária em Matéria Penal entre o Governo brasileiro e o norte-americano; pois conforme o disposto em seu Artigo II, "cada Parte designará uma Autoridade Central para enviar e receber solicitações" em observância do Acordo, sendo que no Brasil essa Autoridade Central é o Ministério da Justiça e não o Ministério Público Federal.

O fato é que no mesmo ano de 2016 em que os meios de comunicação de massa dos Estados Unidos apresentaram o Juiz Moro como personalidade de destaque mundial, ele despontou em algumas pesquisas de opinião pública no Brasil como o melhor candidato potencial à presidência da República. Ainda em agosto de 2016, recebeu a *Medalha* do *Pacificador*, a maior honraria concedida pelo Exército Brasileiro, como reconhecimento pelos "relevantes serviços prestados ao país". Em abril de 2017 foi condecorado com a medalha da *Ordem do Mérito Militar*, em cerimônia comemorativa do Dia do Exército. Escusa lembrar que os oligarcas brasileiros, em toda a nossa História, sempre estiveram intimamente ligados às Forças Armadas. Como se vê, o Juiz Sérgio Moro reuniu em sua pessoa o apoio tanto do povo, quanto da oligarquia. Haveria alguma personalidade com mais chances do que ele para enfrentar politicamente Luiz Inácio Lula da Silva?

Acontece que nenhum magistrado pode candidatar-se a algum posto eletivo no Brasil. Só restava, portanto, uma saída, que era inviabilizar a própria candidatura potencial de Lula, mediante a sua condenação criminal. Foi o que fez Sérgio Moro em sentença prolatada em julho de 2017. Logo em seguida, em flagrante violação de seus deveres de magistrado (Lei Complementar n. 35, de 14.03.1979, art. 36, III), o Presidente do Tribunal Regional Federal da 4ª Região, que atuou como segunda instância no respectivo processo, teceu publicamente rasgados elogios à sentença condenatória.

Não foi essa, porém, a única condenação criminal a Lula, como não tardou a se verificar.

Nesse meio tempo, nossos oligarcas prepararam e executaram em 2016 o afastamento de Dilma Rousseff da presidência da República, por meio de manobras ilegítimas, com a conivência do Ministério Público e do Poder Judiciário. O proveito para a oligarquia brasileira e o Estado norte-americano foi imediato e conspícuo, como se verá mais abaixo.

Para o afastamento de Dilma Rousseff, muito contribuíram a sua impopularidade e a má situação econômica do país, sendo ambas organizadas e postas em prática pelos nossos oligarcas. Em meados de 2013, ocorreram manifestações de protesto contra o governo em nada menos do que 438 cidades de todo o Brasil, envolvendo 84% da população. Dada a tradicional incapacidade do nosso povo em se organizar para manifestações desse porte – que até então jamais haviam ocorrido – parece óbvio que tudo fora orquestrado longe do povo. Não se pode,

CAPÍTULO V – A OLIGARQUIA REPULICANA

porém, pôr na sombra o fato de que grande parte dessa revolta popular foi estimulada pela queda brusca e acentuada da economia brasileira, devendo salientar-se que entre 2014 e 2016, ou seja, nos dois últimos anos de governo de Dilma, o PIB *per capita* caiu mais de 9%, a maior queda sofrida desde os anos de 1930-1931, quando da depressão mundial provocada pela quebra da Bolsa de Valores de Nova York. Porventura, tal desastre econômico ocorreu sem qualquer influência do nosso oligopólio financeiro?

Durante o Governo Dilma Rousseff, aliás, acentuaram-se os males infligidos à sociedade brasileira desde o primeiro século da colonização. Assim é que, entre julho de 2013 e agosto de 2015, a região do cerrado perdeu 18.962,45 km2 de vegetação nativa. A prosseguir esse ritmo de destruição do bioma até 2050, teremos o maior processo de extinção de plantas já registrado na História, com três vezes mais perdas na flora do que houve entre nós desde 1500, segundo afirmou a revista *Nature Ecology and Evolution.*

Ao assumir o governo com o afastamento da Presidenta Dilma Roussef, o Vice-Presidente Michel Temer compôs desde logo um ministério em que vários integrantes já respondiam, ou passaram a responder, a inquéritos criminais. O ministério, como não poderia deixar de ser, era estreitamente ligado aos interesses do grande capital, e aplicou imediatamente um programa, sem dúvida de antemão preparado para tanto. Tal programa, fundado na austeridade financeira, teve como primeira medida a promulgação da Emenda Constitucional n. 95, de 15 de dezembro de 2016, que alterou o Ato das Disposições Constitucionais Transitórias para estabelecer, entre outras disposições, a fixidez das despesas públicas durante vinte anos, incluindo expressamente as despesas em "ações e serviços públicos de saúde e em manutenção e desenvolvimento do ensino".

Vemos assim reiterada, uma vez mais, nossa ignorância, para não dizer cabal desprezo pelos direitos humanos. Nossos parlamentares, na melhor das hipóteses, ignoram crassamente que aos direitos fundamentais de caráter social correspondem deveres fundamentais do Estado, e que o montante financeiro das medidas a serem tomadas para seu cumprimento é fixado no orçamento público em função das necessidades sociais, e não de uma diretriz orçamentária. Em suma, não são as necessidades fundamentais da sociedade que devem se adaptar ao orçamento, e sim o contrário.

Lamentavelmente, não foi só nessa matéria que o governo espúrio de Michel Temer manifestou cabal desprezo pelos direitos humanos. Em 13 de julho de 2017, foi promulgada a Lei n. 13.467 – lei ordinária, portanto – que alterou ou suprimiu vários direitos fundamentais dos trabalhadores, contrariando frontalmente vários dispositivos da Constituição Federal.

Foi, assim, introduzida em nosso direito do trabalho, por pressão empresarial, a chamada terceirização da relação de emprego, inclusive com respeito a atividades-fins de uma empresa. Ou seja, doravante, pela nova redação do art. 4º da Lei n. 6.019, de 3 de janeiro de 1974, a execução de quaisquer atividades de uma empresa, inclusive sua atividade principal, podem ser realizadas por outra empresa, e não por trabalhadores pessoas físicas.

Mediante modificação do art. 443, § 3º da Consolidação das Leis do Trabalho, introduziu-se também em nossa legislação trabalhista a possibilidade de realização pelo empregado de um trabalho intermitente, sem qualquer garantia para ele, ainda que do recebimento do salário mínimo.

Ademais, numa inovação desastrosa, que poderá no futuro estender-se a outras matérias, as disposições normativas relativas a direitos fundamentais do trabalhador poderão ser objeto de negociação entre as partes da relação de trabalho (nova redação do art. 611, § 2º da CLT), não mais necessitando de explicitação em lei. Esta, pela sua própria natureza, como fartamente sabido, não pode ser "negociada" por particulares. Além disso, pela nova redação do art. 477 da CLT, passam a ser admitidas as dispensas imotivadas de empregados, plúrimas ou coletivas, assim como as individuais, "não havendo necessidade de autorização prévia de entidade sindical, ou de celebração de convenção coletiva ou acordo coletivo de trabalho para sua efetivação".

CAPÍTULO V – A OLIGARQUIA REPULICANA

Foram criadas, por fim, restrições abusivas ao benefício da justiça gratuita para os trabalhadores.

Tudo isso quanto às vantagens outorgadas aos nossos empresários.

Já com respeito aos benefícios auferidos pelos consórcios transnacionais e o Estado norte-americano, graças à queda de Dilma Rousseff e à ascensão de Michel Temer, eles foram de grande monta.

O primeiro e mais opulento desses benefícios foi a revogação da obrigatoriedade da participação da Petrobras na exploração da camada de petróleo do pré-sal, considerada a maior descoberta de riqueza do subsolo das últimas décadas. Tal obrigatoriedade havia sido estabelecido pela Lei n. 12.351, de dezembro de 2010, sancionada pelo Presidente Lula. A Lei n. 13.365, de 29 de novembro de 2016, que suprimiu essa obrigatoriedade, originou-se de projeto do Senador José Serra, desde logo sancionado pelo Presidente Temer, ambos conhecidos pelas suas estreitas ligações com as autoridades norte-americanas.[251]

O governo federal anunciou assim a realização de leilões, com a participação de empresas estrangeiras, em 21 campos de óleo e gás, sendo que boa parte desses poços estão localizados nas três bacias de maior produção: Campos, Santos e Espírito Santo.

Na verdade, tal decisão fez parte de um plano de desintegração da Petrobras, denunciado pela AEPET – Associação dos Engenheiros da Petrobras, em Carta Aberta à Sociedade Brasileira, divulgada em 18 de julho de 2017. Ela resumiu os malefícios de tal plano, como segue:

> Transformou lucros em prejuízos, com a desvalorização de seus ativos, preparando o caminho para as privatizações e desintegração da companhia; interrompeu uma série histórica de 22 anos de reposição de reservas (aumento de reservas superior à produção);

---

[251] Quanto a Temer, vejam-se os documentos diplomáticos norte-americanos abertos ao público. *Cf.* WikiLeaks https://www.rt.com/news/342933-temer-us-us-brazil-spying.rt.com. Também https://www.soft.net/article/318251-Wikileaks-reveals-new-Brazilian-president-Michel-Temer-was-informant-for-US-intelligence.*SOTT.net*

entregou o mercado de combustíveis aos concorrentes, por meio da política de preços, ao possibilitar o aumento das importações em 41% em um ano, onerando as contas do país e operando nossas refinarias a 77% da capacidade, contra 98% em 2013.

Outro benefício de grande importância concedido a países estrangeiros, especialmente os Estados Unidos, foi a privatização da Eletrobras, a maior empresa geradora de energia elétrica da América Latina.

Com tudo isso, como se vê, a maior parte da nossa infraestrutura econômica foi retirada do controle do Estado e confiada a empresários do setor privado.

Como se tais privatizações não bastassem, em 23 de agosto de 2017 o Governo Temer, mediante simples decreto, extinguiu a Reserva Nacional do Cobre e Associados (Renca), que ocupava uma área de mais de 4 milhões de hectares, correspondente ao território da Dinamarca. Consta que empresas mineradoras canadenses já estavam a par da medida, cinco meses antes da publicação do decreto de extinção da Reserva. De se notar que a área por ela ocupada tem potencial para exploração de ouro e outros minerais, entre os quais ferro, manganês e tântalo. Diante, porém, da onda de protestos que tal privatização suscitou, no Brasil e no exterior, pouco mais de um mês após o governo federal foi constrangido a revogar a medida.

Outra grande mercê concedida a estrangeiros foi a aplicação de multas colossais às grandes empreiteiras de obras públicas pela Operação Lava Jato, levando várias delas praticamente à insolvência, e provocando a dispensa em massa de trabalhadores. A razão dessa *razia* é que, a partir do início do atual século, tais empreiteiras passaram a atuar largamente na América Latina e na África, ocupando o lugar das norte-americanas. Infelizmente, até hoje não se compreendeu em nosso país que a indenização por atos ilícitos, no âmbito empresarial, deve recair sobre o patrimônio pessoal dos empresários desonestos e não onerar as empresas. Será concebível que, até hoje, continuamos a confundir o acionista controlador com a própria empresa, não obstante as disposições inovadoras da lei de sociedades por ações, promulgada em 1976?

CAPÍTULO V – A OLIGARQUIA REPULICANA

O que, porém, ninguém previra foi o espraiamento da Operação Lava Jato, de modo a atingir individualmente os próprios oligarcas; inclusive o Presidente da República, fato sem precedentes em nossa história republicana. Denunciado criminalmente duas vezes pelo Procurador-Geral da República, Michel Temer teve que prodigalizar uma ampla distribuição de benesses aos deputados federais, a fim de barrar o início do processo penal perante o Supremo Tribunal Federal.

Tudo isso, enfim, parece assegurar que, segundo todas as probabilidades, a coligação oligárquica tradicional permanecerá como titular da soberania em nosso país durante um tempo indefinido.

Conclusão
UM PROGNÓSTICO SOBRE O FUTURO DO BRASIL

Declaração Universal dos Direitos Humanos de 1948: "Todos os seres humanos nascem livres e iguais em dignidade e direitos"

O objetivo do presente livro é demonstrar que este princípio fundamental da convivência humana foi muito pouco respeitado na sociedade brasileira. Desde os primórdios da colonização portuguesa até hoje, nossos aborígenes têm sido tratados como seres inferiores, podendo ser escravizados, mortos e desalojados impunemente. Durante os três séculos e meio em que vigorou legalmente a escravidão no Brasil, os africanos para aqui trazidos foram considerados oficialmente como coisas e não como pessoas; não tendo, portanto, direito algum e sendo objeto de propriedade e posse. Embora abolida oficialmente em 1888, e em seguida definida como um crime, a escravidão continua a ser praticada ocultamente ainda hoje.

Da mesma sorte, a instituição não oficial dos latifúndios agrícolas como senhorios, atribuindo-se aos respectivos senhores poderes absolutos sobre todos os que neles viviam, inclusive os membros da família senhorial, perdurou no grande sertão até o século XX.

Tais práticas acabaram por consolidar na mentalidade coletiva a convicção, que continuamos a manter oculta, de que no Brasil nunca existiu uma sociedade una, mas a divisão permanente entre uma minoria que manda e tudo decide, e uma imensa maioria dos que "nasceram para mandados e não para mandar", segundo a expressão camoniana.

Eis a razão pela qual o regime oligárquico sempre existiu entre nós como um fato natural, embora nunca reconhecido oficialmente. Não se trata, porém, daquela oligarquia tradicional, em que o poder supremo pertence exclusivamente à minoria de abastados, mas sim de uma coligação oligárquica, típica do capitalismo, na qual a classe rica permanece sempre unida aos principais agentes do Estado, ficando o povo à margem de todas as decisões.

É de se perguntar, no entanto, se diante do atual fenômeno da "aceleração da História", ocasionando a mudança cada vez mais rápida das instituições e o abandono sistemático das tradições, a nossa organização de poderes permanecerá imutável; sobretudo com a transformação radical da civilização capitalista atualmente em curso

A Transformação Radical da Civilização Capitalista[252]

Ela é o resultado da chamada 4ª Revolução Industrial e do crescimento exponencial do capitalismo financeiro.

Nas últimas décadas, acumularam-se inovações tecnológicas que revolucionaram a sociedade mundial, como a inteligência artificial, a robótica, a internet das coisas, os veículos autônomos, a impressão em três dimensões, a nanotecnologia, a biotecnologia, o armazenamento de energia e a computação quântica. Ao contrário do que se pensava até há pouco, não se trata de simples desdobramentos da 3ª Revolução Industrial, criada pela técnica da computação, mas o ingresso num novo conjunto tecnológico, impulsionado por três fatores, a saber, a velocidade, a profundidade das mudanças e o impacto sistêmico.

---

[252] Vejam-se a esse propósito as considerações de Ladislau Dowbor, em *A Era do Capital Improdutivo*. São Paulo: Outras Palavras/Autonomia Literária, 2017.

CONCLUSÃO

O grande desafio que se põe para a atual e, sobretudo, para as futuras gerações, consiste em saber se a humanidade será capaz de orientar as transformações provocadas por essa Revolução para a construção de um mundo melhor, ou se, como ocorrido nas revoluções anteriores, as novas tecnologias serão dominadas e exploradas pelos detentores do poder social, sobretudo em seu próprio benefício.

Tomemos, por exemplo, apenas uma das transformações sociais provocadas pela 4ª Revolução Industrial, a saber, a substituição da força-trabalho pela robótica no campo da produção empresarial. De acordo com dados divulgados pela Organização Internacional do Trabalho, órgão das Nações Unidas, o nível do atual desemprego no plano mundial já era equiparável em 2015 ao ocorrido após a grande crise de 1929, com a agravante de que, hoje, somente um quarto dos trabalhadores no mundo todo tem emprego estável. Por outro lado, segundo estimativa da Universidade de Oxford, 47% dos atuais empregos vão desaparecer no mundo nos próximos 25 anos.

Importa salientar que essa revolução socioeconômica abalou em seus alicerces a mais autorizada doutrina dos partidos e movimentos políticos da esquerda, o marxismo. Com efeito, no *Manifesto Comunista*, Marx e Engels afirmam que "a história de todas as sociedades que existiram até nossos dias tem sido a história da luta de classes". Assinalam que "nas primeiras épocas históricas, verificamos, quase por toda parte, uma completa divisão da sociedade em classes distintas, uma escala graduada de condições sociais". E prosseguem: "A nossa época, entretanto, caracteriza-se por ter simplificado os antagonismos de classe. A sociedade divide-se cada vez mais em dois campos opostos, em duas grandes classes diametralmente opostas: a burguesia e o proletariado".

Hoje não é preciso grande acuidade de análise para verificar que essa interpretação histórica, tida como verdadeiro dogma pelas forças políticas de esquerda, foi desmentida pela evolução social.

Em primeiro lugar, porque em meados do século XIX, quando de sua apresentação, o capitalismo industrial mal desenvolvera o setor de serviços, que hoje ocupa uma posição preeminente nas economias mais avançadas. Ora, a atividade laboral, no setor de serviços, é bem distinta daquela desenvolvida no campo da produção propriamente industrial; entre outras razões, porque não há aquela concentração de trabalhadores num mesmo local, como a fábrica, por exemplo.

Em segundo lugar, porque o conjunto dos trabalhadores deixou de ser aquela massa compacta e uniforme, que o marxismo qualificou como *proletariado*. As especializações laborais multiplicaram-se, com a enorme diversificação não só das atividades, mas também da mentalidade dos trabalhadores; criando-se sobretudo uma oposição entre os chamados *executivos*, transformados em agentes do capital, e a massa indistinta dos assalariados.

Em terceiro lugar, porque, como se acaba de ressaltar, para desenvolver suas atividades as empresas modernas necessitam de um número cada vez menor de trabalhadores, devido à crescente utilização dos sistemas de inteligência artificial. Ao mesmo tempo, multiplicaram-se e diversificaram-se enormemente, no seio da classe média, os profissionais autônomos, que não vivem de salário nem de rendimentos de capital.

Ou seja, para retomarmos a análise marxista, na atual luta de classes os trabalhadores perdem incessantemente sua força numérica, sem que essa perda seja compensada pela invenção de novas armas de combate.

A superação do Estado Nacional e o advento do capitalismo financeiro

A segunda grande transformação que vivenciamos no mundo atual é a progressiva superação do Estado nacional, como quadro geral da vida política.

Até a Paz de Vestefália, que pôs fim à Guerra dos Trinta Anos na Europa em 1648, a soberania ou poder político supremo pertenceu durante milênios, salvo raríssimas exceções históricas, a pessoas ou famílias da mesma linhagem. A partir da era moderna, essa soberania começou a ser exercida no quadro impessoal de Estados, como organismos políticos supremos. É esta última fase, ao que tudo indica, que está em vias de ser superada pelo fenômeno da transnacionalidade.

CONCLUSÃO

Aqui vão alguns exemplos para ilustrar o fenômeno.

Até as décadas finais do século passado, a emissão de moedas nacionais fazia parte da soberania estatal. Hoje, esse poder de criação monetária, embora incluído oficialmente na soberania de cada Estado, é exercido na prática, em grande parte pelos conglomerados bancários transnacionais e no restante pelos bancos centrais de cada Estado, mas que atuam livres da injunção estatal. O mesmo se diga do poder de gestão das moedas nacionais, cujo valor, embora fixado oficialmente por cada Estado, é sempre imposto de fato a cada um deles pelo poder transnacional bancário, cuja concentração se avoluma enormemente. Estima-se, assim, que nos maiores mercados financeiros do planeta – Wall Street e a City londrina (esta, enquanto não efetivado o Brexit) – 737 mega-bancos e fundos de investimento controlam 80% das 43 mil empresas transnacionais que neles atuam.

Sob a pressão desse poder crescente, nos últimos anos a regulação de conflitos de interesse econômico, quer entre particulares, quer entre estes e o Poder Público, ou unicamente entre Estados no plano internacional, passou progressivamente da competência estatal para a de tribunais de arbitragem, livremente estabelecidos pelas partes em conflito. Ao mesmo tempo, tratados internacionais de comércio vieram impor a regra de que empresas privadas podem responsabilizar diretamente os Estados por prejuízos sofridos, ao passo que os Estados já não têm competência para atuar judicialmente contra empresas privadas em matéria de comércio internacional.

Enquanto isso, a partir dos anos 80 do século passado, sob a liderança norte-americana, os Estados foram perdendo progressivamente o poder de regulação das atividades das empresas financeiras, eliminando-se notadamente a separação institucional entre bancos de depósito e bancos de investimento, estabelecida logo após a depressão mundial provocada pela crise de 1929.

Essa transformação substancial da organização econômica coincidiu com o ingresso da civilização capitalista em sua terceira e – segundo toda aparência – conclusiva fase histórica: a do capitalismo financeiro, cuja preocupação maior não é a produtividade, como na fase do capitalismo industrial e de serviços, mas sim a lucratividade pura e simples das operações empresariais. No terreno do capitalismo financeiro, com efeito, as empresas costumam gerar maior lucro com menor produção, pois seu método de atividade é, em grande parte, de pura especulação com valores mobiliários, sem nenhum investimento.

Tais papéis são originalmente emitidos, quer pelas próprias empresas que os recompram, quer por outras. Estima-se assim que as empresas cujos valores mobiliários são negociados na Bolsa de Nova York gastaram cerca de 3 trilhões de dólares entre 2011 e 2016 para recomprar suas próprias ações, o que gerou um lucro extraordinário para os seus próprios acionistas, sem nenhuma ligação com os resultados da atividade empresarial.

Outras vezes, os papéis negociados no mercado não são os originalmente emitidos pelas próprias companhias mas deles derivados; estes últimos, por isso mesmo denominados, na gíria financeira, *derivativos*. Para se ter uma ideia do caráter puramente especulativo de tais valores, estima-se que eles somam hoje, nos mercados financeiros do mundo todo, cerca de 555 trilhões de dólares; ou seja, o equivalente a 5 vezes o valor do produto mundial. Mas esse valor é puramente estimado e pode variar drasticamente em questão de segundos.

Assinale-se, por outro lado, que no bojo do capitalismo financeiro o poder de comando das empresas torna-se impessoal, pois está praticamente nas mãos de gestores anônimos de fundos de investimento.

Eis por que o nosso setor empresarial optou em grande parte em abandonar o programa de industrialização, iniciado com Getúlio Vargas e desenvolvido por Juscelino Kubitschek, e aderir ao capitalismo financeiro, tendo em vista a perspectiva de aumento de lucros com menor investimento. Para se ter uma ideia do processo de desindustrialização da economia brasileira, assinale-se que enquanto na década de 70 do século passado a participação da produção industrial correspondia a quase 30% do nosso produto interno bruto, hoje ela mal chega a 11%. Em consequência o ritmo de crescimento de nossa economia reduziu-se

CONCLUSÃO

drasticamente. Assim é que entre 1947 e 1980 o PIB brasileiro cresceu em média 7% ao ano, a taxa mais elevada do mundo à época. A partir da década de 80 do século passado, em contraste, nossa economia praticamente estagnou, quando não regrediu.

Por outro lado, cedendo à costumeira incapacidade da nossa gente em prever e planejar o futuro, aderimos com grande atraso ao processo de automatização do setor produtivo, sobretudo industrial, nem cogitamos de organizar um programa adequado para enfrentar o desemprego, que certamente resultará da 4ª Revolução Industrial.

Haverá alguma mudança na organização de poderes em nossa sociedade?

Como salientado nos capítulos deste livro, o poder soberano no Brasil sempre foi oligárquico, sendo essa oligarquia formada pela união dos potentados econômicos privados com os principais agentes do Estado. Em nenhum momento da nossa História ocorreu alguma mudança de relevo, nessa organização fundamental de poderes. Em torno da coligação oligárquica, posicionaram-se várias instituições ou grupos sociais no correr dos séculos. Já no plano internacional, fomos sucessivamente submetidos à influência dominante da Inglaterra e dos Estados Unidos. Resultado: em momento algum de nossa História, o povo brasileiro teve participação, ainda que reduzida, no exercício da soberania ou poder supremo.

Será possível superar essa situação, consolidada nos cinco séculos de nossa História?

Até há pouco tempo, a solução alvitrada era a de uma revolução. Tínhamos em mente os exemplos históricos ocorridos na França e nos Estados Unidos na segunda metade do século XVIII, e a súbita transformação da monarquia russa em sociedade comunista em 1917.

Em todos esses episódios, ocorreu uma mudança do titular do poder supremo: nas revoluções do século XVIII, a nobreza foi substituída pela burguesia; na revolução russa, a nobreza perdeu o poder supremo, não para o proletariado como declararam os revolucionários, mas para o estamento burocrático organizado em torno do partido comunista.

Pergunta-se: – Há algum indício de que a coligação oligárquica soberana está em vias de ser substituída em nosso país?

Certamente nenhum. A única mudança teoricamente concebível seria a assunção pelo próprio povo do poder soberano; ou seja, uma verdadeira democracia. Mas a situação concreta do povo brasileiro torna radicalmente impossível essa solução. A autêntica democracia, como frisou Aristóteles, é o regime em que o povo soberano goza de relativa igualdade de condições de vida; ou seja, é o regime de preponderância da classe média.[253] Ora, o Brasil é um dos países de população mais desigual do mundo, e essa desigualdade vem se acentuando nos últimos anos.

Isto sem falar no fato de que, em razão das transformações provocadas pela chamada Revolução 4.0, são poucos entre nós os que têm adequada formação técnica para atuar no âmbito empresarial; sendo que os componentes dessa minoria certamente fazem parte da classe média superior, cuja grande aspiração sempre foi a de se igualar à camada mais rica de nossa população.

Ademais, como salientado mais acima, a mentalidade própria do povo de baixa condição é naturalmente mais inclinada a obedecer do que a mandar ou tomar iniciativas.

Restam, pois, poucas mudanças concebíveis dessa situação aparentemente imutável.

A primeira delas consiste na educação política do povo, sendo escusado dizer que ela, pelo menos de início, não pode ser feita pelo Estado, ou segundo diretrizes por ele ditadas, pois a tanto opor-se-á o poder oligárquico. Seria preciso multiplicar na sociedade civil, com o apoio de instituições comprometidas com o bem comum, cursos

---

[253] *Política,* 1296b, 35 ss. – 1297 a, 1-5.

CONCLUSÃO

complementares à educação oficial, nos quais tentar-se-ia mostrar a realidade brasileira, longe dos habituais lugares-comuns.[254]

Hoje existem várias iniciativas de cursos de formação política e de educação em direitos humanos, em várias modalidades pedagógicas, mas ainda é pouco. É necessário e urgente que tais propostas sejam consolidadas, divulgadas e espalhadas por todo o país, com o objetivo de alcançar também as camadas mais "invisíveis" da sociedade.

Em segundo lugar, é indispensável contar com o apoio de partidos e organizações políticas para abrir brechas na fortaleza oligárquica, tentando aprovar no Congresso Nacional medidas que a enfraqueçam, fortalecendo politicamente o povo. Tais medidas consistiriam, por exemplo, em tornar efetivas as instituições de democracia direta, como o referendo, o plebiscito, já incluídos na Constituição Federal; na criação a iniciativa popular ou do *recall* (destituição popular de agentes políticos eleitos pelo povo). Elas seriam introduzidas de início no plano municipal, onde a oposição oligárquica é menor. A grande importância dessas medidas de democracia direta é que elas contribuiriam decisivamente na educação política do povo, dando-lhe consciência de que o poder supremo lhe pertence legitimamente e que ele deve exercê-lo diretamente, não apenas por meio de representantes. Aliás, em recente pesquisa de opinião pública, 94% dos entrevistados afirmaram que não se sentem representados pelos políticos no poder; e 84% reconheceram que os políticos em quem já votaram não os representam.[255]

Ainda no que tange à aprovação de medidas que propiciem a abertura de brechas na fortaleza oligárquica, é da maior urgência quebrar o oligopólio empresarial dos meios de comunicação de massa. Tal

---

[254] A Escola de Governo, em São Paulo, fundada em 1990, foi e – sob novo formato – continua sendo um exemplo desse engajamento. Trata-se de uma instituição privada, sem vínculo partidário ou religioso, orientada pelos princípios da defesa integral dos direitos humanos, do desenvolvimento nacional e do combate às desigualdades, da democracia direta e participativa, da primazia do bem comum sobre os interesses particulares e do compromisso ético em todos os níveis.

[255] Pesquisa realizada pelo Instituto Ipsos entre os dias 1º e 14 de julho de 2017, com 1.200 entrevistados em 72 municípios.

oligopólio conta atualmente com a cumplicidade do Supremo Tribunal Federal, que se recusa a julgar, como inconstitucionalidade por omissão, o não-cumprimento pelo Congresso Nacional do seu dever de legislar sobre o disposto no art. 220, § 5º da Constituição Federal: "os meios de comunicação social não podem, direta ou indiretamente, ser objeto de monopólio ou oligopólio".

Oxalá saibamos organizar, paralelamente aos partidos políticos, movimentos que abram a consciência do povo para a nossa realidade política, que sempre foi avessa aos princípios fundamentais da República, da Democracia e do Estado de Direito.

NOTAS

NOTAS

NOTAS

A Editora Contracorrente se preocupa com todos os detalhes de suas obras!
Aos curiosos, informamos que esse livro foi impresso no mês de Julho
de 2018, em papel Polén Soft, pela Gráfica R. R. Donnelley.